Manfred Greisinger

Innere
FührungsKRAFT ©

Mit Eros zur unverwechselbaren
ICH-MARKE

„Vergeudet Eure Zeit nicht, indem Ihr das Leben anderer lebt.
Tappt nicht in die Falle von Dogmen. Vertraut auf Euer Bauchgefühl,
folgt dem Ruf Eurer Herzen.
Bleibt hungrig, bleibt närrisch!"
Steve Jobs

Manfred Greisinger

Innere FührungsKRAFT ©

Mit Eros zur unverwechselbaren ICH-MARKE

7., gänzlich überarbeitete, erweiterte Neuauflage
und Zusammenführung der Erfolgstitel
„ICH-Marke“ (1998) sowie „Eros of work & life“ (2006)

Edition
stoareich.at

„Wenn der Pöbel aller Sorte tanzet um die goldnen Kälber,
halte fest: Du hast vom Leben doch am Ende nur dich selber.“
Theodor Storm

Lorbeer für Ihre FührungsKRAFT !

Was wollen Sie aus bzw. mit diesem Leben machen?
Es duldsam ertragen – oder frohgemut gestalten?!

Hören Sie auf die (zarte) Stimme in Ihrem Inneren –
Eros führt Sie, wenn Sie ihn lassen,
kraftvoll zu Ihrer strahlenden ICH-Marke

Mit besten Wünschen
Manfred G

Edition
stoareich.at

In Demut, Dankbarkeit und Wertschätzung für jede und jeden, die/der in mir Schätzenswertes sieht - mit mir zusammenarbeitet, meine Bücher liest, weiterempfiehlt, mich für Vorträge, Seminare, Workshops, Klausuren, Textprojekte bzw. Einzelcoachings und Beratungen beauftragt.

Danke für Liebe!
Danke, LyDia!
Danke, Mutter!
Danke, Freunde und Freundinnen!
Danke, Wohlwollende und ErmutigerInnen!
Danke, Leben!

Idee, Redaktion, Copyright: Manfred Greisinger
Produktion: Edition Stoareich,
Verlag Dr. Manfred Greisinger – seit 1991
3804 All ent steig, Hauptstraße 26
Tel./Fax: 0043/2824-2343

www.stoareich.at
www.ich-marke.com
www.eros-of-life.com

Grafik/Layout: Cornelia Scala-Hausmann, www.lascala.cc
Titelfoto: ©julianbock-fotolia.com,
Button: ©Xaver Klaußner-fotolia.com
Druck: Berger, Horn
Prod.: 11-2011

ISBN 978-3-902253-06-4

„Die größte Herausforderung des Lebens
ist die Arbeit am eigenen ICH.“
Pablo Picasso

(Lebens-)Inhalt

I EinFÜHRUNG - FührungsKRAFT 9

1 WesensKRAFT: Ihr ICH, Ihre Persönlichkeit im Mittelpunkt 25

2 Lebens- und LiebesKRAFT: EROS – Bote Ihrer Motivation & Passion 45

3 KernKRAFT: Die MARKE – Führung im Wahrnehmungswettbewerb 69

4 SchwerKRAFT: Der GURU in Ihnen - Führung zur Expertise 89

5 SchöpfungsKRAFT: Eros & Guru als Säulen der ICH-Marke 109

6 SehKRAFT: Valueing, die wertorientierte Selbstanalyse – Praxis 133

7 DurchsetzungsKRAFT: Positionierung & Aufmerksamkeit als ICH-Marke 157

8 UmsetzungsKRAFT: Personal Branding - ICH-Markenbildung konkret 171

9 KommunikationsKRAFT: Eigen-Promotion – Pure Relations 187

10 ZusammenFÜHRUNG: Die großen, MARKanten Lebens-Schritte 209

II Persönliche NachgeDANKen – Biographie & Büchertipps 217

„Du musst dich behutsam lernend
in einen gelassen Liebenden verwandeln,
mit möglichst wenig Ego
und viel Dankbarkeit. Nur das zählt."
André Heller

Delphi:
I Erkenne Dich selbst
II Du bist Mensch
III Nichts im Übermaß

I EinFÜHRUNG:
FührungsKRAFT

„Wer führt, muss Menschen mögen“, bringt es Management-Berater Andreas Salcher auf den Punkt. „Führung heißt Vorbild geben“, mahnt Propst Maximilian Fürnsinn, „dafür braucht es menschliche Reife!“ „Führungskräfte sind Ingenieure der Zukunft, Hebammen des Neuen, GärtnerInnen des Lebens - sie kultivieren soziale Felder“, formuliert der Organisationsentwickler, Leadership-Coach und Politikberater Matthias Strolz.
Ewiges, verantwortungsvolles Thema „Führung“ – oder nennen wir´s „Management“. Beide Begriffe eignen sich wunderbar für kostenintensive Schulungsprogramme in kleinen wie großen Unternehmen: „Führungskräfte-Training" – „Lehrgang für FK" ... FK-Coaching... Ständig und langfristig werden die „leider noch nicht (nie?) perfekten“ Führenden irgendwohin geführt, weg von ihren ausgetesteten Mängeln – hin zu wahrer Produktivität und Effektivität. Das Ziel ist weit außer ihnen; erst nach langem Ummodeln, wenn überhaupt, werden sie dort je ankommen können. Meist werden sie schon früher von einem burn-out oder Infarkt „aus der Arena geführt“ oder/und von anderen lernwilligeren, stromlinienförmigen Führungs-Azubis abgelöst.

Führen und geführt werden

Auch der Herr Präsident, die Kanzlerin, der Generalanwalt, die Frau Minister, der Landeshauptmann: Sie – wir alle – werden geführt, ob wir das sehen wollen oder nicht. Ob wir den „obersten Führer“ nun Gott, Allah, Jahwe, JHWH, Elohim, Manitu, „Schöpfer aller Welten“ oder einfach nur „Schicksal“ nennen. - Selbst der Glaubensfernste steht oft fassungslos und tiefbewegt vor Naturphänomenen wie einem Sonnenauf- und -untergang. Umgekehrt: kein noch so wichtiger „Generaldirektor“ auf dieser Welt hat es in seiner Macht, Liebe zu entfachen oder Vögel singen zu lassen.
Die entscheidende Führung hat das Leben selbst inne – und wir sind gut beraten, diese anzuerkennen; ehe uns die Erde wie lästiges Ungeziefer abschüttelt.
Deshalb gilt´s, UNSEREN Freiraum wahrzunehmen; verantwortungsbewusst und wertorientiert zu führen. Damit Gutes, Wahres und Schönes gefördert werden und Erhaltenswertes bestehen bleibt. Es liegt an uns, den zur Verfügung stehenden Spielraum zu erkennen und zu nutzen; jedes Spiel braucht einen

Spielführer! (Und ich bitte spätestens jetzt, mir die männliche Schreibweise nachsehen zu wollen; es passiert nur im Sinne des leichteren Leseflusses; bitte glauben Sie mir: ich selbst bin begeistert von SpielführerINNEN!)

Mensch im Mittelpunkt

Das kostbarste Gut in der Wirtschaft ist immer noch das – es lebe die besthonorierte Consultersprache?! – „Humankapital". Persönlichkeit mit Ecken und Kanten sei gefragt. Ja, der Mensch im Mittelpunkt. Was bedeutet: der Einzelne will nicht nur als „Fall", als „Zahl" oder als „Kostenfaktor" betrachtet werden; wenn schon als „Asset" = Vermögenwert. Im Zentrum des weltweit bekannten Management-Gurus Peter Drucker – „it´s all about people" - stand stets der Mensch: wer führt, muss ein offenes Herz für Menschen mitbringen… Doch wie kann eine/r andere mögen, wenn er/sie sich selbst nicht mag?! Und wie kann ich mich selbst mögen, wenn ich mich, mein wahres Wesen, meine Talente, meine Bedürfnisse, meine Mission gar nicht kenne?!
Die wichtigsten „Leadership-Kompetenzen" liegen im ICH: Reife, Erfahrung, Einfühlungsvermögen, Achtsamkeit für Werte, Gefühl für Kommunikation, „emotionale und soziale Intelligenz".

ICH-Management

Fast alle wollen führen, aber nahezu keiner von anderen geführt werden… So bietet sich eine Lösung an: wir führen uns selbst; jede und jeder wird zur Führungskraft ihres/seines Lebens. – Wir wollen doch alle „ein gutes, erfolgreiches, glückliches Leben führen"… Und die Frage stellt sich: FÜHREN Sie´s wirklich? Mit all Ihrer Kraft innerer Überzeugung?! Führen Sie sich zum Guten, Wahren, Schönen? - Oder lassen Sie den Alltag dahinplätschern. Wer nicht führt, stimmt zu, geführt zu werden.
Allerdings gibt dann ein anderer die Richtung vor. Was okay ist, wenn man damit einverstanden ist – und daraus vielleicht sogar ein lustvolles erotisches Spiel strickt... Nur beschweren sollte sich keine/r von jenen, die ihre Führung nicht beanspruchen – und anderen übertragen. Sie entscheiden sich damit ja immerhin für ein bequemes Dasein; ich schreibe absichtlich nicht „Leben". Denn Leben will gestaltet werden, um sich vollends entfalten zu können.
Führen Sie also…

- Gespräche
- Aufzeichnungen
- ein Geschäft

• eine Partnerschaft / Ehe
• Ihr Unternehmen
• Menschen zusammen?!

Zudem schätzen wir SchriftführerInnen, ReiseführerInnen, FremdenführerInnen, eine gute Buchführung sowie die optimale Streckenführung.
Immer ist das Ziel klar: man greift ein (ins Chaos?), um etwas zu bewirken. Um einem Prozess den Stempel aufzudrücken. Man ordnet, inszeniert, gestaltet. Man lässt´s nicht einfach „laufen“, weil sonst die Gefahr besteht, dass „etwas den Bach ´runter geht“... Was nicht geführt wird, entgleitet und entschwindet „führerlos“!
- Auch Ihre Persönlichkeit will geführt, entwickelt werden: Der Mensch wird immer mehr zum „Manager seines ICHs". Trendforscher sagen, die Jüngeren streben nicht mehr nach der totalen Karriere, nach Status, Sicherheit und Erfolg; sondern nach individueller Selbstverwirklichung. „Anstelle des Haben-Menschen ist der Seins-Mensch getreten", formuliert der Wiener Trendexperte Bernhard Heinzlmaier, wohl in Anlehnung an Erich Fromms geniales Buch „Haben oder Sein".

Wirksam werden

„ICH-Manager" wollen sich selbst veredeln; den immanenten Lebens-Entwurf zu einer optimalen Realisation werden lassen. Mit der Definition von Fredmund Malik, der im Management die „Kunst der Wirksamkeit" sieht, gilt als höchste Devise des Selbstmanagements: ich will meine Talente, Stärken WIRKSAM werden lassen; zu meiner Freude und Entfaltung, aber auch zum Wohle der Gemeinschaft.
Dazu muss ich sie aber zuerst einmal finden, erkennen, um sie dann zutage fördern zu können. Hierin liegen die wesentlichen - intrinsischen - Motivationsfaktoren: Menschen sind und bleiben engagiert, wenn man ihnen einräumt:
(1) Freiheit und Selbstbestimmung,
(2) Weiterentwicklung, ständiges Wachsen sowie Perfektionierung,
(3) Sinnerfüllung – die eigene Mission im Dienste von etwas Größerem verwirklichen zu können.

Es gelte, so Daniel H. Pink, die „Gewinnmaximierung mit der Sinnmaximierung zu verbinden.“ Der rein rationalen Zahlenlogik läuft die Werteorientierte Steuerung den Führungs-Rang ab.
Maximal gut zu managen heißt für Prof. Wolfgang Mayrhofer von der

Wirtschaftsuniversität Wien, „mit oft ungenügenden Informationen und zu wenigen Ressourcen Entscheidungen zu treffen, die sich als Erfolg herausstellen.“
Eine gute ICH-Führungskraft gibt sich demnach versöhnlich gegenüber eigener Unvollkommenheit; sie vermag vielmehr die ureigenen, einzigartigen Stärken ausfindig zu machen und Talente zu kultivieren.

Eigen-Verantwortung & EigenFÜHRUNG

„Was wurde eigentlich aus der Eigenverantwortung?“, fragt Guido Tartarotti in einer *Kurier*-Kolumne, und nimmt Bezug auf die Absicht, Dänemark wolle eine „Fettsteuer“ einführen, um seine Bürger zu einer gesünderen Ernährung zu nötigen. Und ganz Wien soll zur „30er Zone“ werden, und auch dies wird so effizient sein wie das „Handyverbot am Steuer“ oder der „Nichtraucherschutz“. „Es muss erwachsenen Menschen gestattet sein, etwas zu tun, was unvernünftig ist, ungesund, oder sogar dick macht“, meint der begnadete Formulierer, und fügt hinzu, oft liege gerade darin der meiste Spaß…
Eigenverantwortung und EigenFÜHRUNG gehen tiefer: ICH übernehme die Regie. Ich gestalte. Ich setze Akzente. „Jeder Tag ist eine Aufgabe“, merkt Joseph Roth an. 24 Stunden wollen gestaltet werden, samt Strukturierung der Freiräume… „Von zwei bis drei, wenn die Sonne ideal auf meine Terrasse scheint, tu´ ich nichts, außer meinen Körper, meine Seele mit Glückshormonen aufzupeppeln.“ Und bis dahin ist Schreibzeit; und nachher Buchhaltung; und jetzt ein Gespräch mit der Liebsten… Und eine Umarmung. Was will der Tag von mir? Ich höre auf mich. Können Sie sich der EIGENEN Führung hingeben? In Demut gegenüber den ureigensten Bedürfnissen? Der Tag will, dass Sie ihn, dass ich ihn nutze; dass wir uns entfalten, unsere ureigenen, guten Gaben der Mitwelt verfügbar machen und somit unsere ICH-Marken wirken lassen.

MARKant in Erscheinung treten

Ich erhalte den Hinweis, dass meine Lehrveranstaltung an der UNI Klagenfurt „Personal Branding – ICH-Marke“ dreifach überbucht ist. Nur 30 StudentInnen können zugelassen werden… Wie soll selektioniert werden? – Soeben bekundet eine Studentin in einem persönlichen mail an mich ihr großes Interesse und ob ich sie nicht doch aufnähme… Mit Rücksprache der Studienprogrammleitung kann ich ihr prompt die Teilnahme zusagen, denn ich erachte genau dieses Engagement zum Auftrag meiner Lehrveranstaltung passend:

Aufzeigen, sich zeigen, und damit kenne ich einen Namen bereits, noch bevor die LV wirklich begonnen hat. Ich bin der Überzeugung, genau DAS ist es, was UNI sein soll: eine Lebensschule für Wachheit, Engagement, für MARKant in Erscheinung treten. Für seine Interessen einzustehen, ohne andere in Mitleidenschaft zu bringen - das verstehe ich unter „Eigenverantwortung".

Sonnentor-Kräuter-Guru Hannes Gutmann nennt als seine „drei Schlüssel zum Erfolg: 1) Eigenverantwortung, 2) mach' den eigenen Typ zur Marke und 3) steh dazu." - In diesem Sinne: Nutzen wir unsere Gestaltungs-Freiheit, Verantwortung, unsere EIGEN-Führungs-KRAFT.

„Ethik ist ins Grenzenlose erweiterte Verantwortung gegen alles, das lebt."
Albert Schweitzer

Das Glück im eigenen Werk

Lass' die anderen anders sein -
Mach' das DEINE und damit das Beste für alle!

- Wenn es eine Lebenserkenntnis meiner ersten fünf Lebens-Jahrzehnte gibt, dann diese: Wie weit ich auch gehe, was auch immer ich tu' und glaube, da draußen erforschen zu müssen, die Antworten finde ich letztlich zu Haus'... IN MIR...

„Ich will nicht das Glück, sondern nur mein Werk", meinte Nietzsche. Und ich verstehe diesen wunder-vollen Satz als Aufforderung, das zu tun, was mir vom Grunde meines Herzens, als innerer Antrieb, geboten erscheint. So einfach – so unendlich schwer!

Denn die Ablenkungen sind massiv, manipulativ, subtil. Auf allen Kanälen wird auf uns eingetrommelt, was es alles zu tun, zu studieren, zu kaufen gibt, um dem Glück näher zu kommen. Was alles an uns selbst zu verändern wäre, von Zahnregulierungen bis zur Fettabsaugung, von Benimm-Dich- bis Medien-Coaching, um endlich, endlich doch ein bisserl erfolgreich zu sein...

Ich hab' gelernt, „erfolgreich" mit drei Großbuchstaben zu schreiben: erfolgreICH. Denn der Erfolg liegt einzig und allein in Ihnen. SIE bestimmen die Erfolgskriterien – oder Sie lassen jene von anderen festlegen: von der Werbung, von Nachbarn, vom Partner... Fortan rennen Sie diesen hinterher. Bis zum erlösenden Exitus; ohne jemals das IHRE gelebt zu haben.

Die Jagd nach dem Glück, nach dem Erfolg, nach dem Wesentlichen ist aussichtslos, wenn wir die Zielscheibe VOR uns positionieren; denn was an Werten anzuvisieren und anzustreben ist, liegt IN UNS.

WesentlICH & glücklICH-machend dürfte nur die Konzentration auf's eigene Schaffen sein. Die Überlegung bleibt keinem erspart, ob er/sie den Sinn des Daseins im Verkaufen von … Botoxpräparaten, Spielautomaten oder Pelzmänteln sieht. Ich bin der Überzeugung: Ihr wie mein Lebensauftrag lautet, das Beste aus uns herauszuholen, zu ent-wickeln und zu ent-falten. Und das alles auch noch mit Lebensfreude, aus einer heiteren Seele – hin zu einem MARKanten, SELBSTgesteuerten, EIGENverantwortlichen LEBEN! – Und genau dabei will Sie mein Buch begleiten. – Willkommen auf einer gemeinsamen, spannenden, erfüllenden Reise zu sICH.

Anderen – oder sich selbst – gehorchen

„Todesdrama in Wiener Hofreitschule", schreibt ein Boulevardblatt. Der „wichtigste und längstdienende Bereiter" habe sich im Alter von 47 in einem Zimmer der Hofreitschule das Leben genommen. Er habe dem internen Druck nicht mehr stand gehalten…
Ein Einspalter, samt kleinem Foto. Aus. Das war's. Und die KollegInnen, Vorgesetzten, Angehörigen zucken alle – ergriffen, empört, ahnungslos – die Schultern. Mein Gott, der liebe Kerl… So emsig, so gewissenhaft, so engagiert… Hat er tatsächlich solchen Druck verspürt? Ja, warum hat er denn nichts gesagt?!
- Ich denke, wir können die Hofreitschule gegen jedes x-beliebige Unternehmen ersetzen. Überall gibt es Hyper- und Minderengagierte; welche, die unbedankt Stall ausmisten und welche, die auf dem „hohen Ross" sitzen, meinen, ihnen könne nie etwas passieren. Und plötzlich wird selbst ihnen Sattel samt Pferd entzogen…
Erlauben Sie mir, obwohl Nicht-Reiter, das Bild weiterzumalen: auf welches Pferd setzen Sie? Beruflich? Privat?
Welchem Druck setzen Sie sich tagtäglich aus? Können Sie – noch – standhalten?
Ich darf sagen, mittlerweile drei Jahrzehnte Berufserfahrung durchlebt zu haben. Mit allem, was dazugehört. Höchste Anerkennung, tiefste Enttäuschungen. Und alleine diese, spontan hingeschriebenen, Worte – „Anerkennung" wie „Enttäuschung" machen klar, dass man „sein Pferd" nie an solche „Pflöcke" befestigen soll. Denn solchermaßen ist das Glück immer von außen abhängig, immer von einem oder einer, der/die lobt und „dem Gaul ein Zuckerstückchen reicht". Und wenn das Lob, die Gewogenheit, die (vorgespielte) Sympathie wegfällt, bricht die große Enttäuschung aus; wir sind am Ende der Täuschung… „Wer auf sich selbst nicht hört, muss anderen gehorchen", lässt Friedrich Nietzsche Zarathustra sagen.

Der Schatz in mir – Lorbeer für's Selbst

Und immer wieder passiert's, dass ich – nach Phasen höchster Motivation und Begeisterung – in Momente der Traurigkeit versinke, die nur EINEN Grund haben: ich fühle mich nicht wertgeschätzt... nicht gegrüßt... nicht willkommen geheißen...ungerecht behandelt ... übersehen... übergangen... nicht gewürdigt... verletzt... ohnmächtig... Und in solchen Augenblicken kraftlos, führerlos.

Schluss! Ich will mich noch mehr davon emanzipieren; diese Abhängigkeit, von Lob, Anerkennung, Zuneigung – von medialer Berichterstattung, von Schulterklopfern, von Schmeichlern aller Art – MUSS ein Ende haben. Ich darf diesen externen Faktoren keine Macht mehr zubilligen.
– Wie kann ich mich dagegen immun machen? Mit jedem Grad Eigenstärkung, mit jeder Stufe wachsender Selbst-Aussöhnung und Eigen-Wertschätzung verliert das Fremdurteil an Bedeutung. Lorbeer für mich, selbst dargereicht!
Führen heißt: (Eigen-)Verantwortung übernehmen, Engagement zeigen, Ideen einbringen, Visionen entwickeln, gestalten, inszenieren, Interesse zeigen, wachsam sein. Und mir selbst Lob, Anerkennung, Wertschätzung zu schenken – auf dass ich dies auch anderen geben kann.

Woher nimmt eine Führungs-Kraft ihre Kraft zur Führung?

Nachhaltige Kraft kann jede Führungskraft nur aus ihr selbst holen; denn soviele Coaches vermag keiner zu bezahlen, um sich rund um die Uhr das „Alpha-Mäntelchen" aufbügeln zu lassen.
Die Kraft ist in jeder und jedem. Vielleicht verschüttet. Aber sie ist vorhanden. Lebenskraft. Pure, dynamische, exzessive Vitalität. Ich nenne diese Kraft aus tiefer Überzeugung „EROS". Der Sozialphilosoph Charles Handy spricht vom „Hungry Spirit": dieser Hunger treibt uns an, uns zu entwickeln, unsere Grenzen auszuweiten und in völliger Selbstverantwortung das Beste aus sich, aus uns zu machen. Wortwörtlich empfahl APPLE-Gründer Steve Jobs Studenten bei einer Abschlussfeier: „bleibt hungrig und närrisch!"
Diesen unseren „hungry eros-spirit" sollten wir nutzen. Wenn wir nicht solche Angst, ja: Panik vor unserer ausgelebten Kraft hätten. Wagen wir es? Wollen Sie sich darauf einlassen? Sich führen lassen? Von IHRER hungrigen und verrückten Kraft? Und diese auch noch markant nutzen, indem sie gebündelt, auf die ICH-Marke fokussiert wird?!
Lob, Anerkennung, positives Feedback von Vorgesetzten, KollegInnen und MitarbeiterInnen geben einen – extrinsischen – Energieschub. Was aber, wenn

diese „Infusion“ versiegt. Haben Sie dann genügend innere Reserven? – Die Kraft muss in Ihnen, in mir sein. Die Kraft ist bzw. liegt im Enthusiasmus.

Enthusiasmus

Enthusiasmus meint Entzücken, Begeisterung, Leidenschaft, Inneres Feuer, Quell-Licht, Strahlen, Eifer, Einsatz für ein Ideal, Schwärmerei für etwas, das wir als sehr wichtig erachten; gesteigerte Freude an bestimmten Themen oder Handlungen, extremes Engagement für eine Sache oder ein mehr als durchschnittliches, intensives Interesse auf einem speziellen Gebiet. Ursprünglich in religiöser Beziehung, später auch in mystischem Sinne. Für Anthony Ashley-Cooper Shaftesbury, englischer Moralphilosoph um 1700, ist Enthusiasmus „Leidenschaft für das Gute und Schöne“, somit Grundlage allen Philosophierens und Beleg für die Einmaligkeit der menschlichen Individualität. Immanuel Kant erklärte: „Die Idee des Guten mit Affekt heißt der Enthusiasmus.“

Seiner Herkunft nach bezeichnet der Begriff ursprünglich die Inspiration durch eine göttliche Eingebung oder durch den Einfluss bzw. die Gegenwart Gottes. Entheos heißt wörtlich „der von Gott Erfüllte“. Ich möchte die Brücke schlagen zu: Gott in mir. In mir ist eine göttliche Quelle – und aus dieser heraus kommt die leidenschaftliche Kraft. Im indischen Gruß „Namasté“ finden wir diese Anerkennung des „Entheos“ wieder, indem man einander versichert: „das Göttliche in mir grüßt das Göttliche in Dir!“ Entheos – der Gott in mir spricht über bzw. als Eros, einst Gott der Liebe.

EROS als Wegbegleiter

In den vielen Jahren der Beschäftigung mit dem ICH-Marken-Thema und in persönlichen ICH-Marken-Coachings kommt - immer wieder - der Punkt eines Eingeständnisses: „ja, ich würde gerne… ABER…“ Aber: es fehlt die Motivation, es fehlt der Mut, es bräuchte einen, der den Coachee an der Hand nimmt und den Weg zur individuellen Marke mit- bzw. vorangeht.

Unverantwortliche, geschäftstüchtige Coaches bieten sich dafür an; Erfolg ist dennoch nach Jahren nicht in Sicht. Ich denke an eine Rhetorik-Trainerin, die eine Führungskraft eines großen Staatsbetriebs vier ganze Jahre Woche für Woche – gegen sehr gute Honorare - mit Mikrofon- und Kameratrainings bis auf's Blut quälte, der Kunde jedoch noch heute samt Rednerpult vibriert, wenn er eine Ausstellung eröffnen soll…

Es wäre so simpel – und am Beispiel des „nichtredebegabten“ Herrn Direktors,

der in seinem Revier ein hervorragender Kenner sein mag – zu hinterfragen:
- was geht Ihnen wirklich leicht von der Hand?
- Worin müssen Sie sich NICHT bemühen?
- Was tun Sie leidenschaftlich gerne?
- Was würden Sie auch ohne Entgelt machen?

Merken Sie schon, dass diese Fragen ganz wo anders hinzielen, als das fatale: was wollen Sie denn gerne? – Was hilft's, dass der Herr X sooo gerne ein bejubelter Redner sein möchte? Und kaum tritt er vor's Publikum, sacken alle – wie vom Blitzschlag einer Lähmung getroffen – mit breitem Gähnen zusammen?!
Was ich will, ist sekundär. Grundlegend zu erkennen gilt, worin bin ich gut? Was liegt mir? Wobei fühl′ ich mich pudelwohl.
Und all diese hilfreichen Fragen stellt einer, der für Liebe und Lebensfreude verantwortlich ist: EROS. - Dieser Eros führt Sie, wenn Sie ihm das Kommando übertragen, zu Ihrem Marken-Kern.

Unbändiger Eros & wertorientierter Guru

Wer ihn je kennengelernt und mit jeder Faser seines Körpers gefühlt hat, weiß um die enorme Kraft des Eros. Segensreiche Liebesenergie, Motor zum Du, zum Wir, zu Engagement, zum Verwirklichen von Visionen. - Eine Urkraft, die im gesteigerten Sexus jedoch keine Grenzen mehr kennen will und somit auch in Chaos, Gewalt und Zerstörung ausufern könnte. Das Heilsame liegt in der Dosierung. Eros ist der Antrieb; innere und äußere Motivation. Doch nun gilt′s zu ergründen: wohin mit all der – wiedergewonnenen – Kraft?! Eros braucht eine Fokussierung, eine Ausrichtung.
„Wertorientierung" ist eine wundervolle Dimension, doch als Wort ein Eunuch. Es gilt, Eros in der Tat zum eigenen Segen und Heil der Mitmenschen umzusetzen. Der Hindu-Begriff *guruthwa karshan* bedeutet „Schwerkraft". Und Schwerkraft zieht an. Ein Guru hat Gewicht. Er ist stark, verwurzelt, verankert. Alles andere als ein Blatt im Wind. Gurus in dieser ursprünglichen Sicht sind gefestigt, konzentriert; sie haben eine Position, die sie vertreten. Und wenn der Guru mit dem Eros zusammenwirkt, dann kann sich MARKant Wertvolles entwickeln. – Wo zieht es Sie hin, wenn Sie auf die „Stimme in Ihrer Brust", auf Ihr Gewissen hören, wo fühlen Sie Zu-NEIGUNG, was soll Ihr SCHWERpunktthema, beruflich wie privat sein; was ist Ihr Lebensthema?!

Branding als Führungs-Aufgabe

„Die Marke ist Chefsache"; Markenführung sei „ganz oben" anzusiedeln. Die Marke ist nicht nur Imageträger, sondern Steuerungsinstrument und Managementtool. Klar, stellt doch die Marke wesentliches Unternehmenskapital dar. Austauschbare Produkte sollen zu einzigartigen Marken werden, aber auch schon Schulen, ja sogar Bestattungsfirmen. Neuester Trend: das „Employer Branding", das Unternehmen für Mitarbeiter wie Kunden attraktiv machen soll, und das „Urban Branding", das Städten ein unwiderstehliches Markenprofil verpassen soll. Hier wie dort geht es um Außenwirkung, um magnetische Anziehungskraft.
Bevor Firmen, Universitäten, Hotels und Städte Marken werden können, müssen sie sich erst einmal klar werden, wer sie sind. Und was man daraus entwickeln könnte. „Wer bin ich" & „was kann ich" sind wesentlichere Fragen als „wer will ich sein?!" Letztere Ausrichtung verführt nur zu Worthülsen, Leerphrasen und Imagewolken. Jeder ernstzunehmende Markenprozess muss mit einer ehrlichen Reflexionsphase beginnen. Authentische Identitätsfindung, mit dem Ziel: „Wir wollen kein anderer sein, sondern wir müssen versuchen, einfach viel mehr wir selber zu sein!" – Das ist der Zugang, den eine wertorientierte ICH-Marken-Führung braucht.

Da ist etwas in Ihnen: Marken-Archäologie

Da ist etwas in Ihnen, das sich ausdrücken will; das wirken, strahlen, leben will. Da ist eine starke Sehnsucht, eine Leidenschaft: Ihr Potenzial.
Erinnern Sie sich - noch? Er-INNERN Sie sich?!
Tief in Ihrem Inneren liegt die Antwort!
Deshalb muss „brand building", wie Marken-Entwicklung bzw. Marken-Architektur international bezeichnet wird, eine andere Stoßrichtung haben: sie geht runter, rein, in die Tiefe, zur Wurzel. Ich lade Sie zur persönlichen „Marken-Archäologie" ein. Graben Sie runter – in Ihre „Altertümer", besser: „Heiligtümer". Machen Sie sich auf, um das hervorzuholen, was einst glänzte. Worauf Sie mal stolz waren. „Jeder hat eine Goldmine in sich, wir müssen nur das taube Gestein zur Seite räumen", mahnt „Edelfeder-Marke" Helmut A. Gansterer.
20 Jahre Edition Stoareich – heißt für mich: den eigenen „Steinreichtum" zutage zu fördern. Und alle anderen, die noch Sehnsüchte in ihren Leben verwirklichen wollen, bei diesen Grabungsarbeiten zu unterstützen...

Hochgeschätzte Leserinnen und Leser:

Seitdem ich das Buch „Ihr ICH als unverwechselbare Marke“ geschrieben und im Herbst 1998 erstmals herausgegeben habe, bin ich von der Überzeugung geleitet, es ist nicht nur reizvoll, förderlich, sondern (lebens-)wichtig und „pures Gold“, zu wissen,

- wofür jede/r Einzelne steht, wofür Sie stehen,
- was Ihre MARKante Lebensbotschaft sein soll,
- womit Sie in Verbindung gebracht werden (wollen),
- was Ihnen wertvoll ist,
- wofür Sie sich engagieren,
- wodurch Sie sich abgrenzen,
- was Sie unverwechselbar macht,
- was Ihre einzigartigen Benefits für Ihre Mitwelt sind...

Heute darf ich sagen: die Botschaft fiel auf fruchtbaren Boden: in mittlerweile über tausend „ICH-Marke“-Seminaren, Beratungen und Vorträgen für Zehntausende TeilnehmerInnen konnten wertvolle Impulse für „eigengesteuerte Karrieren“ gegeben werden.
Prof. Dr. Karl Nessmann von der UNI Klagenfurt, wissenschaftlicher Pionier am Gebiet der „Personal Public Relations“ und des „Personal Communication Managements“, hat mir bestätigt, der erste im deutschsprachigen Raum gewesen zu sein, der die ICH-Marke als wertorientierte, persönliche Öffentlichkeitsarbeit systematisch aufrollte. Das Thema wurde sogar ein Schwerpunkt im von Nessmann geleiteten „Hochschullehrgang für Öffentlichkeitsarbeit“ und erhob mich in den Rang eines Universitätslektors, der mittlerweile seit über 10 Jahren die wache Auseinandersetzung mit jungen Studenten und Studentinnen genießt...

Parallel und in der Folge ist eine ganze „ICH-Industrie“ entstanden: nahezu kein Seminarveranstalter oder Trainer mehr, der nicht „ICH-Marke“ bzw. „Marke ICH“ im Programm führt. Und die ICH-AG's wachsen wie Schwammerln aus dem Boden.
Wenn Sie Tipps wünschen, wie Sie noch brutaler, skrupelloser und furchteinflößender Ihr EGO ins gleißende Rampenlicht bringen, dann empfehle ich Ihnen, dieses Buch zur Seite zu legen. Sie würden enttäuscht – mit der Chance, dieses „Ende der Täuschung“ als Gewinn in einem von Schein gehetzten Dasein zu erkennen.

Sehnsucht nach Ecken und Kanten!

Politiker-Interviews im Fernsehen zeigen die ganze Dramatik auf: bis zur individuellen Unkenntlichkeit „gecoachte“ Masken treffen weder zitierbare Aussagen, noch sorgen sie für Zuseher-Freude. Was soll denn spannend sein an einem leblosen, jedes Wort mit einer „demonstrativen Geste“ unterstreichenden Designer-Sakko, in dem irgendein von politischen Lobbies abgestellter Langweiler 50 Minuten Sendezeit mit Phrasen zu füllen sucht?! Das Ziel eines Interviewten lautet heute – oh Errungenschaft der Medien-Informations-Gesellschaft – vor der Kamera, ohne sichtbare Schweißbäche an Stirn und Hemd, zu überleben, und ja nichts zu sagen, das irgendwann gegen ihn verwendet werden könnte…
Marke ist das Gegenteil! – Marke hat Ecken und Kanten, Marke hat was zu sagen, Marke lässt erkennen, woher kommt wer, in welcher Färbung spricht er/sie? In aktuellen Zeitungskommentaren erfreut man sich an der „Strahlkraft“ einer Ministerin „vom Land“, mutmaßt jedoch, dass das „authentische Auftreten“ eine „ganz große Karriere verbauen“ könne: Aus Partei- und Staatsräson müsste man ihre Ecken und Kanten abschleifen und dafür sorgen, „ihre flinke Zunge im Zaum zu halten“… Ein Mediencoach würde ihr sicher das glatte, keimfreie Wording beibringen. Und schon reiht sich ein weiterer Politzombie, dem das Leben ausgetrieben wurde, in die Phalanx nichtssagender, durchtrainierter Phrasendrescher.

Pragmatik & Ökonomie und/oder Selbstentwicklung & Lebenskunst?

Die jahrelange intensive Beschäftigung mit dem ICH-Marken-Thema veranlasst mich, eine prinzipielle Klarlegung anzustellen: Das Marken-Thema kommt aus der Ökonomie. Die Marke gehorcht dem und bestimmt den Markt. Wo es zahllose austauschbare Produkte gibt, da will die Marke Orientierung und Verlässlichkeit bieten, was einen höheren Preis gerechtfertigt. Und es ist völlig legitim, diese Marketingstrategie auch für sich persönlich als „MarktteilnehmerIn“ wahrzunehmen. - Wo ist eine Nische frei? Wie könnte ich mich positionieren? Demgemäß bewerbe ich mich und mein Angebot markentechnisch als Problemlöser und Sehnsuchtserfüller...
- In der Erstauflage dieses Buches habe ich dieser pragmatischen Annäherung keinen Raum gegeben; ich habe die Marke geradezu romantisch idealisiert; als „Krönung der ICH-Werdung“. Es ist jedoch ganz nüchtern anzumerken, dass es eine breite Palette an Bildern in unseren Köpfen gibt, wie die „persönliche Krönungs-Zeremonie“ aussieht: so muss die „Marken-Mania“ auch

Gaddafi, Hitler und Bin Laden inkludieren. – Bei jedem Einzelnen sind bzw. waren sämtliche Kriterien des „brandings“ gegeben.
Und Sie müssen nur die Tausenden BewerberInnen an TV-Shows wie „Das Supertalent“ & „Die große Chance“ beobachten, welch´ Verrenkungen ihre armen Körper und Seelen vollführen müssen – nur für ein Stück Aufmerksamkeit. Jüngste Fassungslosigkeiten betreffen: „Penis-Pianisten“ (ich denke, ich muss nicht näher ausführen, wie das Tastenspiel funktioniert…), ein junger Mann, der seine Haut vom Oberkörper bis über´s Kinn zieht und die „Porno-Poetin“, die ihre Gedichte strippend aufsagt…

- Macke?
- Masche?
- Maske?
- Marke?

In den wenigen Buchstaben Unterschied liegen ganze Leben – die einerseits ein ewiges Suchen und Jagen nach öffentlicher Anerkennung sind oder ein geglücktes, MARKantes, innengesteuertes Sein, zufrieden der ureigenen Berufung folgend.

Wertorientierte ICH-Marke

Mir ist deshalb wichtig, die Wertorientierung in der Marken-Strategie zu betonen: so ist die „ICH-Wert-Marke“ nur für besondere Menschen reserviert: Diese können die ICH-Marken-Strategie dazu nützen, um Ihr Bestes zum Strahlen zu bringen.
So gesehen ist die ICH-Marke wahrlich „pures Gold“ und ein wunderbares Instrument, sich selbst besser zu verstehen; sein Potenzial zu heben und das individuelle ICH in den Griff zu bekommen. Die ICH-Marke, so wie ich sie verstehe, soll kein Selbstzweck sein, sondern ein wirkungsvolles Mittel zum Zweck – und der Zweck heißt: gut leben! Glücklich leben. Zufrieden leben. – Weil man das tun darf, was einem Spaß macht – und damit auch noch Geld verdienen kann. Gerade so viel Geld, um – siehe oben – gut, glücklich und zufrieden leben zu können (fern jeder Börsenspekulation, die nur schlaflose Nächte bereitet und allfällige, zweifelhafte Gewinne auf Kosten irgendwelcher armer, ausgebeuteter Zeitgenossen lukriert).
Lebenskünstlerin, Lebenskünstler zu sein – das meine ich, als größtmöglichen Gewinn dieses unseres „Praktikums auf der Erde“ erreichen zu können. Und die Methode, Ihr ICH als unverwechselbare, wertvolle Marke zu sehen, sollte dabei hilfreich sein.

Eros statt Euros…

Versuchen Sie´s ruhig mal damit, Ihrem inneren Antrieb den Namen „Eros" zu geben. Und schon wird er Ihnen seine faszinierende Wirkung zeigen: Eros „ertappen" Sie, wenn Sie sich in unbeobachteten Momenten „verausgaben", wenn Sie im „Flow" sind, wie der ungarisch-amerikanische Glücksforscher Mihaly Csikszentmihalyi (übrigens Musterbeispiel für eine Markenpersönlichkeit) das völlige Aufgehen in Projekten nennt. Backen & kochen? Das Auffrisieren von Zweirädern? Neue und neueste Software? Sie tauchen ein, Sie tun's, egal, ob's wer gut findet oder nicht, egal, ob's dafür Geld gibt oder sogar noch (viel) kostet.
Wie schön erst – und das möge dieses Buch wachrufen – wenn Sie, Ihrem Eros vertrauend, auch noch zur starken, strahlenden ICH-Marke werden und damit Ihre Lebensträume finanzieren können!!!
Eros führt Sie zu sich; zeigt Ihnen, gepaart mit dem Guru-Faktor, wo Potenzial zur ICH-Marke besteht; und damit die Chance, Ihr Leben mit einer Tätigkeit, einer Dienstleistung, die Ihnen wirklich (am Herzen!) liegt bzw. mit Eigen-Geschaffenem zu finanzieren.

Wenn Sie diesen SELBSTgesteuerten Weg konsequent weitergehen, gelangen Sie irgendwann an jenen Punkt, da es Ihnen – nicht nur in selbstvergessenen und vom Umfeld losgelösten Momenten - völlig egal wird, ob Sie mit Ihrem Tun und Ihren Gedanken/Werken „das große Geld" verdienen und am Markt erfolgreich sind oder nicht. Sie tun es, weil Sie davon überzeugt sind; weil Sie's tun MÜSSEN – aus INNEREM Antrieb. Und genau DAS ist Lebenskunst und Lebensqualität in der Kategorie Luxus pur!
„Eigenwillige Karrieren", nennt Roland Girtler sein aktuelles Buch – mit dem programmatischen Untertitel: „Wer seine eigenen Wege geht, kann nicht überholt werden!" Als vagabundierender Soziologe, wahrer Lebenskünstler und Markenpersönlichkeit im Guru-Status könnte kein Berufener zitiert werden.

- Dieses Buch möchte Sie auf Ihrem – von Eros inspirierten & Ihrem „inneren Guru" geleiteten - Weg zur Markenpersönlichkeit begleiten und Sie als Führungskraft unterstützen, Antworten auf Ihre WESENtlichen Sinn- und Lebens-Fragen zu finden.

Ich wünsche Ihnen eine spannende, beglückende, impulsreiche Reise zu und mit Ihrem MARKanten ICH!

Manfred Greisinger
11-2011

„Ein Leben" leben
ist etwas anderes als
„sein Leben" leben!

„In jedermann ist etwas Kostbares, das in keinem anderen ist."
Martin Buber

1 UrKRAFT:

Ihr ICH –
Ihre Persönlichkeit im Mittelpunkt

Himalaya-Trecking? Weltreise? Bungee Jumping? –
Wo ist das wahre Abenteuer?!
Meine tiefste Überzeugung lautet: Das größte Abenteuer, das wir auf der Zwischenstation Erde erleben können, ist die Auslotung des ICH. Die Erfahrung der vielen ICH-Facetten in größtmöglicher Intensität.
Es geht buchstäblich um's Erleben. Denn vor Ort, hier, irgendwie anwesend, sind wir alle. Doch wie viele leben? Und wie wenige leben wirklich ihr ICH? ICH im Sinne von Individualität, Unterscheidbarkeit, Einzigartigkeit, Unverwechselbarkeit.
ICH im Sinne: wissen woher, wozu, wohin...
ICH als bestmögliche Verwirklichung meiner Möglichkeiten.
Es ist die faszinierendste Abenteuer-Reise, das spannendste Projekt, die erfolgversprechendste Unternehmung: hin zum ICH.
Der eigenen Spur zu folgen.
Seinen ureigensten Entwürfen näher kommen.
Die Potenziale und Talente zu ent-wickeln, sich vollends zu ent-falten.
Und wer kann das schon je behaupten: ich bin fertig mit meiner Entwicklung. Ich habe das Größte, das Beste, das Edelste aus mir gemacht. Ich habe den Schöpfungsauftrag nach bestem Wissen und Gewissen erfüllt. Ich bin ein wertvoller Mensch ...
Um allen Egoismus-Vorwürfen gleich 'mal zu begegnen: selbstverständlich brauchen wir am Weg zum ICH die vielen DU's, die Impulse unserer Eltern, Kinder, Chefs, KollegInnen, Freunde, Feinde, Nachbarn. Und EINE, meiner Überzeugung sehr wertvolle, Methode, sich selbst näher zu kommen, seines ICH's „habhaft" zu werden, ist die Marken-Annäherung.
- Wofür stehen Sie? Wofür stehe ICH? Was unterscheidet uns?

Wer sind Sie?

Eine spannende Frage, wenn nicht überhaupt die spannendste Lebensfrage – wurde bei einer Matinee, wo ich dabei sein konnte, dem Meister der Formulierkunst gestellt: „Wer sind sie, Herr Heller?!"

Der Impresario, Autor, Sänger, Komponist, Poet, Sprach- Event- und Gesamtkünstler antwortete, sinnierend: „Ich bin jemand, der versucht, sich auf den Grund zu gehen. – Weiter, zu neuen Ufern; nie stehen bleiben! Ich bin ein Außerirdischer und freue mich, wenn andere Außerirdische, Schwierige gütig zueinanderkommen. Ich bin weit von meinem Ideal entfernt; ich würde sagen: Auslage in Arbeit. Ich wäre gerne ein Gelungener. Ich bin ein manischer Verwirklicher; denn das Kleinste, was man getan hat, ist besser als das Größte, was ich geträumt. Ich bin von Beruf wer, der sich lernend verwandelt, der sein Potenzial heben möchte und alles wahrnimmt, was zu dieser Entwicklung beitragen kann; egal was wo auftaucht. Das Kostbarste, das ich habe, ist die Zeit; so frage ich mich: wofür setze ich sie ein? Um noch etwas lernen zu können oder um meinen Ruhm zu mehren? Ich möchte mich nicht bei einer Schlamperei erwischen und die Welt mit Schönheit möblieren. Es geht stets um den nächsten richtigen Schritt auf meinem Weg. Die Projekte holen mich ab und sagen – ‚tu mich'! Ich muss spüren, dass Lernstoff drinnen liegt. So mag ich eventuell nach außen hin fallen, aber innerlich wachse ich – und das hilft mir, auf den Grund zu kommen. Die Summe der Blamagen ergibt ein wundervolles Leben. Ein Triumph ist, was mich gescheiter gemacht hat – wo ich Fehler nicht zweimal machen muss. Mich interessiert die Verfeinerung. Ich hab' Lust auf eine qualitätsvolle Biografie!"
André Heller meint weiters, man komme als Entwurf zu einem Menschen auf die Welt und wird vielleicht ein Mensch. „Man braucht aber lang, bis man sich selbst nicht mehr auf den Leim geht und den eigenen Eitelkeiten erliegt. Ich hab' sehr spät den Mut zur Solidarität mit der Figur gefunden, die ich tatsächlich bin und gelernt, mich mögen zu können. Lange war alles Dreck, was ich gemacht habe; nichts hat mir genügt. Bis ich mir überlegte, warum ich mich ständig mit meinen Kritikern und Feinden verbünde statt mich zu ermutigen? Jetzt bin ich mit MIR. Ich muss mir selber gehören. Weder das Positive noch das Negative dürfen Macht über mich haben; man muss die Macht bei sich lassen! Rechenschaft schulde ich nur den Bedürfnissen meiner Seele."
Welch' sanfte, versöhnliche Liebe zu seinem ICH aus diesen Worten spricht. Und genau diese Behandlung verdient unser Selbst. Ich mag dich – so wie du bist; so wie du geworden bist – und hab' auch Verständnis dafür, dass manches nicht so geworden ist... Es kann ja noch werden; wie Leben ständiges Werden ist!
Häussermann soll über André Heller gesagt haben: „Er ist einer der begabtesten Menschen, nur keiner weiß, wofür..."
Kennen Sie Ihre Begabungen?

„In Österreich wird jeder das, was er nicht ist."
Gustav Mahler

„Folge deinem eigenen Stern"

Trend-Guru Matthias Horx sprach schon vor Jahren vom „modernen Kernwert der Eigenheit" und meinte, dass „Wellness" immer mehr von „Selfness" abgelöst werden würde. Nun, mittlerweile leben beide Kreationen höchst erfolgreich neben- und miteinander: jedes SELF fühlt sich in den modernen Tempeln der Wellness durchaus wohl. Das *Hamburger Trendbüro* rückt das ICH – untermauert von Werbeslogans wie „Folge deinem eigenen Stern" (*Mercedes A-Klasse*) oder „Für alle meine Ichs" (*Fiat Idea*) – in den Mittelpunkt. Der moderne Konsument sei zunehmend auf sich selbst gestellt; der Staat ziehe sich aus immer mehr Bereichen zurück, die Eigenverantwortung steige. Fürwahr: die Sicherheiten, die es 'mal gab, schwinden: „Lebensjobs", da man in ein und demselben Unternehmen das erste Gehalt wie auch die Pensionierung feierte, sind Geschichte. Und selbst Partnerschaften werden immer kurzlebiger; in Großstädten wird bereits jede zweite Ehe geschieden. „LAP's", sogenannte Lebensabschnittspartnerschaften, sind die Antwort auf ständig steigende Lebenserwartung, Selbstbewusstsein, Unabhängigkeit und Flexibilität. – „Da draußen" ist keine Sicherheit zu finden: nicht im Beruf, nicht in Beziehungen, nicht vor Gericht, nicht in Geldanlagen und schon gar nicht in Politikerversprechen; die einzige Möglichkeit der Sicherheit liegt im ICH. Je stabiler, je versöhnter ich mit mir bin, umso wilder darf es um mich zugehen. Das ICH wird mehr und mehr zur einzig verlässlichen Instanz und so definiert es sich sowie seine Beziehungen zur Umwelt neu. Rationale wie emotionale Bedürfnisse werden auf den Prüfstand gestellt; Lebensinhalte neu bewertet und Prioritäten neu gesetzt.

Großartig, dass ICH da bin…

Seit den 1980er Jahren erfreut das schwedische Hit-Duo *Roxette* die Menschen. Doch dann kam die Hiobsbotschaft für Maria Fredriksson: Gehirntumor! Die Ärzte gaben ihr eine Überlebenschance von fünf Prozent! Und das Wunder geschah: Maria überlebte und schaffte das Comeback auf die Bühne. In einer der schönsten, herzlichsten Tourneen 2011/12 begeistert sie mit Per Gessle Hunderttausende rund um den Globus. „Es ist einfach großartig, noch da zu sein", sagt die Genesene – und gibt allen Daseins-Sinn-Zweiflern eine wundervolle Botschaft: finden auch Sie´s großartig, da zu sein? Was macht für Sie das Dasein spannend, erfüllt, wertvoll?
Und vor allem: sind wir einfach nur da, anwesend, darauf bedacht, immer und überall das Maximum zu „bekommen", auf den eigenen Vorteil bedacht, achtlos gegenüber der Umwelt – und atmen den anderen Geschöpfen die Luft weg

– oder tragen wir etwas zum Wohl der Mitwelt bei? Was ist IHR BEITRAG? So wie *Roxette* mit Songs berühren? So wie ich mit meinen Büchern/Seminaren inspirieren und motivieren möchte? Was kommt durch Ihr DASEIN in die Welt? Was würde fehlen, wären Sie nicht da, wo Sie sind?!

Goldschatz & Karrierefaktor Persönlichkeit

„Persönlichkeit sticht Themen", lautet die Kurzformel der Meinungsforscher – am Beispiel Politik: Mit politischen Inhalten könne man im Wahlkampf kaum mehr punkten. Es gehe vielmehr um die Persönlichkeit, um Vorbildwirkung, um ein „allgemeines Gefühl".

„Human Ressource Management" setzt bei dieser für jedermann nachvollziehbaren Erkenntnis an und verpackt sie in sperrige, um Wichtigkeit buhlende Darlegungen: „Da die Ressource Mensch in einer Organisation meist den größten Anteil an der Wertschöpfungskette hat, wird die menschliche Arbeit zur Quelle der Innovation und des Erfolges. Der Wettbewerbsvorteil durch motivierte und innovative Mitarbeiter stellt sich dann ein, wenn es gelingt, die menschlichen Ressourcen für den jeweiligen Prozess richtig zu beurteilen und entsprechend einzusetzen..."

Der „Career Report" macht deutlich, welche Qualifikationen die Firmen bevorzugen: 5 % Auslandserfahrung, 10,9 % Berufserfahrung, 25,4 % Sprachen, 28,2 % berufliche Qualifikation – und der Sieg geht mit 30,4 % an.... Persönlichkeit!

„Harte Faktoren" wie vertragsrechtliche, fachspezifische oder PC-Kenntnisse (Excel) werden von den sogenannten „weichen Faktoren" wie Teamgeist, Kommunikationsfähigkeit, Führungsverhalten, Motivation usw. übertrumpft: Ihr Wesen, Ihre persönliche Art, ja: Ihre ICH-Marke ist also das wesentliche Auswahlkriterium für Personalchefs; und garantiert auch für andere EntscheidungsträgerInnen.

Ihr „Selbst" ist der Schlüssel für die Lebens-Karriere. „Selbst-Losigkeit" wäre, im buchstäblichen Sinn des Wortes, fatal! Das heißt vielmehr zunächst: Selbst-Wahrnehmung. Was bedeutet, auf die eigenen Gefühle und deren Auswirkungen, auf eigene Stärken und Schwächen zu achten. Selbst-Bewusstsein, Selbst-Vertrauen münden in Selbst-Motivation und Selbst-Zufriedenheit.

Fragen nach den Urmotiven des Lebens

Es waren Hunderte Seminare mit Tausenden TeilnehmerInnen – diese Bilanz darf ich seit Erscheinen der Erstauflage meines Buches „Ihr ICH als unverwechselbare Marke“ im Herbst 1998 ziehen. Viele waren in die Workshops und Vorträge gekommen, um das persönliche Profil noch kantiger und die persönliche Rhetorik noch geschliffener zu entwickeln. Viele kamen, weil sie eine „Karriere-Effizienz-Steigerung“ erhofften. – Nach dem Motto: Wie setze ich mich noch besser in Szene? Wie kann ich meine Ellbogen im beruflichen Konkurrenzkampf dem anderen noch vernichtender reinrammen? Wie krieg’ ich den Spitzenjob mit Spitzengehalt?

Es fasziniert mich, dass kein einziger Teilnehmer in den letzten Jahren protestierte, weil er DAS ALLES NICHT erhielt, was er ursprünglich wollte. Wenn ich den Rückmeldungen vertrauen darf, so haben die TeilnehmerInnen aber viel mehr bekommen, das die Basis für alle oben angedeuteten Karriere-Überlegungen darstellt: eine Ahnung bzw. Bestätigung, was ihr individuelles ICH ausmacht.

Ich wage zu sagen: Viele, viele SeminarteilnehmerInnen und ebenso viele LeserInnen würden sich ohne den „ökonomischen Zugang“ der Marke nie die Fragen nach den persönlichen Motiven stellen (lassen). Das ist das Einzigartige an diesem Thema. Denn wir wollen doch nur an unserer Marke arbeiten; das habe ja nichts mit „den spirituellen Spinnern“ oder gar den „Esoterik-Fuzzis“ zu tun, die meditierend im Schneidersitz auf der Suche nach sich selber seien ... Die ICH-Marke als Methode unterstützt jedoch punktgenau die Fragen nach den Urmotiven Ihres Lebens: wer bin ich, was zeichnet mich aus, wo will ich hin?

Türe nach innen

Vom dänischen Philosophen Kierkegaard stammt die Überlegung, dass die Tür ins Reich des Glücks nach innen aufgehe. Und wer je diese Tür aufgestoßen hat, kann bzw. will sie nicht mehr – von außen – schließen.
Zu verlockende Erkenntnisse warten, je weiter man diese Tür hinter sich lässt und ins Dunkle vordringt. Erst indem man Schritt vor Schritt setzt, zunächst zaghaft, dann immer mutiger, wird klar, dass DAS das Leben bedeutet. Dass dies die zentrale Lebens-Herausforderung darstellt: zu ergründen, was dieses ICH ausmacht.

Denn wer sich (endlich) selbst gefunden hat, den kann kein noch so großer Verlust mehr treffen. ICH ist mehr als das rassige Silber-BMW-Cabrio, mehr als das Haus im Wiener Cottageviertel und die Zweitvilla in Velden, mehr als der Stolz auf drei wohlerzogene Kinder im *Theresianum*...

Der Keller wird zur Schatzkammer

Wieviele Talente liegen ungenutzt in den finsteren Kellern unseres Selbst. Wieviele Menschen erzählen – stolz, resignativ, beschwichtigend – von den tollen Möglichkeiten, die sie einst mal hatten; aber die Umstände, die Kinder, die Eltern, die Schulden, der Beruf, die Arbeitslosigkeit (und tausend andere zusammengereimte Alibis) hätten die Ausbildung des Genies verhindert.
Der Punkt ist, frei nach dem Motto – noch heute ein Apfelbäumchen pflanzen, selbst wenn morgen die Welt untergehen sollte – sich endlich aufzuraffen und in den Keller ´runterzusteigen. Lösen Sie sich von der Oberfläche und begeben Sie sich in die Tiefen Ihres Wesens. Beginnen Sie, Inventur über Ihren „Selbst-Besitz" zu machen: Im Lichtkegel all die mittlerweile etwas verstaubten Begabungen zu begutachten; sie sauber zu rubbeln und nach und nach den Gerümpelkeller zur Schatzkammer nutzbarer Potenziale umzugestalten. Erleben Sie diese Wandlung: wo Sie Unrat vermuteten, strahlen plötzlich die edelsten Schmuckstücke.

„Fall nur ja nicht auf..."

„Was bleibt von mir in Erinnerung? Eine nette, angenehme, kompetente Erscheinung; sie spricht schön und schreibt schön..." – S. geht hart mit sich ins Gericht. Und zeigt sich für das „Marken-Thema" samt „Guru-Faktor" empfänglich. – „Ja, es ist höchst an der Zeit, mich zu positionieren, zu exponieren, aufzufallen!"
Doch das „Fall NICHT auf" sei die zentrale Botschaft ihrer Erziehung gewesen. Der Spruch der Mutter – „Was du nicht willst, das man dir tu, das füg' auch keinem anderen zu" habe sich für sie als ohnehin zurückhaltende Person fatal ausgewirkt; alles werde seither in Harmonie und Konfliktscheu erstickt. Ihrem Vater kann sie bis heute nur schwer verzeihen, dass er sie vor einem ungerechten Führerschein-Prüfer nicht verteidigt hat. „Sie haben aber eine ungezogene Tochter", meinte jener über die 18-jährige, die reklamierte, die richtige Antwort gegeben zu haben. Und anstatt dass der Vater für sie Partei ergriffen hätte, gab er ihr den Lebensrat: „Das war wirklich ungeschickt von dir, du musst wissen, die Autorität sitzt immer am längeren Ast!" Noch heute rechnet sie mit dem Durchgriff von Autoritäten, wo gar keine sind...
Dieses Buch „FührungsKRAFT" will vor allem Ihr ICH stärken helfen. Das, was Sie ausmacht, Ihr Selbst (wieder-) zu finden, es aus dem Keller der Zweifel holen, abputzen, zum Glänzen bringen und liebevoll ans Herz drücken. Auf dass Ihr ICH MARKant funkle – und die Faszination eines Gurus ausstrahle.

Leben in der Multi-Options-Gesellschaft

Klarer hätte die Botschaft nicht ausfallen können: auf die Frage, was ihnen in ihrem Leben wichtig sei, was sie unbedingt erreichen wollten, antworteten die TeilnehmerInnen des Workshops „girls for politics" (!) kurz und knapp: „Spaß und keine Langeweile!" Dasselbe wünschten sich die Mädchen im Alter zwischen 14 und 18 übrigens auch für den Seminarverlauf. Fun, fun, fun…
„Im Mittelpunkt das ICH", lautet das Ergebnis einer Studie des Wiener Pastoraltheologen Paul M. Zulehner, der den Wertewandel untersucht hat. „Es gibt immer mehr Menschen, die sich die Rosinen herauspicken. - Das selbstbewusste ICH, das sich hedonistisch selbst verwirklichen will."
Wirtschaftspsychologe Othmar Hill spricht vom „Ende der Massenmenschhaltung". ICH will profitieren, MIR soll's gut gehen! Das ist die vielzitierte „Generation ICH" vertreten durch die Youngsters im Internet-Business. Sie arbeiten viel, sie verdienen viel – und wollen ganz viel Spaß dabei haben."
Unvorstellbar sind jene Zeiten, von denen die Eltern gerne – mit sanft vorwurfsvollem Unterton – den Jungen erzählen: „Wir mussten jahrelang sparen und auf unsere Wohnungseinrichtung hinarbeiten; die Badewanne war unser erstes Bett..." Ein Leben, das für die Eltern noch im Entweder-Oder bzw. Eins-nach-dem-anderen bestand, heißt für die junge Generation des 21. Jahrhunderts: „ich will sowohl-als auch; und das sofort"... Das ICH von heute will und kann nicht warten: die Verheißungen der Werbeindustrie sind so stark, dass jeder aufkeimende Wunsch sofort erfüllt werden will. Man hat am Puls der Zeit zu sein, und diese ist im permanenten Wandel. Was heute hip ist, gilt morgen als mega-out.

Die medial gesteuerte Generation ICH

Was ist cool? Was ist modern? Was muss man haben? – Die Medien vermitteln jene Ikonen, die als Trendsetter agieren. Gleichzeitig haben's die jungen Menschen unendlich schwer: reichte es in meiner Jugend (rund um 1980) noch aus, Jeans mit weißem Seitenstrich bzw. Latzhose zu tragen, um frech daherzukommen, so ist heute ohne Piercing, Tätowierung, ja: Drogenerfahrung keine Anerkennung unter seinesgleichen mehr zu erreichen. Lauerte die – berechenbare – Konkurrenz um die Gunst meiner ersten Freundin noch im wenige Kilometer entfernten Nachbarort, so muss es der junge Mann (aber auch die junge Dame) von heute im Styling und Verhalten mit der number one der aktuellsten *you tube* videos aufnehmen.
„Alles ist machbar", lautet der Tenor im medialen Konzert. Und so will jede/r selbst die Spielregeln gestalten, anstatt sich anderen zu unterwerfen. Die Welt

wird nicht mehr fundamental kritisiert, um sie nachhaltig zu verändern; sie wird vielmehr zum Ausgangspunkt gemacht für kreative Projekte, um höchstmöglichen Profit zu machen.
Trendforscher sind sich einig: es gibt einen großen Zug zur Selbstständigkeit. Und das ICH hat viele Chancen.
Spätestens jetzt ist ein fundamentaler Hinweis angebracht: dieser Befund wird für ein Sechstel der Weltbevölkerung ausgestellt; jene - etwas mehr als eine - Milliarde Menschen, die in entwickelten Ländern lebt; für jene anderen - knapp - 6 Milliarden (!) stehen bedauerlicherweise nicht die ICH-Entwicklung und Selbstverwirklichung im Mittelpunkt des Lebens, sondern vielfach das nackte Überleben...

Individualität und Tempo über alles

Die Werte der Generation ICH in unseren Breiten heißen: Individualität, Selbstverwirklichung, Modernität, Leistungsbereitschaft, Unabhängigkeit, Freiheit, materieller Erfolg. Der Typus des unkonventionellen, risikobereiten und selbstbewussten Newcomers sieht das Leben als Labor und Experimentierfeld mit hohem Unterhaltungswert an. Die ICH-AG fand Eingang in den Alltagssprachschatz und vermittelt die Strategie des „Unternehmers in eigener Sache“. Geprägt von der Schnelligkeit des Internet umfasst auch die persönliche Lebens- und Karriereplanung maximal die nächsten ein, zwei Jahre. Sie sind der Prototyp des „flexiblen Menschen“, den der Soziologe Richard Sennett prophezeite.
Das digitale Zeitalter, in dem die Welt zum Dorf geworden ist, bedeutet eine Revolution von historischem Ausmaß. Die Gründerzeit ist da – und jede/r kann entscheiden, ob sie/er mitmacht oder bloß zuschaut und kauft...

Alles ist möglich!

Keiner kann sich dieser strahlenden Verlockung entziehen: der Mensch des 21. Jahrhunderts scheint keinen Grenzen gegenüberzustehen. „Alles ist möglich“, betont nicht nur die Werbung der Lotto-Toto-Gesellschaft. Und so ist jede und jeder von uns versucht zu fragen: „Warum eigentlich nicht?“ Warum soll ich das und jenes nicht wagen? Alles geht doch in dieser „Multi-Options-Gesellschaft“, jeder Lebensentwurf ist verwirklichbar. Und wenn Familientraditionen oder alte Wertmaßstäbe dagegensprechen, dann werfen wir sie frohgemut über Bord. – Bremsende Freunde oder Partner gleich dazu...

Die „Alles ist machbar“-Gesellschaft eröffnet ungeahnte Freiheiten, die Gefahr, darin verloren zu gehen, ist jedoch ebenso gegeben. Statt Identitätsfindung erleben viele eine Identitäts-Not! „Wer bin ich denn nun wirklich, wenn ich alles sein könnte?!“
Der Absturz in die Verzweiflung ist nur einen unachtsamen Schritt entfernt...
– Weil man die vielen Chancen eben NICHT nutzen kann; weil man übrig bleibt und die anderen vermeintlich Erfolgreichen von den Titelblättern bzw. in den Talk-Shows strahlen sieht.

Alles ist möglich – auch die Depression

8 Millionen Deutsche brauchen nach Auskunft der Ärztekammern eine psychotherapeutische Betreuung. In Österreich gelten rund 800.000 Menschen als depressiv, 1.500 nehmen sich jährlich das Leben. Bis 2020 prognostiziert die Weltgesundheitsorganisation einen Zuwachs von 20 Prozent Depressiven unter den Erdbewohnern, wodurch diese Seelenpein zur häufigsten Krankheit werden könnte. Schon heute leiden weltweit über 120 Millionen Menschen laut WHO an Depressionen.
Unsere Gesellschaft hat nur mehr wenig soziale und moralische Orientierungs-Pfeiler zu bieten. Individualisierung und Liberalisierung sind hoch im Kurs. Doch wo früher noch das WIR stand, ist nun das ICH auf sich alleine gestellt. Was im Fall von Visionen und Selbstbewusstsein freie Bahn bedeutet, heißt für ein kränkelndes ICH Rückzug, Einsamkeit und Depression. - „Wo alle erfolgreich, glücklich und schön sind, da bin ich das hässliche, unverstandene Entlein; ein Loser, ein Totalversager!“
Die Genfer Weltgesundheitsorganisation definiert den Begriff „Gesundheit“ übrigens als „Zustand vollständigen körperlichen, geistigen und sozialen Wohlbefindens – nicht nur als Freisein von Krankheit und Gebrechen!“
– Sind Sie nach dieser Definition gesund? 100 Prozent gesund? – Ich bringe es derzeit (Rückenschmerzen und Verspannungen des Schultergürtels sind bei Schreiberlingen wohl unausweichlich) auf satte 90 Prozent Wohlbefinden. – Wieviele Menschen jedoch auf die Couch müssten, verdeutlicht den Bedarf an Ärzten, Psychologen, Therapeuten & Coaches.

Schatten der Individualisierung: Selbstzweifel

Die Individualisierung macht uns zu tendenziell unsicheren, von Selbstzweifel geplagten Wesen, die sich laufend auf den Prüfstand stellen. Sind wir fit genug, clever genug, schön genug, gut genug, erfolgreich genug, um als ICH gegen

all die anderen ICHs bestehen zu können? Sollten, könnten wir nicht noch schlanker, attraktiver, glücklicher, gesünder sein – bei all den Möglichkeiten, die sich heute bieten?! Wir alle sind mit den Enttäuschungen, Frustrationen und Verlusten konfrontiert, die die Konkurrenzgesellschaft bereit hält.
Und schon beginnen die tollsten Selbst-Konzepte zu wanken. Die Psychologie beschäftigt sich in der Selbstwert-Forschung damit, wie diese Konzepte zustande kommen, insbesondere wie Erfolg und Misserfolg aus der Alltagserfahrung sich in einem Selbstkonzept auswirken und was die Folgen von einem stabilen, positiven bzw. einem labilen, negativen Selbstwertgefühl sind. Das Verständnis der Mechanismen, die diesen Selbstkonzepten zugrunde liegen, öffnet die Möglichkeit, Selbsteinschätzung und Selbstwertgefühle verändern und verbessern zu können. – Welche Fallen stelle ich mir selbst immer wieder? Wo behindere ich mich selbst, stehe mir „in der Sonne“ und mache mich selbst zu dem, was ich bin (und gar nicht sein will)?!

„Ich glaube, dass jemand aufgrund seines Talents irgendwo hingehört, wo er sein Leuchten verbreiten könnte.“
André Heller

Was wären SIE, wenn Sie könnten, wie Sie wollten?!

Machen Sie sich bitte nichts vor und beantworten Sie ehrlich: was würden Sie sich für Ihr Leben wünschen? Wenn Sie könnten, wie Sie wollten, wenn es keine Einschränkungen in den Bereichen Geld, Charakter, Kompetenz und Alter gäbe, was wär's dann, das Sie magnetisch anzieht? – Was würden Sie tun, wenn es eine Garantie gäbe: scheitern unmöglich?!
Listen Sie bitte Ihre Wünsche auf – und lassen Sie's fließen: ich empfehle Ihnen eine Schreibübung, in der Sie überhaupt nur draufloskritzeln, mit dem Auftrag, zehn Minuten ununterbrochen alle Ihre Sehnsüchte zu Papier zu bringen. OHNE Pause für's Nachdenken, Korrigieren, Kritisieren; einfach nur drauflosschreiben. Ab JETZT – 10 Minuten – ohne Verstandeszensur!
- Und? Haben Sie Ihre Wunder erlebt? – Wenn Sie nicht eine „Schönschreibübung“ zur Erbauung der eigenen Scheinmoral vom Stapel gelassen haben. Wie gesagt: Sie betrügen nur sich selbst!

ICH-Auswüchse ins EGO

– Welche Triebkraft, welche Richtung wirkt in mir? Was hat Oberhand? Welche Stimme ist lauter und gibt den Ton an?

Ich habe wesentliche Pole ausfindig gemacht, die mir helfen, mein Leben, meine Wünsche, meine Ängste wie auch jene meiner Freunde, Bekannten und SeminarteilnehmerInnen wie durch eine Brille der Erkenntnis zu betrachten. Diese Pole nenne ich „EGO“ und „ICH“. - Zwei völlig konträre Antriebe wirken in uns, und Sie können diese jederzeit orten und dingfest machen.
„Mir geht nichts über mich“, betont Max Stirner, und verneint alles Gemeinschaftliche. „Meine Sache ist weder das Göttliche, noch das Menschliche, nur das Meinige!“ Diesem „Solipsismus“ des „Nur-ICH“ steht Aristoteles mit seiner Sicht des ICH als „zoon politikon“ gegenüber: der Mensch sei von Natur aus ein die Gemeinschaft brauchendes Wesen.
Vorsicht vor aufgeblasenen EGOs: Explosionsgefahr! – Manchen ZeitgenossInnen ist es wichtiger, sich auf Medienfotos bewundern zu können als im Spiegel.
Das EGO kann uns den Blick auf's wahre ICH verstellen; wir müssen's schon mal energisch zur Seite schieben, um nicht in Selbstsucht zu ersticken. Doch seien Sie gefasst: Sie könnten Dinge entdecken, die Ihnen „fremd“ vorkommen; wenn's ruhig wird um Sie und Sie den Weg vom schrillen Außen ins geheimnisvolle Innen wagen...

EGO-Verhalten:

Wenn wir einen typischen Egoisten, einen Egozentriker als solchen beschimpfen, dann ist damit kein Kompliment der Sorte „Gesunder Egoist“ gemeint. Egoisten sind überzogen mit sich beschäftigt. Beschäftigt ist das richtige Wort: denn der Egoist muss dauernd in Bewegung sein; alles muss sich drehen, vorrangig um sich selbst.
Die Tendenz geht ins MEHR! – Und wir kennen diese Stoßrichtung, wenn wir an einem All-inclusive-Buffet für Krisenfälle vorsorgen. Wir schaufeln auf unsere Teller, was zu kriegen möglich ist. Jede/r geht mindestens um ein Mal mehr als es eigentlich nötig wäre, um den Hunger zu stillen. Wir langen zu. Und nochmals. Und wollen noch mehr. Mehr HABEN: Mehr Macht, mehr Geld, mehr Sex, mehr Schönheit, mehr Power, mehr Lob, mehr Ruhm, mehr Action.... Wir wollen exklusiv im Mittelpunkt stehen; Sonderrechte, roten Teppich, ungeteilte Aufmerksamkeit, Verehrung, Huldigung, Applaus, tobenden Applaus und Geld wie Heu und...
Und suchen all das im AUSSEN! Zweithaus, Drittauto, den vierten Plasma-Fernseher sowie das fünfte Handy im Schlafzimmer. Die neueste Mode muss man besitzen! Und eine VIP-Karte im Promi-Fitnessklub. Und der Kellner vom Steirereck soll mich vertraut mit Namen an meinen permanent reservierten Stammplatz führen...

Der Ego-Bereich ist LAUT. Da ist Wichtigkeit, da sind viele Leute. Da sind Kameras. Händeschütteln und Schulterklopfen. Society. Bussi, Bussi. Und das Ego mitten drin. Genießend. Aufmerksamkeit, mehr Aufmerksamkeit, bitte alle Aufmerksamkeit für MICH!!! Dafür mache ich auch Karriere, bilde mich weiter, fahre auf Firmenmeetings, ziehe mein Cocktailkleidchen an und lasse mich vom Vorstand begrapschen, mime gegenüber der Frau Abteilungsleiterin große Bewunderung, erweitere meine Mitgliedschaften von Partei über Rotariern bis zu den Freimaurern. Wenn's für's „Weiterkommen", „Raufkommen" gut ist, dann macht EGO alles... Mit maskenhaftem Lächeln...
Die Quote ist alles. Und so meint ein selbstironischer Thomas Gottschalk: „Mein höchstes Gut ist die Quote. Geht die runter, geht mein Blutdruck rauf!"
Wenn Sie diese Steigerungslogik, verbunden mit allem Stress, weiterführen – wo endet sie? – Ab wann spricht man von einem Bestseller? 10.000 Stück. Gut. Aber 100.000 wären schon feiner. Konsalik hat über 8 Millionen verkauft. Das ist nichts gegen die Harry Potter Autorin... Wer immer weiter-/raufkommen will, wo soll er/sie ankommen, wo es doch immer NOCH mehr gibt?!
Im Herzinfarkt oder/und Wahnsinn.
Man kann – früher oder später – nur an einem Ort ankommen: bei sich. Und hoffentlich ist da wer zu Hause... (Während sich das Ego irgendwo auf der Welt gerade wieder lautstark und schrill auf wichtig inszeniert).

EGO - Der Faktor Eitelkeit

„Eitelkeit ist meine Lieblings-Sünde!", bekennt Al Pacino im Film „Im Auftrag des Teufels".
Unter Eitelkeit ist nicht jener gesunde Ehrgeiz gemeint, der uns voran treibt oder berechtigter Stolz auf eine erbrachte, eigene Leistung, sondern die SUCHT NACH BEIFALL & PERSONENKULT.
- Die Gier nach mehr ....

Anerkennung, Geltung
Selbstdarstellung
Popularität, Ruhm
Macht und Einfluss
Wachstum
Triumphen und Heldentaten
Schmeichlern
Geld
Karriere
Erfolg.....

Der/die Schönste sein, der/die Beste, GewinnerIn, Star, berühmt, von allen geliebt, begehrt, umworben, unbesiegbar, unfehlbar, unsterblich, reich, mächtig...
„Die Menschen kann man in zwei Gruppen unterteilen“, formuliert die *Jazzgitti* pointiert, „in Exhibitionisten und Voyeure.“ Beide sind außenorientiert, und damit im EGO daheim...

Egoismus und Narzissmus

„Der Egoismus in unserer Gesellschaft nimmt zu“, betont die Sozialpsychologin Eva Neumann und beruft sich auf ihre Studie an der Ruhr-Universität Bochum. Narzisstische Persönlichkeitszüge seien weiter verbreitet als bislang vermutet.
Narzissten sind – genau der Linie Ego & Eitelkeit folgend – über alle Maßen auf sich zentrierte Menschen, die nur auf eigenen Vorteil bedacht sind und ein besonders hoch ausgeprägtes Selbstbewusstsein an den Tag legen. Sie wollen größtmöglich profitieren, ohne selbst das Geringste zu geben. Typische Aussagen für sie sind: „Wenn die anderen wüssten, was ich alles an Begabungen habe, würden sie noch neidvoller werden...“ oder: „Ich weiß, andere beneiden mich um mein tolles Aussehen.“
Dies sei jedoch nur eine Seite der Medaille, wie Neumann betont: „Wir haben herausgefunden, dass die vordergründige Selbstüberschätzung der Narzissten einhergeht mit einer tiefen Verunsicherung sowie Angst.“
Wie schon beim EGO nachgewiesen, stehen jene auf wackeligen Beinen: das Ego lebt ja von der Gunst des Publikums; braucht den stetig wachsenden Applaus.
„Höher, schneller, weiter“, lautet das Motto des Narzissten, des Egomanen. Jene sind nicht nur gut, sondern toll. – Was aber auf Dauer verdammt anstrengend sein muss.

VIP, VIP Hurra!

Die menschliche Entwicklung fuße auf dem Minderwertigkeitsgefühl, wusste der Individualpsychologe Alfred Adler. Basierend auf vermeintlicher „Organminderwertigkeit“; weil wir glauben, das eine oder andere an uns sei zu klein, versuchen wir die kühnsten Verrenkungen, diese Mängel zu kompensieren. So werden die „Selbst-Entwürfe“ entsprechend stilisiert: „Ich als ChefIn“, und meine Brust schwillt an, noch ein paar Pumpstöße, pfuuu, „das haben wir geritzt – und jetzt muss ich zur nächsten Besprechung“, keine Anrufe in der

nächsten Stunde bitte, arrogantes, leicht gelangweiltes Gehabe...
„Erfolgreich ist, wer die eigene Leere so lange mit Inszenierungskrempel füllt, bis er taub ist vor Fülle und Glück", meint der deutsche Publizist Peter Felixberger.
Der Olymp der Wichtigkeit ist die „VIP-Zone": Am Handgelenk ein violettes UND ein gelbes Band samt Umhänge-Pass, was bedeutet: zugelassen für Catering UND den Backstage-Bereich der Promis. Dort dampft es förmlich nach unbändiger Bedeutung.
Dort sind die Kameras, dort pulsiert das wahre (?) Leben... – Wie man's aus der Dschungelshow von RTL kennt: wo teilalphabetisierte C-Prominente Spinnen und Larven fressen, sich bis zum Kotzen selbst erniedrigen, um mit dem Höchsten belohnt zu werden, was EGO anstrebt: mediale Aufmerksamkeit... (Nachsatz: bestehst du auf deiner Würde, bist du raus!)
Phaedrus, ein freigelassener Sklave und Dichter, schrieb im 1. Jahrhundert nach Christus eine Geschichte über einen besonders eitlen Frosch, der sich unbedingt mit einem Ochsen messen wollte. Weil aber ein Frosch viel kleiner ist als ein Ochse, blies er sich auf – bis er, Sie kennen die Moral von der Geschichte, „vor Neid platzte"...

ICH-Sein:

„Man will nicht nur glücklich sein, sondern glücklicher als die anderen. Und das ist deshalb so schwer, weil wir die anderen für glücklicher halten, als sie sind", meinte Charles-Louis de Montesquieu. Wo das EGO neidvoll, erfolgssüchtig rotiert, alles wissen will, ständig am Laufenden, unterrichtet sein muss, deshalb permanent das Radio an hat, am (ersten) Handy regelmäßig die Schlagzeilen übermittelt bekommt, (während am anderen Handy die SMS eintrudeln und getwittert wird), im Teletext die Börsenkurse verfolgt und alle Emails sowie facebook-Kommentare nach Einlangen sofort beantwortet werden, damit nur ja keine kostbare Zeit verloren geht (time is money!!!), ja während das umtriebige Ego also schweißgebadet durch den Alltag hetzt, lässt sich sein „Alter EGO", der Gegenpart, davon überhaupt nicht beeindrucken.
Was will das ICH?
RUHE. Hier ist die Zufriedenheit, das Durchatmen. Ich brauche nur wenig im Außen, wenn ich erst mal mich INNEN gefunden habe. „Der Mensch kann viel ertragen, solange er sich selbst ertragen kann", so Axel Munthe.
Das Glück? Die 820. CD hat mich nicht froher gemacht, wohl aber jene eine, die mir ein Freund gebrannt und in selbstkreierter Verpackung geschenkt hat. ICH muss nicht haben, ICH ist glücklich zu SEIN.
Die Fröhlichkeit des Hundes sehen. Das Wissen, dass Partnerin, Mutter,

Freundinnen und Freunde wohlauf sind; dass man gesund ist, sich bewegen kann ohne Schmerzen.
Bescheidenheit, das ist eine ICH-Qualität. Nicht, weil man muss, sondern weil man will. Spätestens beim Übersiedeln wird klar, dass WENIGER mehr wäre. Dass man soooo viel nicht braucht; nie verwendet hat, obwohl man's einst ganz dringend anschaffen musste. Der „Simplify your Life"-Trend spiegelt wider, was Weise vor 2.500 Jahren in der Urstunde der Philosophie wussten: dass materielles Wachstum allein alles andere als glücklich macht. Schon eher: Natürlichkeit, Gelassenheit, Dankbarkeit, Wurzeln, ein Lächeln... – PUR könnte das linear daraus hervorgehende Ziel sein (und ich darf allen, denen dieser Weg als reizvoll erscheint, mein Buch unter dem Titel „PUR/pure relations" ans Herz legen).

Was holt Sie morgens aus dem Bett?

– Eine so simple Frage – mit ganz enormer Wirkung. Und nur ganz wenige finden es besonders originell, mit „der Wecker" zu antworten.
Was ist es, das Sie für den neuen Tag motiviert? Mit welchen Wünschen, Gedanken, Ängsten, Vor-Urteilen oder Vorfreuden gehen Sie in Ihren Tag?
„Vogelgesang, Sonnenschein, Bienensummen, ein neuer, aufregender Tag, Blätterrauschen des Nussbaumes vor dem Fenster, klares Bergwetter, Meerblick, Freude auf Menschen, Freude auf neue Herausforderungen, Aufgaben die ich erfüllen kann, ein Bussi meines Babies, die Nase meines Haustiers im Gesicht, Lust auf den ersten Kaffee, die Morgenzeitung, Freude auf Bewegung, Duft des Gartens, der Rosen, der erste Gedanke: Radfahren oder Schwammerlsuchen? Neugier: ist ein neues Mail von einem lieben Menschen gekommen? Ist eine neue Blüte auf der Terrasse zu entdecken? Unbekanntes lockt, Wiedersehen mit einer alter Freundin, Froschquaken aus dem Nachbar-Biotop, neue, spannende Menschen und Projekte kennenzulernen, gute Gerüche, sinnliche Erlebnisse, Musik, die Möglichkeit, Schiefgelaufenes wieder gerade zu biegen, Neubeginn, neue Erkenntnisse, Inspiration, Zuversicht..."

Das alles sind nahezu ausnahmslos Antworten, die aus dem „ICH" kommen. Noch nie, und ich setze diese Übung in Seminaren seit Jahren immer wieder ein, also noch nie waren Antworten dabei wie: „Geld verdienen, wem zeigen, dass ich besser bin als er, Bluff, oder die Schönste am society-Parkett sein"... Das heißt, diese simple Frage – was holt dich aus dem Bett? – führt uns direkt von allen Ego-Wahnsinnigkeiten hin zum puren ICH. – Und die folgende Übung ist eine optimale Alternative, ans selbe Ziel zu gelangen:

Lorbeer: Search for the hero inside yourself

„Such' den Helden in dir selbst!" - Der Song von *M-people* als Übungsanleitung; von mir als Seminarinhalt erfunden, oft und oft erprobt – mit phantastischen Ergebnissen: Wo, wobei, wodurch haben Sie sich zuletzt als Held/in gefühlt? Wann spürten Sie das wunderbare „Flow"-Glücksgefühl, dass Sie die Welt umarmen wollten, zufrieden, froh, stolz mit sich?
Bis zu dieser Übung waren u. a. auch die Herren Versicherungsmakler recht schnittig unterwegs. Zufriedenheit? Wenn man 10 Polizzen und mehr pro Tag abschließen konnte, hatten sie eben noch von sich gegeben. Sie sprechen gar von „5 Leben" (als Kurzform von Lebensversicherungen), die sie an diesem Tag noch akquirieren wollen... Aber jetzt, auf die Frage nach persönlichen Heldenerlebnissen? Unvergessen das mit tränenerstickter Stimme vorgetragene Geständnis des ca. 50-jährigen Gebietsleiters: „mein letztes Heldenerlebnis war, bei der Geburt meiner Tochter dabei gewesen zu sein" – Nachsatz: „und das ist jetzt 20 Jahre her..."
Der „Held" wird durchwegs ganz fern von Ruhmestaten im grellen Scheinwerferlicht gesehen. Sich selbst als Held zu fühlen gelingt nur, wenn das Herz dabei ist. So reichen die Antworten von „dass ich nach dem Arbeitsunfall wiederhergestellt bin", „die Matura meines Sohnes", „den 40-er mit Freunden in spürbarer Sattheit gefeiert", „dass ich vor 8 Jahren zum Nichtraucher geworden bin" bis zu „mit Freunden auf den Blassenstein gewandert, sich selbst gespürt, die Energie der Gruppe, das Herbstlaub gerochen..."
„Das Glück ist in uns", hebt Curt Goetz hervor: „Wie wäre es sonst möglich, dass ein Bettler lächeln und ein Reicher es verlernt haben kann?"

Eitelkeit gegen Echtheit

„In Österreich berühmt zu sein, ist skurril. Man muss zwischen Ruhm und Prominenz unterscheiden. Prominent sein ist hier Hauptberuf." - André Heller hat einmal freimütig bekannt, dass er „eine völlig unbefriedigte Eitelkeit und eine ausgeprägte Sehnsucht nach Geliebtwerden" besaß. Dafür sei das Berühmtwerden eine gute Beruhigungsaktion gewesen. Heute sagt er versöhnlich, man müsse sich „vieles abkämpfen, nicht nur zu tun, was schnell zu Lob wird" oder gar „um einer Dame zu imponieren, meine Talente zu veruntreuen." Es gelte, sich „mit aller kritischen Zuneigung und Intensität" um seine Arbeit und seine Menschwerdung zu kümmern, betont Heller.
Menschwerdung oder Vermehrung des Ruhms? – Darauf spitzt sich für jede und jeden von uns die zentrale Lebensherausforderung zu. Und wir haben's permanent in der Hand, welches Feld wir verstärkt bebauen wollen:

E G O

„Alles für die Eitelkeit“

I C H

„Es lebe die Echtheit“

Es ist gar nicht so leicht, unser ICH zu finden. Die Suche dauert (mindestens) ein Leben. Wir tragen’s ständig mit uns herum, doch es zeigt sich nur in ausgewählten Momenten und nur ebensolchen Menschen. Unser EGO ist viel schneller; es prescht hervor, wo und wann immer es kann. Es drängt sich in den Vordergrund; macht sich wichtig, sucht seinen Vorteil. Das EGO ist die oberflächliche, zickige Ausgabe des ICH: besitzergreifend, eifersüchtig, schmollend, kleinlich, aber auch käuflich. Das EGO lässt sich blenden, das ICH nie...

Was sehen Sie, wenn Sie einen Blick in den Spiegel riskieren? Zunächst posiert Ihr EGO. Schön haben Sie „es“ gemacht: gewaschen, rasiert, parfumiert, weibliche EGOs erhalten eine Extraportion Rouge und Lidschatten und Lippenstift; denn weibliche EGOs wollen den anderen EGOs doch gefallen; nein: sie wollen andere übertrumpfen...

Das ICH lässt diese Zeremonien apathisch über sich ergehen; gerne möchte es das EGO am Zipfel packen, um ihm den Weg hinter die Oberfläche zu weisen. Doch das EGO genießt schon die Öffentlichkeit, erste Komplimente treffen ein, das EGO ist befriedigt...

Überlegen Sie, wieviel Sie tagtäglich für Ihr stets forderndes EGO tun - und wie wenig für Ihr stilles, unaufdringliches ICH. Das EGO wird in teuerste Roben gehüllt, darf im gewaschenen Boliden herumfahren, wird in ultracoole All-inclusive-Ferienclubs geschickt, lernt scharfe Blondinchen und weltgewandte Herren kennen, lässt sich von geschniegelten, coolen Sirs (Ladies?) einladen, nippt an teuersten Weinen, diniert im Hauben-Intreff, trainiert im Fitness-Center, und kriegt auch noch eine Ehrennadel für zwanzigjährige Betriebszugehörigkeit...

Das ICH lässt sich von all dem nicht im Geringsten beeindrucken. Es will immer nur wissen, was dahinter steckt, welcher Sinn darin verborgen liegt...

Ihr ICH fühlt sich in T-Shirt und Schlabberhose am wohlsten, trinkt Apfelsaft mit Leitungswasser gespritzt, genießt Hausmannskost, das Lächeln eines ehrlichen Menschen, tiefe Gespräche, liebt die Natur, Vogelgezwitscher, Sonnenaufgang - wenn damit auch das Bewusstsein „aufgeht“...

Das ICH-Bewusstsein mache die Würde des Menschen aus, betont Penny McLean: „Ich BIN durch meine Entscheidung - und entkomme dem Marionettendasein!“ - Sind Sie Ihrem ICH bereits auf der Spur?

Bewusstsein als Feld

„Unser Bewusstsein ist ein Feld“, mahnt Thich Nhat Hanh, Zen-Mönch aus Vietnam: „Ein Stück Land, auf dem alle möglichen Arten von Samen gesät werden können: Samen für Leiden, für Glück, Freude, Kummer, Furcht, Ärger und Hoffnung. Jeden einzelnen Moment, in dem wir etwas Friedvolles und Schönes wahrnehmen, bewässern wir die Samen für Frieden und Schönheit in uns. Während der selben Zeit werden andere Samen wie Angst und Schmerz nicht bewässert.“
Die bewusste Wahrnehmung einer Sache verstärkt ihre Verankerung im Gehirn.
- Womit befassen Sie sich vorrangig...? Mit egozentriertem Kreisen um sich selbst? Mit Neid, Hass, Vergleichen und Siegen wollen? Mehr haben wollen und müssen? Mit kurzfristigen Vergnügungen? Wissenanhäufung? Oder mit „geistigen Lebensmitteln“, mit Freude, Liebe, Genuss, Frieden und Weisheit?!

Yin und Yang – die Einheit des Lebens:

Mit „entweder/oder“ ist es im Leben selten getan. Schwarz/weiß-Malerei ist das Privileg ungestümer Jugend. Älter werden heißt unterscheiden, abwägen lernen. Nichts ist nur schlecht, nichts ist nur gut. Yin und Yang, chinesisch für das Weibliche und Männliche, werden als Halbkreise dargestellt, die miteinander ein Ganzes ausmachen. Miteinander sind sie vollkommen!
Und so sei gewarnt, nun alle „eitlen EGO-Anteile“ zu verurteilen und stattdessen nur mehr einem abgehobenen „ICH-Echtkult“ anzuhängen. MITEINANDER ist die Person ganz. BEIDE Seiten machen uns rund.
„Das Eitelkeits-Gen ist ein Evolutionsfaktor“, betont der Verhaltensforscher und Biologe Antal Festetics: „Wir sind alle Exhibitionisten. Eitelkeit ist eine Frage der Dosis!“ - Die Dosierung macht’s aus: NUR im ICH zu ruhen bedeutet, nie mehr vom Berg Athos ′runterzusteigen, dort in der Sitzhaltung des Erleuchteten, das Om summend, zu verharren, eh’ der Geist sich vom „irdischen Gefängnis Körper“ löst und wieder ins ewige Sein eingeht...
NUR im EGO zu taumeln bedeutet hingegen, als anderes Extrem: permanent auf 100 Prozent sein. Unterwegs von einer Wichtigkeit zur nächsten (Nichtigkeit). Nur keine Pause. Nur niemals Ruhe oder gar Stille zulassen,

denn dann könnte sich womöglich noch das Gewissen unangenehm zu Wort melden.
Wir sehen: im EGO ist Antrieb zu finden. Das EGO mahnt uns – als wertvollen Dienst – zur Morgentoilette, zum Kleiderwechsel, ja das EGO führt uns in Geschäfte und macht uns einen neuen Trend schmackhaft. Wenn's nach dem ICH geht, wechseln wir unsere Schuhe erst, wenn die Sohle abgelatscht ist; wenn der Hosenboden durchgesessen und das ungewaschene Hemd vom Körper runterfault...
Die Botschaft lautet: pflegen wir beide Seiten; gestatten wir beiden Anteilen unserer Persönlichkeit ihre Existenzberechtigung. Die Tendenz darf – das ist meine Überzeugung – mit fortschreitendem Lebensalter ins ICH gehen; aber vernachlässigen Sie Ihr EGO nicht. Hin und wieder ein Society-Event, in dem sich die Eitelkeit sonnen darf, ist nicht zu verurteilen. Er gehört zum Spiel des Lebens.

„Zu empfinden, was er sieht,
zu geben, was er empfindet,
macht das Leben des Künstlers aus."
Max Klinger
deutscher Maler, Bildhauer und Grafiker

*„Die Frage nach meinem Eros war ein Schlüssel-Erlebnis!
Damit wurden alle inneren und äußeren Türen aufgeschlossen.
Und mir wurde klar: ich kann alle Türen dieser Welt öffnen –
mit dem Herzen, nicht jedoch mit dem Verstand."*
DI Dr. Jörg Busch, Saarland

2 Lebens- und LiebesKRAFT:

EROS – Bote Ihrer Motivation & Passion

Was verbinden Sie mit Eros?
Was löst dieses Reizwort bei Ihnen aus?!
Was bedeutet Eros für Sie?
Was assoziieren Sie mit Eros?
Welche Bilder werden in Ihnen wach?
Bitte laden Sie ihn ein – hören Sie auf seine Stimme...
Lassen Sie Ihren Eros zu Wort kommen
und Ihnen seine Botschaft ins Ohr flüstern....

„Wir planen zuviel und leben zuwenig“, ist der Tenor vieler, die dabei etwas Essenzielles vermissen: EROS.
Im beruflichen wie privaten Wettlauf um die besten Plätze, das höchste Ansehen, die optimale Karriere, das schönste Zweithaus und den größtmöglichen Euro-Gewinn bleibt auf der Strecke, was unser Leben zu veredeln vermag: Faszination, Zauber, Passion, Genuss, Spiel und Freude.
Viele leben ihre Jobs, Projekte, Freund- und Partnerschaften wie auch Sehnsüchte nur zu maximal 30 Prozent. Und so unterbinden jene Menschen ihr wahres Strahlen. - Warum? Weil sie Angst vor ihrem Potenzial haben, vor der Freiheit; vor Eros, dem Ermöglicher, dem sinnlichen Antreiber. Und ihm nicht jenen Spielraum einräumen, den er braucht, um unser Leben mit Spannung, Freude und Glück zu erfüllen.
Ich sehe, spüre in Eros jenen Boten, der uns mit dem unvergänglichen Wesenskern, unserer göttlichen Seele, der innersten Kraftquelle wieder in Verbindung bringen kann.
Es ist höchste Zeit für einen Paradigmenwechsel: weg vom Fetisch der Profitmaximierung, von der kalten Effizienz um jeden Preis, hin zur blutvollen, absichtslosen, wunder-vollen Erotik des Seins.
Sie sitzen auf einem Vulkan der Möglichkeiten! Gönnen Sie sich – gönnen wir uns – den „Ausbruch“ der restlichen, wesentlichen 70 Prozent Lebendigkeit!
Stellen Sie sich, am Weg zu „100 Prozent Leben pur“ die Frage: Was will Ihr EROS?!

- Eros, griech. Gott der Liebe, sinnliche Liebe; philosophischer Drang nach Erkenntnis
- Eros-Center. griech.-engl. verhüllend für Bordell
- Eroten, geflügelte Liebesgötter, meist in Kindergestalt
- Erotik, sinnliche Liebe, Sexualität
- Erotika, sexuell anregende Gegenstände oder Mittel
- Erotiker, Verfasser von erotischen Schriften; sinnlicher Mensch
- Erotikon, erotisches Buch
- Erotomanie, übersteigertes sexuelles Verlangen

(Auszug aus dem *Duden*)

Sehnsucht nach der ganzen Kugel

Dem Komödiendichter Aristophanes wird die Geschichte der Kugelmenschen zugeschrieben: Wir Menschen waren demnach mal vierbeinig, kugelig, doppelgesichtig mit Rundumblick. Uns fehlte nichts. Und doch wurden wir übermütig, erzürnten die Götter. So griff Göttervater Zeus ein und schnitt die Kugelmenschen kurzerhand entzwei. Prompt wurde damit ein neues Gefühl in die Welt gesetzt: die Sehnsucht nach der verlorenen Hälfte. Eros ward geboren...

Es ist unser Lebenslos, nach Vervollkommnung zu suchen. Wir wollen wieder „ganz" werden. Und halten Ausschau nach dieser Ergänzung: PartnerInnen sollen uns wieder „komplett“, und somit glücklich machen; Beruf, Vermögen, Reisen, Eindrücke, Ehrungen, Medienberichte, ... Und der Antrieb dafür heißt EROS!

Wir streben nach Begegnungen, Projekten, Freund- und Partnerschaften, die uns das Gefühl geben, wieder einen Schritt näher zu unserer Ganzheit zu finden. Wir erliegen nur zu gerne dem Trugbild, wenn ein DU uns frappant an das Glücksbild in uns erinnert und diese Projektion eine ach wie schöne Fatamorgana ergibt.

Wir versuchen, uns im Außen, im Gegenüber fehlende Puzzlesteine zur vollen Identität zusammenzuklauben. Und müssen feststellen, dass letztlich alles nicht reicht! Denn vielleicht ist Eros (nur) im Innen zu finden?!

Eros, die Liebe; ursprünglich das Verlangen

Eros war einer der ältesten Naturgötter. Als kosmologischer Eros und Sohn des Chaos wird er als das die Welt zeugende Prinzip betrachtet.
Bei den alten Griechen erfahren wir die Geschichte vom Liebes-Gott EROS. Seine Mutter Aphrodite war mit Hephaistos verheiratet; sie, die Göttin der Liebe, ließ sich auf einen Seitensprung mit Kriegsgott Ares ein; ja und aus diesem liebevoll-kriegerischen Akt entstammt Eros... Er soll aber mehr nach der Mutter geraten sein. Als solcher waltet Eros in der Geschlechterliebe – im Gegensatz zur Agape (lat. Caritas).
Nicht viel anders ist es in der römischen Göttergeschichte: Liebesgöttin Venus vereinigt sich mit Kriegsgott Mars und zeugt Tochter Harmonia.. Jetzt wissen Sie, worin all das wohlig-schaurige Prickeln seinen Urgrund hat...
Dargestellt als nackter, kleiner Knabe, ausgerüstet mit Pfeil und Bogen, macht Eros die Menschen verliebt. In der bildenden Kunst ist Eros oft als geflügelter, heimlicher Begleiter von Liebespaaren und schönen Frauen zu finden. In der späteren Kunst begegnet man dieser Figur häufig auch in ganzen Gruppen, sogenannten Liebesgöttern oder Eroten.
Der Name Eros taucht erstmals bei Hesiod auf. Die Gattin des Eros heißt Psyche...
Später wird Eros auch allgemein als schöpferische Begeisterung aufgefasst.
Der in seiner Wortbedeutung sehr breite, umfassende Begriff Erotik spannt den Bogen von allen Erscheinungsformen der Liebe, von der biologisch-geschlechtlichen bis zur geistig-seelischen. Heute bedeutet Erotik vorwiegend die Geschlechterliebe als geistig-seelische Einheit. Als Bezeichnung für die körperlich-sinnliche Liebe wird vor allem der Begriff Sexualität verwendet.

Drang zum Schönen, Wahren, Guten

Für Platon (427-347 v. Chr.) ist Eros ein allumfassendes Prinzip. Eros hält die Welt zusammen. Platon sieht Eros in seiner Schrift „Symposion" - wörtliche Übersetzung: Gastmahl - als Vermittlungsglied zwischen dem bloß Sinnlichen und dem rein Geistigen. Das Symposion trägt den Untertitel „Peri erotos": über die Liebe. Die Liebe wird als ein Verlangen nach dem anderen verstanden, die Erfüllung des Verlangens ist begleitet von einem Phänomen namens Lust. Das Verlangen, Eros, gilt als Gott, dem menschlichen Zugriff enthoben. Und so finden sich im Symposion Athener Intellektuelle zu einem feuchtfröhlichen Gelage zusammen, um Lobreden auf Gott Eros zu halten. Und die Frage nach dem richtigen Umgang mit Eros markiert die Geburtsstunde der Philosophie.

Eros ist der Erkenntnistrieb, der Drang nach dem Schönen, aber auch nach dem Wahren und Guten. Eros ist der Antrieb zur wahren Erkenntnis; das heißt zum Aufstieg in die Schau der Ideen. Dieser Aufstieg geschieht stufenweise:
1. sinnlicher Eros zu einem schönen Körper
2. ästhetischer Eros zu allen schönen Gegenständen
3. ethischer Eros zu den schönen Gesetzen und Sitten
4. geistiger Eros zu den schönen Wissenschaften
5. der Eros zu dem Urbild aller Schönheit, zur Idee des Schönen und damit auch zur höchsten Idee des Guten. Eros ist demnach auf der letzten Stufe die Liebe zu den Ideen.

Eros begehrt das Schöne – und soll in höhere Sphären steigen: Von der körperlichen über die seelische bis hin zur geistigen Liebe wird Platons Stufenleiter beschritten. Das Höchste ist die Ankunft auf der geistigen Ebene der theoretischen Erkenntnis; der Idee des Schönen. An dieser soll sich Eros entzünden und so geistige Höhenflüge erleben. Im Schauen des Wahren, Schönen und Guten, im Reich der Ideen, sollen Begehren und Triebe ihre Befriedigung finden.
Diese Idee des Schönen zum Leitstern des eigenen Lebens zu machen, das ist platonische Liebe – und das ist eigentlich Philosophie. - Philosophie ist die Fortsetzung des Eros mit anderen Mitteln.

Sigmund Freud (1856 – 1939) bezeichnet in seiner letzten Triebtheorie mit Eros die Gesamtheit der Lebenstriebe im Gegensatz zu Thanatos, den Todestrieben. So wie Empedokles Liebe und Hass als die metaphysischen Grundkräfte des Lebens erachtet.
Freuds Psychoanalyse ist im Grunde eine Triebpsychologie. Freud sieht die Triebe selbst als „mythische Wesen, großartig in ihrer Unbestimmtheit". Ihre Beschreibung sei nicht vielmehr als sozusagen eine Mythologie. Die Suche Freuds bei der Beschäftigung mit Trieben richtete sich auf einen Dualismus, zwei übergroße, einander widerstreitende Kräfte, mit deren Anspruch sich die seelischen Prozesse auseinanderzusetzen haben. U.a. Lebenstrieb gegen Todestrieb.
In der christlichen Philosophie hat Eros meist eine Mittelposition zwischen Sexus (Geschlechtsliebe) und Agape (Göttliche Liebe). Doch dazu später konkreter.

„Wohlan! Es eifre jeder seiner unbestochnen,
von Vorurteilen freien Liebe nach."
Lessing, Nathan der Weise - der Richter in der Ringparabel

Eros war ‘mal ein Gott

Eros war ‘mal ein Gott. Heute muss er als Vorwort für diverse zwielichtige Rotlicht-Center herhalten, in denen viel passiert, nur nicht das, was ihm zur Ehre gereichen würde. Eros ist zu einem unüberschaubaren halbseidenen Produktsortiment pervertiert worden und erscheint als Angestellter der Konsumgüter-Industrie: Konsumierbar. Bezahlbar. Therapierbar. Ein Milliarden-Markt.
Doch Gott Eros wendet sich von achtfachen Super-Orgasmen und G-Punkt-Artistik in seinem Namen angewidert ab. Der wohlverstandene Eros will nichts verschlingen, sondern etwas hervorbringen, nicht konsumieren, sondern produzieren.
Das Rotlicht ist nicht sein Milieu. Doch halt; wer weiß, vielleicht ist er, der Tückische, Fintenreiche, Unberechenbare, sogar dort anzutreffen. Die Chance, ihn zu finden, ist dort ebenso groß wie im Kaffeehaus, im Supermarkt oder im Wartezimmer der Zahnärztin. Eros ist dort, wo wir ihn wahrnehmen wollen! Er ist selbst dort anzutreffen, wo ihn wohl die wenigsten vermuten: so nehme ich gleich noch eine....

... EROS-Anleihe beim Papst

Wer hätte das gedacht: ausgerechnet der vermeintlich strenge Papst Benedikt XVI. – als Glaubenshüter war Kardinal Ratzinger der moderne Fortsetzer der „heiligen Inquisition“ und besonders akribisch auf strikte Einhaltung kirchlicher Traditionen bedacht – bricht in seiner ersten Enzyklika "Deus caritas est" (Gott ist Liebe), eine Lanze für, ja: EROS. Der Papst verwendet für die Liebe den alten griechisch-heidnischen Begriff. Die kühne Wortwahl des Pontifex Maximus wird sogar von seinen schärfsten Kritikern bewundert. Kühn für gelernte Katholiken ist die Zustimmung des Papstes zur körperlichen Liebe in moralischer Form; die unverblümte ausdrückliche Ablehnung der „Leibfeindlichkeit“, wie sie in der Kirche jahrhunderte praktiziert wurde.
Der Papst zitiert sogar Friedrich Nietzsche, der meinte, das Christentum habe dem Eros Gift zu trinken gegeben; er sei zwar nicht daran gestorben, aber zum Laster entartet. Damit drückte der deutsche Philosoph ein weit verbreitetes Empfinden aus: Vergällt uns die Kirche mit ihren Geboten und Verboten nicht das Schönste im Leben? Natürlich gibt es von Benedikt scharfe Kritik am zum „Sex“ degradierten Eros, der zur bloßen Ware geworden sei. – Was wohl von jedem „Freund der Erotik“ auf ebensolche Ablehnung stößt.
Das Christentum mit der „Zentralität der Liebe“ wende sich gegen eine „Verherrlichung des Leibes"; der Mensch erlange dadurch keine Freiheit, sondern

werde „ins bloß Biologische zurückgestoßen". Demgegenüber habe der christliche Glaube immer den Menschen als das zweieinige Wesen angesehen, in dem Geist und Materie ineinander greifen und beide gerade so einen neuen Adel erfahren", so die Enzyklika weiter – und wörtlich: Reinigungen und Reifungen sind nötig, die auch über die Straße des Verzichts führen. Das ist nicht Absage an den Eros, nicht seine „Vergiftung", sondern seine Heilung zu seiner wirklichen Größe hin.
„Ja, Eros will uns zum Göttlichen hinreißen, uns über uns selbst hinausführen", so der Papst, der die Gleichung Liebe = Ekstase verwendet: Ekstase als ständiger Weg aus dem in sich verschlossenen ICH zur Freigabe des ICH und so zur Selbstfindung, ja zur Findung Gottes. Das Programm Jesu sei das „sehende Herz". Dieses Herz sieht, wo Liebe Not tut und handelt danach.

„Den Geschmack kann man nicht am Mittelgut bilden,
sondern nur am Allervorzüglichsten."
Johann Peter Eckermann, Dichter und Vertrauter Goethes

Eros im Fokus

Eros - das die Welt zeugende Prinzip.
Vermittler zwischen Sinnlichem und Geistigem.
Der Erkenntnistrieb, der Drang nach dem Wahren, Guten und Schönen.
Der Antrieb zur wahren Erkenntnis, zum Aufstieg in die Schau der Ideen.
Eros als schöpferische Begeisterung; als Lebenstrieb im Gegensatz zum Todestrieb.
Eros wolle uns zum Göttlichen hinreißen, uns über uns selbst hinausführen…
- Als Indiz für die Schaffenskraft des Eros können die ältesten in Felswände geritzte Zeichnungen gelten; 30.000 Jahre alt. Und was ist abgebildet? Weibliche wie männliche Geschlechtsorgane inklusive Geschlechtsakt...
Kann es da noch Zweifel geben, Eros frohgemut die Macht zu übertragen?!
Macht, aus dem Indogermanischen, bezeichnet: können, vermögen, fähig sein.
Eros KANN uns über uns selbst hinausführen, uns zum Göttlichen, zum Baumeister aller Welten, hinreißen.

EROS vermag viel: Eros stellt großes VERMÖGEN dar. Wenn wir ihm erlauben, die Macht einräumen, uns zu führen: mit aller Kraft - HIN zum Wahren, Guten und Schönen.

Spannungs-Bilanz

„Wer nicht mit der Seele dabei ist,
hat keinen Beruf, sondern nur eine Beschäftigung."
Charles Tschopp

Erlauben Sie die Frage: Macht Ihnen Ihr Job Freude? Empfinden Sie so etwas wie Spaß daran, etwas zu verkaufen? Verspüren Sie gar etwas wie Eros, Prickel, Leidenschaft? Besser als jede auf Euros beruhende, nüchterne Zahlen-Bilanz ist die „Spannungs-Bilanz": so wie bei einem guten Kunstwerk Elektrizität zwischen Künstler und Publikum fließt, so bewirkt die Spannung zwischen Berater und Kunde ein besonderes Einkaufs-Erlebnis. Nicht umsonst spricht man vom „Kauf-Akt". Da sollten alle Stationen der Dramaturgie durchlaufen werden: vom scheuen Augenaufschlag, dem kecken Erwidern über das Werben, das sich Zieren, das Ping-Pong der Worte, Einwand, Argument, Humor, ... Das einzige, was der Verkaufswillige beachten muss, ist der Energiefluss. Das Spielerische, das Umwerben, ist das Element des Lebens. Und es muss spannend bleiben im Spiel, sonst verließen wir schon als Kinder das Spielfeld. „Hier ist Raum für ihre Kreativität", wirbt die Wirtschaftskammer mit Plakaten in leeren Auslagen. Es liegt an uns, diese Frei-Räume zu nutzen und mit Leben zu erfüllen.

Was ist in Ihrem Lebens-Fokus?

Ich durfte einen interessanten Mann im Coaching kennenlernen. Ein erfolgreicher Unternehmer. 40 Mitarbeiter. Frau. Kinder. Doch die Firma beanspruche 70 Prozent seiner Zeit, seiner Gedanken. Mit 25 Prozent folgen die Familie. 5 Prozent „maximal" bleiben für ihn... „Eine beschissene Situation", platzt es aus ihm heraus. Wer nur mehr von 6 Uhr früh bis 20 Uhr für Aufträge und Firmen-Liquidität sorgt, der kann Eros keine „Landefläche" bieten. Entsprechend unglücklich fühlt sich der Mann. „Ich bin gefangen."
Und doch mag ihn Eros ins „Befreiungs-Coaching" getrieben haben. Schon nach einer Stunde war da ein kraftvolles Lächeln; verbunden mit der konkreten Absicht, den Energievampiren des Firmenalltags entschlossen entgegenzutreten, sie in die Schranken zu weisen – um mit einem „entfesselten Eros" wieder Lebensfreude zurückzuerobern.

„Die beiden großen Mächte, die uns zwingen, unser Dasein auch unter widrigen Umständen fortzusetzen, sind die Hoffnung und die Neugierde."
Egon Friedell

Eros – bloß ein Hormoncocktail?!

Ich möchte einen mir sehr lieben, leider schon verstorbenen Freund zitieren. Hermann Theinschnak hat einmal formuliert: „Es lächelt der See nicht mehr!" Er meinte, dass uns die Poesie des Lebens abhanden gekommen ist. Wer nur an Nutzen und Ziele denkt, diese starr verfolgt, bedient bloß die Prosa des Daseins. Eros, so meine ich, ist der Bote der Poesie. Er vermag das Leben in frohen, bunten Farben zu malen. „Jeder wird zum Dichter, wenn Eros ihn berührt", wusste Platon.
Erotik ist eine Dimension der Seele; nicht umsonst heißt die ursprüngliche Übersetzung von Leidenschaft „Passio animi". - Wo die Ratio, der kühl kalkulierende Verstand übermächtig wird, verkümmert Eros.
„Ich bewundere dich für deine Fähigkeit, einen Begriff wie Eros so zu extrapolieren, dass daraus ein ganzes Weltbild wird; aber für mich geht's bei Eros nur um Spannungsdruck, ausgelöst durch Hormone im Schilddrüsenzentrum, und dessen Sublimierung..." - Der Befund von Alf St. ist ernüchternd; im wahrsten Sinn des Wortes.
Aller Zauber – nur eine Folge von Testosteron und Östrogen?! Arzt L. ergänzt: wenn Frauen in den Wechsel kommen und sich Östrogen abbaut, dann sei auch die Erotik dahin... Punkt. Aus.

Esoteros und Exoteros

Esoterik leitet sich vom griech. „Esoteros", zu deutsch „der Innere" ab. Der griechische Philosoph Pythagoras unterhielt in seiner Akademie zwei Kreise: Esoteros, den inneren Kreis, und Exoteros, den äußeren Kreis von Schülern. Der innere Kreis beschäftigte sich mit dem Wesen der Dinge; ging also in die Tiefe. Der äußere Kreis befasste sich mit Zahlen und der Beschreibung von Quantitäten.
Esoterik – oft als Geheimlehre beschrieben – kümmert sich demnach in einer Innenschau um das Wesen der Dinge. Vielleicht ist die Schreibweise von EsotEROS und ExotEROS demnach gar nicht falsch?! Der eine zielt auf's Innere, will heraus-fordern, zu Tage fördern; der andere sucht den Reiz im außen, im „da drüben". Und beide, exoteros & esoteros gehören zusammen, bilden die Ganzheitlichkeit.

„Liebe ist die Poesie der Sinne."
Honoré de Balzac

Die zentrale Frage lautet: wem gebe ich Macht in meinem Leben?

Zugespitzt mit Freud gesprochen: wem geben wir die Macht in unserem Leben? – Den hellen Mächten des Eros – oder den dunklen des Thanatos. Ziel des Thanatos ist die Vernichtung und die Auflösung des Lebens, des Lebendigen. Thanatos zeigt sich bereits in Antworten auf die Begrüßungsfrage: „Hallo, wie geht´s?“ – „Na ja“, „so wie die anderen wollen“, „eh wie immer, nur noch schlimmer…“ Die graue Macht des Thanatos wirkt im steten Zweifel, in chronischer Skepsis, in Missgunst, Neid und Mobbing. Sie spannt sich von Aggression, Destruktion, bis zu Menschenverachtung sowie Rassismus und sie endet im Extrem in Mord und Selbstzerstörung.
Nach all diesen Erfahrungen, Definitionen und meinen eigenen Überzeugungen darf ich sagen: Ich habe Eros gerne die Macht in meinem Leben übertragen. Ich nehme seine vielseitigen Einladungen gerne an, genieße die Inspiration. Ich pflege Eros im Fokus meines Alltags – der dadurch nie ein grauer ist. Und will diesen Eros, nicht den zur Ware deformierten, auch Ihnen näher bringen. Weil ich gut, so wunder-voll mit ihm lebe. Und weil ich überzeugt bin, dass er auch Ihnen unendlich gut tun könnte...
Ich liebe den Fluss des Lebens; der mich tagtäglich – phantastisch geleitet von Eros – weiterträgt; hin zu interessanten Menschen, Begegnungen, Projekten.

Eros oder €uros?

„Verfluchte Gier nach Gold!“
Vergil

„Beherrschen Sie die Macht-Tricks!“
„So managen Sie sich zum Erfolg!“
„Power-Rhetorik macht Sie zum Sieger!“
„So machst du Karriere, so bleibst du ewig jung, so bist du unbesiegbar...“
5.000 - 6.000 Werbebotschaften prasseln tagtäglich auf uns nieder. Alles ist machbar, alles ist erreichbar. Erfülle die Träume, die wir dir so schön am Silbertablett servieren.
Unsere Kultur des 21. Jahrhunderts ist auf €xpansion getrimmt: Ja, der Tippfehler könnte nicht besser gesetzt sein: es zählt die Vermehrung der Euros! Diesem Fetisch des Profitwachstums wird alles zum Fraße vorgeworfen, was jemals an Werten existiert hat. Denn all die Glücksversprecher wollen letztlich nur eines: dass wir ihnen ihre Botschaften, noch besser ihre Produkte abkaufen.

Um jeden Preis!
Das (Berufs-)Leben ist vielerorts zum Ausscheidungs-Wettkampf geworden, zum beinharten Effizienz-Steigerungs-Parcours, auf dem's nur noch Verlierer gibt und die vermeintlichen Sieger ihren Erfolg bzw. ihr Einkommen aus der „Betreuung“, dem Verarzten, Pflegen und Beistand, der Opfer beziehen.
Wo sind wir angelangt im Wettlauf um die besten Plätze, beim Stieren auf Wachstum und Profit? In Statusdenken und Größenwahn? In all unseren Karriere- und Lebensplänen?!
Indem uns die Werbeindustrie permanent bedürftig hält, trägt sie zu einem Unzufriedenheitsklima bei. Nicht dazuzugehören bei den diversen VIP-Events von *Salzburger Festspielen* bis *Monaco-Grand Prix*, weder beim *Opernball* noch beim *Life-Ball* gehuldigt zu werden, schmerzt.
Und wir betäuben uns mit noch nie registrierten Mengen an Alkohol - 40 Prozent aller ÖsterreicherInnen trinken mehr Hochprozentiges als gesundheitlich vertretbar ist, Nikotin, Drogen und sexuellen Perversionen. Auch hier sind Wachstums-Rekorde zu verbuchen...
Sind wir darauf stolz? Ist das wirklich jenes Leben, das wir uns wünsch(t)en?

Nutzen, Profit, Benefit

Alle predigen sie ihn, den „Nutzen-Ansatz“: „wir müssen unseren Kunden Nutzen bieten“, mahnen die Verkaufsfritzen. „Wir müssen dem Gegenüber konkrete Benefits offerieren“, und sämtliche Consulter stimmen mit ein, „wir können Klienten nur dann zufrieden stellen, wenn wir ihnen einen Profit geben!“
Die Strategie unserer Kommunikation läuft auf Nutzen hinaus. Wie hole ich mir Nutzen? Notfalls muss ich eben anderen Nutzen geben...
Nutzen, Zusatz-Nutzen, Tertiärer Nutzen, benutzen, abnutzen, nutzlos...
Was ist der Maßstab für Nutzen? Euro- oder Dollarzeichen in den Pupillen?
Was muss ich denn kriegen, damit eine Begegnung nutzbringend wird?
Ich bin überzeugt, dass die Nutzen-Einstellung maßgeblich an unserer Unzufriedenheit Schuld trägt. Wir messen uns und einander an den gängigen, medial aufbereiteten Profit-Maßstäben – und verzweifeln daran. Denn unbestritten ist Bill Gates liquider, sind Penelope Cruz und Robert Redford attraktiver, und gescheiter waren Einstein, Da Vinci.
Welche Benefits können wir einander also bieten? Reichen schon Zuhören, Lachen, Interesse, füreinander Dasein? – Leider nicht: wir suchen, angeregt durch die Werbung, das „große Abenteuer“. Führ' mich in die tollsten Restaurants, zeig' dich mir in den reizvollsten Dessous, und dein neuer *7er BMW*, wow!

Wir müssen einander etwas bieten! Und wer nichts zu bieten hat, hat verloren... Willkommen im Loser-Club! Denn es gibt immer wen, dem unser vermeintlich erbrachter Nutzen als zu gering erscheint. Und wenn tatsächlich alle Chefs, KollegInnen, PartnerInnen, Väter und Mütter, Töchter und Söhne, Nachbarn, Freunde und Bekannte für Momente ausreichend beglückt scheinen, so gibt's einen Garant für „noch immer nicht genug“: EGO...

„Wir sehen die Dinge nicht, wie sie sind,
wir sehen sie, wie wir sind.“
Anais Nin

Der verkaufte Eros

Jede Begegnung, jedes Miteinander – ob beruflich oder privat – wird heute auf die „was bringt mir der Kontakt" Waagschale gelegt. Menschen widmen sich einander nicht mehr. Widmen heißt: Interesse zeigen, fragen, erstaunt sein können, wertschätzen, das Wunder im Gegenüber wahrnehmen wollen...
Eros ist in der Krise. Er wurde beschnitten. Entstellt zu Sexus, Pornos. So schrill und aufdringlich wollte er nie sein. Er ist zutiefst traurig, verständnislos, ungeduldig, verbittert, wenn so viele Leute die Schönheit des Augenblicks nicht mehr sehen können. Kopfschüttelnd registriert er, wie Menschen, deren Sehnsucht sie ans Meer getrieben hatte, ihre Mundwinkeln nach unten krümmen, weil sie nur mehr Salzwasser schmecken. So ist der einstige Tanz der Sinne zu einem automatisierten Bewegungsablauf verkommen. Und statt Glücks-Jubelschreie werden nur mehr „Eh ganz nett-Prädikate“ vergeben. Wo nur noch Nutzen und Verkaufsabsicht dominieren, wird jener verkauft, dem dieses Kapitel gewidmet ist: EROS.
So gilt es, Eros zu rehabilitieren!

Eros ist das Gegenmodell von Wachstum und Profit um jeden Preis.
Nämlich: Lust am Spiel, Neugierde, Freude, Sein,...
„Es gibt Klavier-Spieler und Klavier-Sportler“, meint der chinesische Klavier-Lehrer Emil Tsang. Wir sollten aus dem Daseins-Sport wieder den Lebens-Zauber entstehen lassen. Freund Felix zitiert seinen Querflöten-Lehrer: „Du musst jeden Ton in dir zuerst zu einem Diamanten formen, bevor du ihn rauslässt!“
Es gilt, nicht die Umwelt zu erobern und ihr den Stempel aufzupressen, sondern sich der Fülle des Augenblicks, der Melodie des Moments, demütig zu unterwerfen.

Vergleichen Sie Eros zu Tode

Wie können Sie garantiert Eros vertreiben? – Indem Sie Situationen, sich selbst mit anderen vergleichen. - Diese Erkenntnis bildete sich am Sommerfest einer großen Privatbank. Exklusives Ambiente auf der Aussichtsterrasse der Wiener Albertina. Live-Musik. Do & Co Häppchen. Ein paar hundert geladene Gäste. Bundeskanzler, Minister, Staatssekretäre, Präsidenten der Kammern, Generaldirektoren, Top-Journalisten, Anwälte, Immobilienhaie; kurz: alles, was Rang und Namen hat.... Und irgendwie ist man halt auch dabei. Anwesend. Dabei und nicht dabei. Denn wirklich ernst genommen wird man ab 1 Million Euro Veranlagung. Bundeskanzler und Bank-Chef sprechen sich von der Bühne herab vertraut als Du-Freunde an. Die kesse Wirtschaftsjournalistin wirft ihr Haar dem Wirtschaftsminister über die Schulter. Der oberste Bankenaufseher tauscht mit dem Generaldirektor einige Insider-Infos aus. Wirtschaftsmagnaten, Politik und Journalistik feiern wieder mal ein trautes Familienfest. Und man steht abseits. Man fühlt sich angesichts dieser Zelebritäten unbedeutend. Wo bin ich hier?! Und vor allem: wo ist Eros? Eros sucht das Weite. Hier in dieser (Fassaden-)Umgebung wird einfach nur präsentiert.

Antreiber, die Eros vertreiben...

Die Transaktionsanalyse, eine an der praktischen Psychotherapie und Beratung orientierte Betrachtungsweise menschlichen Erlebens und Verhaltens, kennt sogenannte „Antreiber“, die bestimmte Bahnen in unserem Hirn aktivieren. „Glaubenssätze“ haben sich über Jahre und Jahrzehnte in uns programmiert und wirken als Muster für unsere Wahrnehmung wie für unser Handeln. Als Leitsätze können sie zu LEIDsätzen werden, die das Positive verhindern und uns in Dauertrab halten. Und speziell jenen Schach setzen, der so gar nichts mit einschränkenden Programmen zu tun haben will: Eros.

Aus dem „Eltern-ICH“ kommen die klaren Aufträge:
„Sei perfekt!“
„Gib dir Mühe – streng’ dich an!“
„Beeile dich – mach’ schneller!“
„Zeige Stärke!“ und
„Mach’ es jedem recht!“

Speziell der letzte Satz, getragen von Harmonie-Sucht, gepaart mit einem überzogenen Perfektionismus, lässt den Empfänger bzw. die Empfängerin rund um

die Uhr hecheln, um nur ja von allen anderen geliebt zu werden; keinesfalls Ablehnung zu erfahren. Ich mache alles, werde alle Dinge (über-)erfüllen, strenge mich an, tu' alles, so schnell wie möglich und zeige keine Schwäche dabei; denn Erfolg fällt nicht vom Himmel und muss hart erkämpft werden...
– Können Sie sich vorstellen, wo diese Antreiber hinführen? Direkt in den Infarkt oder vielleicht doch nur ins burn-out. Die Antreiber leisten ganze Arbeit und vertreiben Eros!
Wer diese Antreiber nicht kennt, ist das – laut Transaktionsanalyse – „freie Kind". Dieses will entdecken, will spielen, genießt die Möglichkeiten, die Vielfalt. Das „innere, freie Kind" ist der Zwillingsbruder von Eros!
Fatal wird's, wenn der „Perfektions-Antreiber" selbst an Eros Gefallen findet: dann jagen die bemitleidenswerten Geschöpfe dem perfekten Genuss nach... Ohne ihn je finden zu können! Die Strategie, die Planung sind des Zaubers Tod. Ergebnisorientierung nach der Matrix killt Faszination.
- Was aber praktizieren wir in Beruf, Karriere und Privatleben? Wir planen, wir strukturieren, wir kontrollieren die Effizienz, wir rationalisieren, wir komprimieren, wir resignieren... Weil uns das Beste am Leben abhanden kommt: Eros.

EROS: **E**rfolg = **R**esultat **o**ffenen **S**piels

Ich lebe ein anderes Leben. Nein, nicht als realitätsferner, schrulliger All ent steiger im selbstgestrickten Schafwollpulli. Sie können mich am Aussehen nicht sofort von Bankern, Lehrern und Beamten unterscheiden. Gut, ich trage prinzipiell keine Krawatten, und vielleicht mal etwas farbenfrohere Hemden.
– Die Reizmuster in meinem Hirn, die Sehnsüchte in meinem Herzen sind jedoch anders: denn ich mache nicht mit beim Wahn der fleischverarbeitenden Medien-Society-Maschine, in der die Menschen nach NEWS-Wert durchfaschiert und im nächsten Moment wieder ausgespuckt werden. Ich spiele ein anderes Spiel, und dieses heißt EROS.
Der Erfolg nach diesem Prinzip ist ein Resultat Offenen Spiels: Es treffen sich zwei am Marktplatz des Lebens, finden Gefallen am jeweiligen Angebot, den Visionen des Gegenübers und so probieren sie's miteinander. Sie treten in einen Geschäftskontakt. Kon-Takt; das heißt: sie beginnen, miteinander zu schwingen. Es schaukelt sich etwas auf; Energie entsteht. Und wenn sich beide immer mehr darauf einlassen, kann etwas Tolles daraus werden. Nur dann. Und nicht, weil ein achtseitiger Kooperationsvertrag befolgt werden muss.
Wenn ich jedoch zunächst meine Machtkreise abzirkle, wird es bloß ein Kampf um Thron und Unterworfene. Wer kann da am Ende zufrieden sein? Ist ein Sieger wirklich froh, wenn er den Besiegten röchelnd im Blut liegen sieht?

Und gleichzeitig skeptisch um sich schauen muss, in Angst vor dem nächsten gezückten Messer?

„Eros of Life"

Eros, der Lebensfrohe, hat sich bewusst für ein aufregendes Leben mit ständigen Überraschungen entschieden. Schon beim Erwachen begrüßt Eros dankbar den Tag, in Vorfreude, welches Geschenk dieser aus seinem prallen Sack für ihn herausholen wird.

Eros sagt prinzipiell Ja, zu allem, was da auf ihn zukommen mag.
Eros muss nicht, er kann, er darf, er will...
Eros ist fasziniert und überwältigt von der Vielfalt des Seins. Von der Fülle der Möglichkeiten, sich zu zeigen, zu verstecken, auf wen zuzugehen, wem die kalte Schulter zu zeigen, sich zu blamieren, zu genießen, wen zu umarmen...

Die Grundeinstellung von Eros ist Dankbarkeit: für jeden Sonnenstrahl, für den Regen, für die Gesellschaft eines interessanten Menschen, für die Schönheit, für Vogelgezwitscher am Morgen, für den Ausblick auf Berge, Seen, ...
Eros liebt und lebt seine Kreativität – die Spontaneität des Augenblicks.
Eros lässt sich gerne von Verrücktheit verführen. Er schmückt jeden Tag mit einigen Einfällen – und schwimmt so mutig gegen den Strom aus Pflichten und Erwartungen.
Eros pflegt seine innere Schatztruhe – aus Erinnerungen, Träumen, Sehnsüchten, Potenzialen. Und er öffnet sie regelmäßig, um das Aufbewahrte ′rauszulassen...
Eros kann vertrauen und lässt den Dingen weitestgehend ihren Lauf. Vieles erledigt sich von selbst. Er freut sich an Herausforderungen, sieht Optionen statt Detailplänen…
Eros gönnt sich kunterbunte Momente nach dem Lustprinzip; das reicht von Eismarillenknödeln über den 100. gekauften Füllhalter bis zum unvernünftig teuren Hotelzimmer mit Seeblick.

Eros macht aus einem Essen ein kulinarisches Erlebnis,
aus einer Fahrt von A nach Z eine unvergleichliche Reise,
aus einem Getratsche ein tiefsinniges, sinnliches Gespräch,
aus einer Jahreshauptversammlung ein Ereignis, bei dem man dabei sein muss,
aus pflichterfüllendem Dasein ein wunder-volles Leben!

Lassen Sie Eros ran...

„Eros ist die stärkste menschliche Triebfeder", weiß Leopold Achathaller. Eros ist somit Herr unserer Motivation. Eines Antriebs, der ins Positive zielt. Denn Eros hat selektives Wahrnehmungs-Vermögen für das Helle, Schöne.
Im wirtschaftlichen wie auch privaten Dauermarathon ist kein Durchatmen möglich. Batterien können nicht endlos geladen werden. Der empfundene Druck kann nicht mit noch mehr Druck gelöst werden. Sondern nur, indem diese fatalen Muster durchbrochen werden. Und eine Tür geöffnet wird – zu neuen Handlungs- und Entscheidungs-Spielräumen.

Lassen Sie Eros diese Tür suchen – und öffnen.
Lassen Sie Eros Ihren Herzens-Ton finden – und stimmen Sie ihn an.
Lassen Sie Ihre Seele wieder Luft holen.
Lassen Sie Sinnlichkeit und Spiel wieder in Ihr Leben.
Lassen Sie ....

Und nutzen wir alle das, was uns vom Hamster im Rad unterscheidet: Unseren freien Willen, der uns zum Ausstieg befähigt; der uns Wahlfreiheit ermöglicht. Und unsere Kreativität; die uns Scheuklappen abnehmen und neue Möglichkeiten erkennen lässt.

„Eros ist ein Grundrauschen des Entzückens.
Nur wenn diese Basis vorhanden ist,
kann's Eruptionen der Glückseligkeit geben."
Jörg Busch

Wachruf

Und? Was ruft „Eros" bei Ihnen wach?
– Ich habe viele, viele „Feldversuche" gemacht und oftmals die Frage nach Eros gestellt. Der Antwortreigen fiel bunt aus. Was jedoch nie der Fall war: KEINE Antwort zu erhalten. Eros hat die Kraft, Menschen aus der Reserve zu locken.
Worte sind Köder, Worte haben Signalcharakter. Worte werden zu Begriffen. Und nur wenige von ihnen können derartige Energien wachrufen.
Eros? Alleine die Frage bringt es mit sich, eine Situation in andere, höhere, frohere Bahnen zu lenken. Die Verkrampfung verringert sich, die Menschen machen auf. Und meist huscht auch ein Lächeln über die schönen Gesichter.

Farbe in den grauen Alltag

„Wenn die Passion fehlt, fehlt alles.
Ohne Leidenschaft ist nichts zu erreichen.“
Alberto Moravia

Wichtig ist, sich selbst klar darüber zu werden: ist mein Alltag „grau"? - Hätte ich's gerne bunter? Dann muss ich für Farbe sorgen. - Ganz einfach! - Wer dies erkennt, muss rasch handeln: auch auf die Gefahr hin, dass das System keinen (mehr) liebt, der aussteigt. Irgendwann kann's keine „Rücksicht" mehr geben: Wer immer nur „zu-rück-steckt", dessen Rücken wird früher oder später unter der Last des Aufgebürdeten brechen. Natürlich ist es „bequemer", in bestehenden Strukturen zu verharren, denn immerhin bieten sie eine sogenannte „Sicherheit". Und Kinder wollen versorgt werden, die Autoleasingrate ist fällig und außerdem, was würden denn die Leute sagen...
Kümmern Sie sich 'mal überhaupt nicht um all das Gerede. Wenn Ihnen der Heimatort zu eng ist, dann raus! Finanzielle Überlegungen dürfen keine Entscheidungsgrundlage für's Lebensglück sein. Eine Beziehung nur fortzuführen, weil das Haus im Rohbau steht und „der Kinder wegen", ist fatal: Kinder merken sehr wohl, dass zwischen den Eltern etwas nicht stimmt. Besser, sie haben einen Elternteil voll und ganz als beide nur ein bisschen. Und besser einen Rohbau - mit Verlust - zu verkaufen als später in einem echten Gespensterhaus zu leben. Wie heißt's so treffend: Besser ein Ende mit Schrecken als ein Schrecken ohne Ende.
Und das gilt genauso für die Berufssphäre: wenn Sie nicht wirklich zufrieden sind, dann raus aus dem Grauen! Auch wenn's sein könnte, dass Sie in Ihrem neuen Job vielleicht weniger verdienen. - Dieses Geld ist als „Freiheitsbeitrag" anzusehen.
- Wie es sich überhaupt empfiehlt, ein eigenes „Freiheitssparschwein" laufend zu füttern, mit dem Sie im Falle des Falles Ihre Unabhängigkeit für eine gewisse Zeit finanzieren können.

Die Energien zum Ausdruck bringen

Alles in uns und um uns ist Energie und Ausdruck eines bestimmten Bewusstseins. Aus Energien wie z. B. Gedanken, Gefühlen, Stimmungen und Ideen kreiert sich das Leben. Es entstehen Persönlichkeiten, Lebenswege und Materie. Zur Energie der Seele gehören Liebe, Lebensfreude, Kreativität, ihr Sprachrohr ist die Intuition. Ihr Umsetzer heißt Eros.

In uns strahlt ein inneres Licht, eine Sehnsucht. Gedanken wollen sich ausdrücken, sich als Projekte realisieren. Ideen entstehen, und werden mit bereitgelegten Farben auf der Lebensleinwand zu einem Bild. So entstehen die Bilder, unsere Vorhaben, Freundschaften, Partnerschaften von selbst. Nach und nach wird sichtbar, welches Thema, welche Energie sich auf der Lebens-Leinwand ausdrückt. Den Titel fügt man erst später hinzu ...

„Tanze im Feuer das Wunder des Lebens.
Fließe mit dem Wasser in die Tiefe deiner Träume.
Atme im Wind die Weite des Himmels.
Wachse in die Erde zur Quelle deiner Kräfte."
Indianische Weisheit

Eros spürt den Zauber der Energie

Energie, das ist Bewegung, Antrieb. Wenn wir uns energielos fühlen, wird jede Bewegung schwer; mühsam.
ENERGEIA – Grundbegriff bei Aristoteles, bezeichnet die Wirklichkeit im Sinn von einer verwirklichten Bestimmung. Die verwirklichte Kraft im Gegensatz zur bloßen Möglichkeit. Synonym verwendet mit ENTELECHEIA – etwas, das sein Ziel in sich selbst hat. Das Prinzip, das die Möglichkeit erst zur Wirklichkeit macht – der zur Vollendung führende Faktor. Wir brauchen Energie, um etwas zu verwirklichen, weiterzubringen. Wer wagt schon, von Vollendung zu sprechen.
Die Entelechie eines Körpers ist nach Aristoteles übrigens die SEELE.
„Energy is eternal delight – Energie ist ewiges Entzücken", betont der englische Dichter und Maler William Blake. Energie nach dieser Definition wird deutlich, wenn wir Kindern beim Spielen zuschauen; jauchzend, rastlos; Energie und Entzücken gehen nahtlos ineinander über. Da entsteht der vielgepriesene FLOW; im Unterschied zur müde machenden Arbeit.
Energie kann vergeudet werden. Wenn wir sie in falsche Zuwendung investieren.
In Kampf, in Streit, in endlose Debatten, wo's um's bloße Rechthaben geht. Wenn wir so verschwenderisch mit unserer Energie umgehen, uns mit Energievampiren abgeben, uns aussaugen lassen, dürfen wir uns nicht wundern, wenn wir die Freude, die Lust, den Antrieb verlieren.
Wir können unser Energie-Potenzial erhöhen, indem wir alle Dinge aus dem Leben entfernen, die unnötige Energie kosten. Machen Sie eine Liste aller Unannehmlichkeiten. Und stopfen Sie nicht länger mit viel Aufwand diese Energielöcher. Sondern schütten Sie sie ein für alle Male zu.

„Energie ist Freude", betont William Blake. Je mehr Energie wir haben, umso größer ist auch unsere Freude. Überfließende Energie wird zur Freude, zu einem Fest. Osho sagte deshalb: „Wenn die Energie in dir tanzt, wenn sie im Einklang, in tiefer Harmonie, im Rhythmus, im Fluss ist, wirst du ein Segen für die ganze Welt sein!"
Es gibt eine wunderbare Gleichung für Freude, gepaart mit Energie: EROS. Eros ist die Energie der Freude; der Lust. Etwas zutiefst Lebendiges; Sprühendes. Leidenschaftliches. Springlebendig sprudelt die innere Quelle, wenn wir sie lassen...
„Die Schönheit der Dinge lebt in der Seele dessen, der sie betrachtet", so David Hume. Lassen Sie Ihre Seele, die Energie in Ihnen, sich mit der äußeren Energie verbinden – und im Einklang schwingen.

Eros im Brennpunkt

Wir sind, womit wir uns befassen. Die Themen unserer Aufmerksamkeit färben auf uns wie auch das Umfeld ab. Fleischhauer und Totengräber mögen mir diese These nachsehen – sicher gibt es Ausnahmen! Doch wer sich tagein tagaus nur mit Paragrafen auseinandersetzt, sieht nichts anderes mehr als „Fälle". Wer hingegen tagtäglich Pflanzen zieht, wird auch zum Gärtner der Zwischenmenschlichkeit und lässt wohl auch verbal manch' Blume wachsen...
Menschen meines Umfelds vermitteln mir, Eros im Brennpunkt meiner Überlegungen, meines Zuhörens und Wachseins, würde mir sehr gut tun. Meine Augen sprühen, ich durchbreche Muster, wage Neues, lasse mich auf Abenteuer ein, bin umgänglich, offen, wertschätzend... Schmunzelnd wage ich zu sagen: ich entwickle mich immer mehr zu Eros... Und, Vorsicht, sehr geehrte Dame, sehr geehrter Herr, die Sie diese Zeilen lesen: auch Sie werden immer mehr EROS!!!
Wer weiß, vielleicht verändern Sie, Sie, und Sie, die Sie soeben gleichzeitig, aber an verschiedenen Orten, dieses Buch lesen, mit Ihren energievollen, pikanten Gedanken die Welt. Vielleicht macht diese sogleich einen kleinen Ruck der Ausgelassenheit. Und wer weiß, was schon morgen an Ihrem Arbeitsplatz anders sein wird... Man wird Ihnen an den Augen, an Ihrem Verhalten ablesen können, dass Sie Eros im Fokus führen.
Doch das hat GARANTIERT keine üblen Auswirkungen. Lebendigkeit nimmt von Ihnen Besitz und Sie tragen diese weiter. Früher oder später reißen wir gemeinsam in einer Lawine des Positiven, Frohen, Hellen alle Miesepeter und -petras mit uns, auf dass sie gar nicht anders können als fortan ebenso strahlend zu agieren.

Phantasie – der Welt ein paar Träume hinzufügen!

„Ich bin ein Wesen leichter Art, ein Kind mit tausend Launen,
das Nied'res mit dem Höchsten paart, s'ist wirklich zum Erstaunen.
Kurzum, ich bin ein Kraftgenie, sie seh'n in mir die Phantasie."
So würdigt Ferdinand Raimund die „Hauptdarstellerin" in seinem Zauberspiel „Die gefesselte Phantasie", das heute so aktuell ist wie vor 200 Jahren. Wenn die bösen Zauberschwestern die Schöpfungskraft in Fesseln legen, müssen nicht nur die Dichter schweigen. Selbst die Liebe erstarrt in Kälte und Kraftlosigkeit, wenn die Phantasie im Käfig der grausigen Schwestern Vipria und Arroganzia, des Neids und der Überheblichkeit, eingesperrt ist. Die Phantasie, ein Schmetterling, lebt wie Eros aus der Absichtslosigkeit des Moments; als Bote der Anmut zwischen Himmel und Erde schwebend.
Es lohnt sich, wie Raimund, für die freien Kräfte der Kreativität in die Bresche zu springen, ehe kalter Verstand und überzogener Realismus die Menschheit beherrschen. Wie gefesselt ist heutzutage unsere Phantasie? Wie weit fesseln wir sie selbst? Wir unterbinden unsere Träume und Sehnsüchte. Und lagern sie in „reservierte Zonen" aus; zahlen lieber Eintritt in gesellschaftlich akzeptierten Clowntheatern…
„Ihr Menschen, ich schaue in Eure Augen", so Harry Owens, „all das Weltliche hat Euch schon gefunden – aber wer ist es, der mit Euch über den Regenbogen geht und mit seinen glücklichen Tränen dem Himmel ein paar Sterne schenkt? – Der Mensch erkennt die Welt nicht an dem, was er ihr entnimmt, sondern an dem, was er an Träumen hinzufügt."

Leidenschaft & wallendes Blut

„Du musst kalt oder warm sein;
wenn du lauwarm bist, spuckt dich Gott aus."
Jerry Lee Lewis

Blut ist Leben, es pulsiert, es wallt, es kommt in Schüben. Das Leben ist genauso: explosiv, intensiv, leidenschaftlich, ungebremst. Bitte keine Entschuldigungen mehr dafür, dass Sie „im Affekt" gehandelt hätten; ausgeschert sind, anders gehandelt haben, als von Ihnen erwartet worden war. - Bitten Sie vielmehr um Pardon, wenn Sie auf Ihre Emotionen vergessen...
Ich, der ich ein Semester Medizin studiert habe, diagnostiziere an viel zu vielen Zeitgenossen akute Anämie, Blutarmut. Jenen sieht man's nicht (mehr?) an, dass die Spezies Mensch mit Leidenschaft erfüllt ist. Sie führen in ihrem Wort„schatz" Begriffe, die ich mir zu verwenden untersage: „nett, geht so,

lauwarm, so la la, eh okay, himmelblau"... - Ich kann mit Mittelmäßigkeit nicht umgehen: entweder ist es großartig oder unter jeder Kritik, heiß oder kalt, tiefblau oder dunkelrot. „Es gibt sehr viele Menschen, die ihr Heil in der Regelmäßigkeit suchen. Ich halte fast jede Form der Regelmäßigkeit für außerordentlich peinigend", bekennt der Kulturpublizist Peter Vujica.
Das Seichte, Farblose, „Na ja" sind mir zutiefst zuwider. Liebe oder Hass zählen. Ja oder Nein! - Man muss die Objekte seiner Zuwendung mit starken Gefühlen belegen, um sie in der Erinnerung fortleben zu lassen; nur die Mittelmäßigkeit ist erinnerungslos. Lass die Leidenschaft fließen; lass dich überfluten und erregen!
Stell' dich der Herausforderung, dem Risiko. Wenn in meiner Gegenwart von „Problemen" gesprochen wird, packe ich meine Sachen und verroll' mich. Ich will nichts zu tun haben mit mieselsüchtigen, kleinkarierten, engstirnigen Kleingeistern und Verhinderern. - Private Abrüstung ist angebracht: fort mit den Abfangjägern der Kreativität und Sensibilität!

Funkenflug über die Selbstgefälligkeit

„Du sollst aus Liebe brennen und vor Begeisterung.
Dann bleibst für immer jung."
Andre Heller/ Wolfgang Ambros

Der Leidenschaftliche kann seine Mitwelt entflammen, mitreißen, ja zu den Sternen emporheben. Er hechelt, giert, liebt und lebt. Er ist besessen. Und genießt seine lustvolle Lebensqualität, die in der Fremdbestimmung minimiert ist.
Passion erfasst jede Faser des Körpers. In der Tiefe seines Wesens brennt Feuer, dessen sinnliche Glut in die entferntesten Körperregionen ausstrahlt.
Brodelnde Leidenschaft ist die Gabe, sich verzaubern zu lassen. Worte, Eindrücke, Gefühle wie Honig auf der Zunge zergehen zu lassen. Alles, was der Persönlichkeit, dem Genuss dient und mit offenen Sinnen wahr-genommen wird, ist richtig und willkommen.
Wer sagt, Funkenflug sei gefährlich? Doch nur die, die Sorge haben, ein Heer aus Entflammten könnte sie aus ihren Palästen der Selbstgefälligkeit treiben: Politfunktionäre, die nicht entscheiden, sondern kalkulieren; die nicht brennen, sondern sich bestenfalls für ihre Vergünstigungen erwärmen können. Beamte, die nicht planen, sondern verwalten. Und die zahllosen Frustrierten, die erst gar nicht in Kontakt mit Beseelten kommen wollen. Klar, dass sie Angst haben und sich gegen jene „Zündler" wehren: doch für den Luxus der Selbstbestimmung und Freiheit kann man schon mal einen kleinen Schlag einstecken. Zur Quelle findet man nur gegen den Strom. - Es gilt, den eigenen Rhythmus zu

finden; den weniger begangenen Weg zu gehen und sein Leben nach eigenen Vorstellungen zu verändern. Der Kreative, Leidenschaftliche lebt im befruchtenden Strudel der Träume und Visionen; er stellt sich gerne den Illusionen - und nimmt auch gerne die eine oder andere Desillusionierung hin. - Lassen Sie Ihre Funken der Leidenschaft sprühen! Sie sind Lebenselixier, Motor und Energie! Für sich und für uns alle!

Urknall der Gefühle

„Schönheit ist die vollkommene Übereinstimmung
des Sinnlichen mit dem Geistigen."
Grillparzer

Wer spontan und aufgeschlossen seiner Mitwelt begegnet, wird sich auch spontan und aufgeschlossen zu Menschen hingezogen fühlen. Und auf diese Weise immer wieder einen „Urknall der Gefühle" erleben. Diese „Liebe auf den ersten Blick" muss sich gar nicht nur auf einen Menschen beziehen; auslösende Momente können auch Stimmungen, Projekte, Gesprächsrunden im Cafe, eine Bergwanderung oder ein besonderer Erfolg im Berufsleben sein. Das Hormon Oxytocin versetzt uns - all jene, die sich durch den Verstand nicht in Schranken weisen lassen - in Hochgefühle. Dieses Liebeshormon wird im Hypothalamus, dem für die Gefühlssteuerung verantwortlichen Hirnbereich - produziert und ins Blut abgegeben. Das Herz schlägt schneller und der Körper wird in einen höchst reizvollen Erregungszustand versetzt. - Dieser Kick wirkt wie ein Aufputschmittel und setzt ungeahnte Energien frei, die wiederum ganz leicht für Dinge eingesetzt werden können, die zuvor noch unmachbar schwer erschienen waren.

Leben in Höhen und Tiefen

Verliebt ins Leben: Alles, was pulsiert, was Temperament ausstrahlt, was funkelt, was sich ästhetisch bewegt, hat meine Aufmerksamkeit. Ich will von Leidenschaftlichen, von Träumern, von Originalen umgeben sein, die unruhig sind. Nur eines darf ruhen: mein Waldviertel. Das bewundere ich gerade für seine Stille und Gelassenheit. - Ich muss brennen wie ein Scheiterhaufen. Ich liebe mein Sinnesfeuer, das sich aus dem Holz der Kreativität nährt. Ich mag keine Planungs- und Durststrecken; ich ziehe einen lustbetonten Lebensstil vor. Das Risiko übt einen faszinierenden Reiz aus. Ich brauche dieses Leben in Höhen und Tiefen; wissend, dass beim EKG die Nulllinie für den Tod steht.

Meine Lebenskurve ist ausgeprägt und weicht vom Mittelmaß ab. Ich benötige das Hin und Her aus Rückzug und Ekstase; aus Euphorie und „schwarzen Löchern"; gerade dieses Wechselspiel macht mein Glück aus. Glück ist die Leidenschaft des Augenblicks. Leben auf der Überholspur oder auf einem einsamen Feldweg; nie aber auf breiten Durchzugsrouten! Ich muss immer wieder meinen eigenen Weg gehen - gerade auch gegen den Strom schwimmen; Dinge einfach ausprobieren. Ich will nicht einmal sagen müssen, das hätte ich eigentlich tun wollen. Ich genieße es in vollsten Zügen, mich in Aufgaben, Herausforderungen verlieben zu können, dafür zu brennen und so mein tagtägliches Vermächtnis zu leben. Ich bin kein Verwalter, sondern Agierender. Ich hasse lähmende Zeittotschlagungsattacken unter`m Titel „Besprechungen“ und will lieber auf Hochtouren laufen; kre-a-k-tiv sein...

Enthusiasmus & Eros als Basis für die ICH-Marke

EROS ist eine der wesentlichsten Triebfedern des Lebens. Unverkrampft gelebte Erotik ist Teil des Seins und verbreitet ein positives Lebensgefühl. Sie, diese Kombination aus Provokation und vermeintlicher Erfüllung, wird in verschiedensten Bereichen erfahrbar: Erotik der Worte, Erotik des Erfolgs, Eros von Persönlichkeiten, Erotik des Geistes... Erotik ist der Eintritt ins Reich der Sinne. Wer unter dem arktischen Kältegrad seiner Gleichgültigkeit erstarrt ist, kann mit Erotik natürlich nichts anfangen. Ihm sei nur verdeutlicht, dass ein wahrer Erotiker keinesfalls auf's Sexuelle reduziert ist. Er gebraucht seine Augen, offene Sinne und sein Herz.
Erotik folgt der „Grundeinstellung Liebe" - entweder man sagt Ja, hat Lust auf's Leben, ist für seine Mitwelt empfänglich oder legt Scheuklappen an. Es ist das Eintauchen in Leidenschaft und die Bereitschaft, diese Gefühlslawine über jede Faser des Körpers niederprasseln, in jede Pore eindringen zu lassen. Erotische Signale und Stimuli sind Blicke, Sprachmelodien, ein bestimmter Händedruck, Bewegungen, Gesten, ... Wirksame Erotik wird zwischen zwei Persönlichkeiten gespannt: regen, spritzigen Geistern; gefragt ist der Esprit eines Menschen. Und schon stehen beide Gesprächspartner unter „erotischer Spannung“. Energiequelle Erotik; Lebenselixier: das Blut gerät in Wallung; plötzlich ist man auf 180, und läuft wie eine überdrehte Steckdose unter Starkstrom. Das sind jene Momente, die ein Kreativer braucht. Erotik ist die Muse, die inspiriert und beflügelt. Und wer möchte sich nicht den Luxus leisten, nur noch von Schönheit, Anmut, Erotik umgeben sein zu wollen.
Schönheit ist ein Ideal. Ideale sind Wunschbilder; ein Traumentwurf, der über die normale Wirklichkeit hinausführt. „Ideale sind die Spuren des Paradieses", sagt Wolfgang Kraus. So hat wahre Schönheit einen göttlichen Funken – und

der Kreis zum Enthusiasmus schließt sich wieder. Die Schönheit als Form allein - also beispielsweise die Ebenmäßigkeit der Züge - wirkt eher tot und leer. Erst wenn die Form auch Inhalt aufweist, wenn etwa die Augen die Seele widerspiegeln, das Gesicht einen von innen her strahlenden Schein hat, stellt sich wahre Schönheit ein. Schönheit, die erotisch anziehend wirkt und reizvoll zu provozieren vermag.

Eros ist Vitalität

Vital sein, lebendig, mit Lust am Leben, energievoll, spritzig, witzig, gut d'rauf...

„Es gibt eine bestimmte Form der VITALITÄT, eine Lebenskraft, eine Energie, eine Bewegung, die sich nur durch Sie in Aktion umsetzen lässt", betont Martha Graham. „Und da Sie ein einzigartiges Wesen sind, ist auch dieser Ausdruck des Lebens einzigartig. Wenn Sie diese Lebensenergie blockieren, wird sie niemals durch einen anderen Menschen lebendig und geht für immer verloren." Jede und jeder hat eine eigene Form von Vitalität. Der eine misst diese, indem er die erklommenen Gipfel abhakt, der andere daran, dass er noch immer ohne Brille auskommt. Die eine empfindet sich vital, weil sie ohne Lift den vierten Stock erreicht, die andere erachtet dieses Prädikat erst zurecht verliehen, wenn sie den Bungee-Jump von der Stauseemauer besteht.

Eros und Vitalität haben viel gemeinsam: sie spielen sich nur bedingt im Außen ab. Natürlich ist's ein enormer Kick, die Marathonstrecke ohne Herzinfarkt zu durchlaufen. Für manche ist's ein Kick, den x-ten Geschlechtsakt beSTANDen zu haben. Aber Zufriedenheit, Glück stellen sich nur für Momente ein.

Eros und Vitalität sind keine Wettkämpfer. Sie lassen sich von der Stoppuhr und von Stricherllisten nicht wirklich beeindrucken. Was ihnen eigen ist, liegt im Eintauchen, Geschehenlassen, im Offen- und (nach wie vor, auch mit 70, 80 Jahren) NEUgierig-Sein. Im Wagemut, in der Risikobereitschaft, die mit Lebenserfahrung und Weisheit gekoppelt sind. Da probiert wer im Alter von 75 noch einen Kopfsprung ins Wasser, was die 30-jährige aus Sorge um ihre Haarpracht ablehnt. Da lernen 90-jährige mit Freude Internet und packen im Cafehaus ihren Blootooth-tauglichen Pocket-Computer aus... Das hat Vitalität – und lässt Eros jubeln.

„Ich fühle eine Kraft in mir, die ich entwickeln muss,
ein Feuer, das ich nicht ersticken darf, sondern anfachen
und schüren muss. Man soll das Feuer in seiner
Seele nie ausgehen lassen."
Vincent van Gogh

„Konzentrieren Sie Ihre Investments.
Wenn Sie über einen Harem mit 40 Frauen verfügen,
lernen Sie keine richtig kennen."
Warren Buffett

3 KernKRAFT: Die MARKE – Führung im Wahrnehmungswettbewerb

Viel diskutiert, unangreifbar, umworben, wertvoll, gepflegt, relevant und mit einer Vielzahl von Attributen umgeben präsentieren sie sich, die Marken.
Marken bestimmen unseren Tagesablauf: es beginnt mit einer bestimmten Zahnpaste, dem Mundwasser von..., jener Toiletteserie, „unserer“ Kaffeesorte, der Zigarette X, Kleidungslabels, Automarken, Benzin, Essen, Freizeit, Mobil-Telefonie und reicht bis zu Zeitungen, Radio, Fernsehen, Filmen und Sendungen – wo wiederum Personen als Marken unser Interesse wachrufen: die Hauben-Köchin, der Top-Manager, die Nachrichtenlady, der Sportmoderator, der Millionenshow-Mann, die sexy Schauspielerin,...
Und wohin fahren Sie auf Urlaub? Und auf Kur? In welches Krankenhaus – pardon: Klinikum – begeben Sie sich, wenn eine Operation ansteht – und welchen „Guru“ lassen Sie an Ihren body ran? Marken, Marken, Marken…

Aufmerksamkeit als wertvolle Ressource

Ob wir’s gut finden oder nicht: Wir sind Teil einer Wettbewerbsgesellschaft. Nur hat sich dieser Bewerb verändert: da die Waren und Dienstleistungen immer ähnlicher, austauschbarer werden, verlagert sich der „Produktwettbewerb“ in einen „Wahrnehmungswettbewerb“.
Informationsexplosion, “Communication overkill”, Termine in Filofax-Highspeed, zunehmende Globalisierung, Vermassung, McDonaldisierung, übersättigte Märkte, beinharter Wettbewerb, über sieben Milliarden Menschen, immer mehr Arbeitslose, immer mehr Produkte, eine Mode wird von der anderen verdrängt, heute hip - morgen out of time. Immer mehr Firmen raufen um Konsumenten, immer mehr News wollen beachtet werden und auch am Arbeitsmarkt wird jede Position heiß umkämpft.
Wir leben im „Verdrängungskrieg“. Und damit im „Zeitalter der Verdichtung“ (Roger Blackwell), wo das Wesentliche kurz, knapp, präzise dargelegt werden muss.
- Das Bessere ist der Feind des Guten. Wobei das Bessere nicht unbedingt die Produktqualität meint, sondern die bessere, rundere Kommunikationsstrategie.

Im heutigen Informationsmeer geht es darum, mit seiner Botschaft nicht unterzugehen, sondern zeitgerecht eine „Leuchtpatrone“ abzuschießen, in der Hoffnung, Aufmerksamkeit zu erzielen. Aufmerksamkeit, diese kostbarer werdende Ressource, ist aber begrenzt.
Georg Franck spricht von der „Ökonomie der Aufmerksamkeit“: “Impact” (die Erinnerung an Inhalte und Aussagen) wird zu einem knapperen und daher wichtigeren Gut als Geld und Information.
Diese Tendenz bereitet den Boden für die Marke. Nicht nur der Horizont wächst, sondern auch das Bedürfnis, ihn zu begrenzen. Vereine, Regionen, Religionen und Sekten boomen. – Es wächst das Verlangen nach Unverwechselbarkeit, Identität. – Die Sehnsucht nach Marken?!
Die Spielregeln für starke Marken haben sich gravierend verändert. Nicht mehr die Großen fressen die Kleinen oder die Schnellen die Langsamen, sondern die "Wert-vollen" diejenigen, die es nicht schaffen, ihre Werte glaubwürdig zu transportieren.

Konzentrierte Gefühle

Produkte und Dienstleistungen gibt es wie Sand am Meer. Sie sind austauschbar. Marken sind – in ihrem Anspruch – einzigartig. „Die Zukunft auf dem Markt liegt in der Konzentration auf Markenpolitik“, befindet Marktforscher Fritz Karmasin. Man kann heute nahezu kein Produkt mehr verkaufen, sondern nur mehr Marken, die den Wert eines Unternehmens repräsentieren.

Die Werbeforschung bestätigt: „Nüchterne Fakten zählen nicht (mehr); wer erfolgreich sein will, muss Gefühle wecken!“ Optimalerweise „Wohlgefühle“ wie Erfolg, Glück, Geliebtwerden, Schönheit, Erotik u.s.w. „Wir haben alles Materielle im Überfluss“, verweist Peter Wippermann vom Trendbüro Hamburg, „aber wir haben nicht das, was wir wirklich als Lebensqualität ansehen; mehr Zeit, mehr Vertrauen, mehr Liebe!“ Weshalb sich die Menschen immer mehr von der Quantität des Besitzens hin zur Qualität des eigenen Lebens wenden werden.
Lassen Sie mich sogleich ein paar Gewissensfragen stellen: wie steht's um Ihre persönliche Lebensqualität? Leben Sie „Ihr“ Leben? Leben Sie „Ihre“ Wünsche, Potenziale? Und wie steht's um „Ihre“ Marke? Wollen Sie „austauschbar“ sein oder „einzigartig“?
No na, werden Sie sagen. Natürlich will ich, wollen wir alle etwas Besonderes sein. – Und das müssen Sie auch sein, wenn Sie „am Markt“ bestehen wollen. Sagen Sie bitte nicht, der Markt sei für Sie kein Thema. Wir alle bewegen uns permanent auf verschiedensten Märkten:

• Am Arbeitsmarkt – wer von den 200 Bewerbern erhält den Job?
• Am Wohnungsmarkt – wer erscheint vertrauensvoller?
• Am Partnerschaftsmarkt – wer macht das bessere „Gesamt-Angebot“?

... und wem wird der rote Teppich ausgerollt? Und wer erhält das ruhige Seeblick-Zimmer ohne Aufpreis? Und wer kriegt den besten Tisch im Restaurant? Und wer bekommt ein Glas extra von der Stewardess – verbunden mit dem charmantesten Lächeln der Welt?
Es lohnt sich, das System der Marke unter die Lupe zu nehmen; verbunden mit der wohlwollenden Absicht, die positiven Aspekte der Markenorientierung für die „ICH-Entwicklung“ zu übernehmen.

„Marken-Kommerz“ mit dem ICH?

Marken? Und Menschen? Menschen als Marken? Es lebe die totale Verkommerzialisierung des Daseins?
Anpassung ist out. Vermarktung ist in; nein: überlebensnotwendig...
„Wer in der Economy beruflichen Erfolg haben will, muss sich mit einer unverwechselbaren Message branden und sich selbst als eine Art Company verstehen“, postuliert Management-Guru Tom Peters. Gefragt seien die „ICH-Entrepreneure“, die „ICH-AG's“, die ihre Wettbewerbsvorteile und Problemlösungskompetenz darzustellen haben...

- Ich verstehe Ihre (möglicherweise aufkeimende) Kritik, weil ich sie teile, wenn es um die lückenlose Vermarktung des Menschen geht, um die Strategie, nur noch marktkonform zu handeln. Unsere Gesellschaft ist ohnehin bereits sehr weit darin fortgeschritten, jede und jeden einzelne/n auf ihre/seinen Marktwert hin zu bemessen: „wir müssen uns eben alle verkaufen...“, lautet der Schlachtruf.
Ich schwöre Ihnen (und mir!) – ICH WILL MICH NICHT VERKAUFEN; und ich will auch SIE KEINESFALLS VERKAUFEN. Dennoch oder gerade deshalb schreibe ich dieses Buch über's ICH als MARKE, über meinen wertorientierten Zugang zu diesem Thema; und vielleicht verrät alleine meine Verwendung des Wortes „ver-äußern“ statt verkaufen die angestrebte Stoßrichtung: wer zuerst im Innen seine Talente aufspürt, möge in Folge diese nach außen tragen… Zum Wohle der Mitwelt!

„Wie Sie sind, ist ein Geschenk Gottes an Sie,
was Sie aus sich machen, ist Ihr Geschenk an Gott.“
Harvey Mackay

Wider die Austauschbarkeit

Marken sind ein kostbares Gut – für Unternehmen, die sich damit gegenüber der Konkurrenz profilieren, gleichermaßen wie für Konsumenten, die so Orientierung in einer unüberschaubaren Warenwelt finden. Was für Produkte und Dienstleistungen gilt, muss im 21. Jahrhundert auch für Menschen als relevant betrachtet werden: Menschen werden aufgrund ihrer Qualifikationen eingestellt und wegen ihrer fehlenden Persönlichkeit gefeuert. Was wirklich überzeugt, ist – so bestätigt auch Personalistin Manuela Lindlbauer - die Persönlichkeit. Grund genug, die ICH-Marke zu ent-wickeln und als Markenpersönlichkeit zu agieren. Leistungen sind austauschbar, die Menschen dahinter nicht.

Wir lassen uns von Marken leiten. – Weil das Informationsüberangebot sonst nicht mehr zu bewältigen wäre. Marken helfen uns bei der (VOR-)Selektion. Und wir entscheiden dabei nicht nach rationalen Überlegungen, sondern die Emotionalität der Marke hilft uns blitzschnell und effizient, die Angebotsvielfalt auf eine überschaubare Größe zu reduzieren. Es geht vor allem um eine Reduktion von Komplexität.

Marken-Geschichte

Schon die Römer kannten Markenzeichen auf Keramik oder Silber. Geschichtlich gesehen war die Entwicklung von Marken ein gesellschaftlicher Prozess gegen die Anonymität und Vereinheitlichung. Dinge sollten kenntlich und unterscheidbar gemacht werden. Anfangs galt die Marke nur als Hersteller-Bezeichnung; daraus entwickelte sich eine Qualitätsauszeichnung. Ist die Marke einmal als Qualitätssymbol etabliert, kommt es zur höchsten Stufe, wenn die Marke im kollektiven Bewusstsein der Menschen verankert ist; man spricht dann von „Verkehrsgeltung“.

Die Geburtsstunde der Marke in aktueller Marketingsicht schlug 1911. J. Walter Thompson schrieb in seinem Buch „Things to know about trademarks“, dass ein Hersteller die Macht des Handels ausschalten könne, wenn er eine starke Marke schafft.

Juristisch hat der Markenbegriff in der Markenrichtlinie, im Markenschutzgesetz und in der Gemeinschaftsmarkenverordnung exakt den gleichen Wortlaut. Als Marken können demnach alle Zeichen eingetragen werden, die sich grafisch darstellen lassen. Ob Wörter oder Abbildungen, Buchstaben oder Zahlen, Form oder Aufmachung der Ware - Voraussetzung ist, dass sie geeignet sind, Waren oder Dienstleistungen eines Unternehmens von denjenigen anderer Unternehmen zu unterscheiden. Unterscheidbarkeit – samt klarer,

eindeutiger, in sich abgeschlossener, verständlicher, dauerhafter grafischer Darstellung – ist rechtlich oberstes Marken-Kriterium.
Als Kennzeichen, um Waren und Dienstleistungen voneinander zu unterscheiden, ist viel mehr möglich als nur ein peppiger Begriff. Das Patent- und Markenamt nennt folgende Beispiele:

- Wortmarke (z. B.: Siemens)
- Bildmarke (z.B.: die springende Raubkatze von „Puma")
- Wort-Bild-Marke (z.B.: das „Bayer-Kreuz")
- Dreidimensionale Figuren (z.B.: die Kühlerfigur von Rolls-Royce)
- Hörmarken (z.B.: Erkennungsmelodien bei Radiosendern)
- Farben, Farbkombinationen, Zahlen
- Einzelbuchstaben wie auch Gruppen von Buchstaben

Brandmarken und Briefmarken - einer Markierung folgen...

Schifahrer im hochalpinen Bereich bzw. Tourengeher wissen um die Bedeutung: wenn das Wetter umschlägt und man sich in Nebel oder Schneesturm von einer Markierung zur nächsten hantelt. Da ist es wieder, das nötige Vertrauen in die Marke – und sogleich wird die segensreiche Kraft der Orientierung wirksam. Ich kann mich darauf verlassen, wenn ich der Markierung folge, komme ich wohlbehalten zum Ziel. Beobachten Sie Hunde und Katzen, wie jene ihre Reviere kennzeichnen; ja, sie markieren. Um zu zeigen, „das ist mein Reich, hier hat ein anderer nichts verloren!"

Und die englische Bezeichnung der Marken wird plausibel, wenn Sie sich die Rituale mit Viehherden vor Augen führen: die Tiere erhalten Brandzeichen; um zu zeigen, diese gehören zusammen – in einen gemeinsamen Stall. Branding, Markenbildung bedeutet letztlich nichts anderes als öffentlichkeitswirksam klarzustellen: dies ist eine in sich geschlossene Identität. Die Assoziation mit den – erfolgreich dem Internetzeitalter trotzenden – Briefmarken macht zudem klar, dass es sich hier um Werte handelt. Obwohl das Format der Briefmarke sehr klein ist, trägt sie eine große Botschaft. Sie ist Zeugnis einer Kultur und verbindet die Herzen zwischen Sender und Empfänger. Die Briefmarken kennen keine Grenzen und sind Brücken zwischen Völkern und Ländern. Sie sind jedenfalls mehr als seelenlose Belege für bezahlte Gebühren. - Im Juni 1850 kam die erste österreichische Briefmarke in Umlauf. Und aus Österreich stammt die seltenste reguläre Marke Europas, die „Zinnoberrote Merkur" – im Wert von rund 80.000 Euro. Weit teurer ist die „Blaue Mauritius", Symbol der teuersten Marke der Welt, die sie aber gar nicht ist. Die Briefmarken-Hitparade führt nämlich die rote 1-Cent „British Guiana" an, 1856 erschienen, mit einen Wert von rund vier Millionen Euro.

Marke erfüllt Träume

Produkte sind austauschbar; Marken nicht. Produkte werden beworben, Marken werden erlebt. „Die Massenfertigung befriedigt Bedürfnisse", hebt Alberto Alessi hervor, „Alessi erfüllt Träume!"
Die Marke weckt Träume! Träumen Sie vom Urlaub – dann TUI! Träumen Sie vom materiellen Reichtum, spielerisch errungen – dann Casinos Austria oder/und Novomatic! Träumen Sie von einer Top-Gesundheitsbetreuung – dann her mit der Zusatzversicherung von ....
Es geht um Emotionalität, um Mystik, um Sexappeal: so ist es leichter, mit einem Traumauto zu faszinieren als mit einem Vernunft-PKW...
Die Marke ist Glaubenssache, kein rationaler Gegenstand. Marken reflektieren individuelle und kollektive Sehnsüchte – jenseits des reinen Produktnutzens.
- Kleiner Vorgriff auf die „ICH-Marke": wie legen Sie Ihr Leben an? Als Pflichterfüllung, als Abarbeiten des verordneten Plansolls? Ist Ihr Dasein davon bestimmt, die Bedürfnisse von Partner, Kindern, Chef und KollegInnen zu erfüllen? Oder ist da ein Traum in Ihnen? Pulsiert da eine Sehnsucht? Will sich gar eine Leidenschaft, eine starke Neigung (siehe „Guru-Faktor") in Ihrer „ICH-Marke" verwirklichen?
Die Marke zeigt gerade auch uns Menschen sehr deutlich: es lohnt sich, den Traum zu leben – raus aus der Masse der Mutlosen, Netten und Angepassten!

Marken als Milliardenwerte

Es muss schon etwas d'ran sein – an der „heißen Luft" rund um starke Produkt- und Markenkerne: der Wert der internationalen, aber auch schon nationalen Top-Marken wird in Milliarden Euro angegeben. Und die 100 Topmarken steigern selbst in wirtschaftlich schwierigen Zeiten ihren Wert um 17 Prozent pro Jahr.
Die teuerste Marke der Welt (2011) ist – nein: nicht mehr jene, die über Jahrzehnte die Rankings angeführt hatte: *Coca Cola* mit einem Wert von rund 74 Milliarden US-Dollar ist auf Rang 6 abgerutscht – laut *Millward Brown APPLE* dank *iPhone* und *iPad*; 153 Mrd. Dollar schwer hat sie Suchmaschinenbetreiber *Google* (112 Mrd.) vom obersten Stockerlplatz, der immerhin vier Jahre gehalten hatte, gestoßen. Mit rund 100 Mrd. folgt *IBM* auf Platz 3. *Apple* hat es geschafft, seine spielerischen Objekte der Begierde mit dem Flair

von Luxusgütern zu versehen: Der höhere Preis schreckt nicht mehr ab, sondern erhöht sogar den Kaufanreiz. *McDonald's* als 4. ist 81 Milliarden Dollar wert, der 5. *Microsoft* wird mit 78 Mrd. Dollar bewertet. Neun von zehn der mächtigsten Marken stammen aus den USA, nur der weltweit größte Mobilfunkanbieter, *China Mobile*, durchbricht als 9. – nach *AT&T* und *Marlboro* – die Phalanx. 10. ist *General Electric* mit 50 Mrd. Dollar Wert.

Ein Drittel der Top 100 gehören zu den Bereichen Technologie und Telekommunikation. Am stärksten zugelegt haben Versicherungen. Muskeln zeigt auch der Bereich Fast Food, weil sich Burger, Pizza und Kaffee in Pappbechern – für Genießer ja nicht wirklich nachvollziehbar - auch bei den Chinesen immer größerer Beliebtheit erfreuen.
Bei den Autos bleibt *Toyota* an der Spitze, gefolgt von *BMW* und *Mercedes*. Neu im Ranking auf Platz 35 ist das soziale Netzwerk *Facebook*, das sich auch über den spektakulärsten Zuwachs freuen kann: Um 243 Prozent stieg der Markenwert. Die stärkste europäische Marke ist *Vodafone*, gefolgt von *Nokia* und der deutschen *Telekom*. Der einzige „Österreicher" im Ranking ist *Red Bull* auf Platz 93, mit rund 13 Milliarden Euro Markenwert, gefolgt von *Swarovski* (4 Mrd.), *Telekom Austria* (3 Mrd.), *Raiffeisen, Novomatic, Casinos Austria, Spar Österreich, Erste, ÖBB* und *Vienna Insurance Group* (1,1 Mrd).

Marken-Treffer

Selbst die europäischen Spitzenfußball-Klubs stellen ausgewachsene Marken mit entsprechendem Wert dar. Diesen berechnete *Futurebrand* anhand der *Uefa*-Platzierungen, der Größe der Anhängerschaft, der Markenstärke im Verhältnis zur Konkurrenz und der Fähigkeit der Klubs, Einkommen jenseits der Ticketverkäufe zu erzielen: Top-Fußballmarke der Welt ist demnach Manchester United mit 290 Millionen Euro Markenwert. Gefolgt von *Real Madrid* (280 Mio.), *AC Milan* (195 Mio.), *Bayern München* (148 Mio.), *Barcelona* (140 Mio.), *Juventus* (130 Mio.), *Arsenal* (110 Mio.), *Inter Milan* (96 Mio.), *Borussia Dortmund* (84 Mio.) und an 10. Stelle *Liverpool* mit 83 Millionen Euro Markenwert. Dass unter den Top-30 kein österreichischer Verein aufscheint, wird wenige überraschen...

„Wenn ein Mops gegen einen Bernhardiner antritt und verliert, wird es nicht sehr sinnvoll sein, dem Mops Vorwürfe zu machen und den Mopstrainer auszutauschen. Ein Mops kann gegen einen Bernhardiner nicht gewinnen!"
Guido Tartarotti (über Österreichs Fußballteam)

Meistgesucht und höchst vertrauenswürdig

Weltweit gibt es weit mehr als 10 Millionen registrierte Markenzeichen. In Österreich sind circa 100.000 Marken angemeldet, pro Jahr kommen Tausende dazu.
Und stets geht es darum, gerade in Zeiten des Wandels, Vertrauen zu erwerben Das Medien- und Marketingunternehmen *Reader's Digest* zeichnet jährlich die „vertrauenswürdigsten Marken" mit dem *Pegasus Award* aus. Im Herbst 2011 lautet die zentrale Botschaft: Wer sich für Umwelt und faire Produktion einsetzt, kommt bei den Verbrauchern an.
Erstmals verlieh *Reader's Digest* auch eine Auszeichnung für nachhaltiges Wirtschaften im Sinne von „faire Produktionsbedingungen": Dabei kam das Produktsiegel *Fairtrade* auf Platz eins, gefolgt von den Unternehmensmarken *Frosch, Tchibo* und *Miele.*
In den 33 von der Studie *European Trusted Brands* - der größten Verbraucherstudie des Kontinents - untersuchten Produktkategorien von A wie Automobile bis Z wie Zahnpasta / Mundpflege setzten sich vor allem Markenklassiker wie *Aspirin, Frosch, Maggi, Miele, Nivea* und *TUI* erneut an die Spitze der vertrauenswürdigsten Marken. Allerdings legen die Verbraucher zunehmend Wert darauf, dass sich die Marken ihrer Wahl für die Gesellschaft und die Umwelt einsetzen.
In den letzten 10 Jahren zeigt sich die Treue der ÖsterreicherInnen zu folgenden bevorzugten Unternehmen/Marken: Auto – *Volkswagen*, Küche – *Miele*, PC – *IBM*, Mobiltelefon – *Nokia*, Kamera – *Canon*, Reisen – *TUI*, Bank – *Raiffeisen*, Kreditkarte – *Visa*, Versicherung – *Uniqa*, Internet – *AON*, Tankstellen – *OMV*, Mineralwasser – *Römerquelle*, Vitamine – *Roche Supradyn*, Schmerzstiller wie auch Erkältungsmittel – *Aspirin*, Zahnpaste – *Odol*, Haarpflege – *Schwarzkopf*, Kosmetik wie auch Hautpflege – *Nivea*, Waschpulver – *Persil.*
Die Top 3 waren: *Nokia* (68 Prozent vertrauenswürdig), *Austrian* (Airlines mit 64 %) und *Nivea* (60 %). Im europäischen Vergleich genießt kein anderes Label so großes Vertrauen wie *Nivea*. Außer in Österreich kam *Nivea* in 15 weiteren Ländern in der Kategorie Hautpflege auf den ersten Platz. Übertroffen wurde *Nivea* nur vom finnischen Handyhersteller *Nokia*, der in allen 18 Ländern, in denen die Umfrage durchgeführt wurde, den Spitzenplatz bei Mobiltelefonen erreichte.

„Ist auch dein Kreis unscheinbar, eng und klein,
erfülle ihn mit deinem ganzen Wesen."
Homer

„Markenvertrauen“ verringert Risiko

Was heißt schon „Markenvertrauen“?! Vertrauen ist – auch im Wirtschaftsleben – tatsächlich fundamental: Laut Studien der *Birmingham Business School* bedeutet Markenvertrauen für den Konsumenten Minimierung von Risiken bei der Kaufentscheidung. Vertrauen entsteht, wenn das wertvolle Innere in der äußeren Form wahrnehmbar ist. Dann beginnt man auch, sich mit der Marke zu identifizieren.
Dieses Vertrauen als psychologischer Zustand stärke die Kaufloyalität, die Treue und bewirke, dass Konsumenten auch allfällige Krisen akzeptieren.
Markenvertrauen ist somit das Fundament, auf dem Marktbeziehungen laufen und sich entwickeln können.
So sind die schlimmsten Verbrechen an einer Marke, wenn dieses Vertrauen geschädigt wird. Der als „frisch, saftig, heimisch“ vermarktete Apfel, auf dessen Packung das klein aufgedruckte „Herkunftsland Brasilien“ entdeckt wird, lässt nicht nur den Verein für Konsumenteninformation poltern…

Marken sind und schaffen EMOTION – poetic value

Marken sind Energiesysteme, emotionale Kurztelegramme, die somit in der für Bildinhalte / Gefühle vorrangig verantwortlichen rechten Gehirnhälfte verarbeitet werden. Das ist jener Hirnteil, der nicht von Informationen, wie sie tagtäglich in Fluten auf uns einströmen, übersättigt ist. Für die Ratio ist nämlich eher die linke Hirnhälfte zuständig. Hier ist „Abfertigungsstopp“, hier geht nichts mehr. Arbeitsüberlastung rund um die Uhr, heißt es in diesem Hirnteil. Und deshalb ist es so fatal, wenn wir andere mit – noch mehr – Worten, stichhaltigen Argumenten und gar Expertisen überzeugen wollen: wir haben kein Fassungsvolumen für derlei Buchstabenmeere frei. Daneben würde sich aber die rechte Hirnhälfte über Bilder freuen; über Gefühle, Empfindungen... Marken schaffen den Weg deshalb in unsere Hirne, weil sie einen Umweg nehmen und über's Herz kommen... Sie versprechen uns Heimat, Freude, Glück, Luxus, Gesundheit, Wohlbefinden, Reichtum, Erotik (das beste aller Versprechen...). „Poetic value“ ist das Stichwort, womit der Bogen von der industriellen Massenproduktion hin zu poetischen Werten der Individualität gespannt wird.
Produkte entstehen in den Fabriken, Marken in den Köpfen und Herzen der Menschen. Die Marke ist ein Versprechen, das beim Nutzer einen Vorteil kreiert. Die Betriebswirtschaft versteht unter einer Marke ein im Kopf des Konsumenten verankertes Vorstellungsbild einer Leistung. Positiv beeinflusst sie das Kaufverhalten, wenn die Markierung einen „added value“ wahrnehmen

lässt. Damit wird klar, dass dieser Marken-Zusatznutzen nicht mit Konzepten, Broschüren vermittelt werden kann: man muss eine Marke fühlen, spüren, tasten, kosten, riechen, sehen, - man muss sie mit allen Sinnen erleben!
Den Gipfel im Bezug auf Bekanntheit, emotionale Bindung und Qualitätswahrnehmung nehmen die sogenannten „Love marks“ ein, die durch ihren besonderen „Spirit“, durch ihren Nimbus des Geheimnisvollen, magnetisch anziehen...
Markenleistungen zu emotionalisieren, ist gut und richtig. Was nicht heißt, Markenleistungen durch leere Emotionshülsen (von „geil“ bis „ultracool“) zu ersetzen; das ist absolut kontraproduktiv. Denn Konsumenten reagieren äußerst allergisch, wenn das Markenversprechen als Schall und Rauch verpufft.
Marken inszenieren deshalb Erlebnisse: sie geben den Konsumenten mehr als bloß Vertrauen, Sicherheit und Orientierung. Events als Teil des Erlebnismarketings sorgen für Emotionen, die über das Mittelmaß des Alltags hinausgehen. Im Optimalfall passiert „Transformation“: Das Erlebnis der Marke in einer aufgeladenen Stimmung (etwa am Fußballplatz oder in der Beachvolleyball-Arena) lässt mich zu einem anderen Menschen werden; ich habe das Gefühl, ich verwandle mich: zu einem erfolgreicheren, humorvolleren, gelösteren, interessanteren, gefragteren, schöneren, begehrteren, besseren, zufriedeneren Menschen…

Raus aus dem Mittelmaß: Marken polarisieren

Die stärksten Emotionen ranken sich um Liebe und Hass. „Ohne Lovers und Haters gibt es auch keine Marke“, befindet der Münchner Kommunikationsberater Peter Martin. So müsse sich eine Marke messerscharf positionieren, sie müsse polarisieren, sie müsse von den einen geliebt und von den anderen gehasst werden.
Das Schlimmste, was einem Produkt, aber auch einem Menschen passieren kann, ist, keinerlei Gefühle – weder Zustimmung noch Ablehnung - auszulösen. Ja, nicht einmal wahrgenommen zu werden. „Was, der B. war auch auf dem Fest? Der ist mir gar nicht aufgefallen...“ – Schlimm, wenn dieser Satz fällt; egal, ob er vom Personalchef oder jener Dame stammt, die er, der Unsichtbare, gerne kennengelernt hätte, wenn er doch ein bisserl mehr Mut gehabt und wenn die Umstände entsprechend gewesen wären, dass....

Das Mittelmaß mag ein wohliger Aufenthaltsort sein; gut für eine Regenerationspause. Marken dürfen aber keinesfalls „Hüter der Mittelmäßigkeit“ sein, wie Günther Botschen vom *Institute of Brand Logic* warnt: „Die meisten Unternehmen leiden unter hochgradiger Austauschbarkeit. Sie fallen nicht auf, bleiben kaum in Erinnerung und entwickeln keine besondere Bindung zum Publikum. Sie haben die ursprüngliche Besonderheit, das Profil und das unternehmerische Selbstbewusstsein eingebüßt."

The brand is the difference...

„Differentiate or die!" So lautet der Schlachtruf und Buchtitel des Markenexperten Steve Rifkin. Unterscheide Dich oder stirb! Das Ziel in unserer Massenkommunikationsgesellschaft lautet: anders sein – um überhaupt noch die Chance zu haben, wahrgenommen zu werden. Branding verwischt die Austauschbarkeit der Produkte wie Menschen. Marke statt Masse!
Eine Marke wird auf emotionaler Ebene verstanden. Sie ist eine Art Vorurteil - im Sinne eines Voraus-Urteils. Daher stellt die Kommunikationspolitik das Kernstück der Markenstrategie dar, eine Markenpersönlichkeit mit einheitlichem Profil zu schaffen.
„Nicht alles ist eine Marke, was als Marke daherkommt", stellt Top-Werber Mariusz Jan Demner klar: „Für mich handelt es sich um eine Marke, wenn sie über einen gewissen Magnetismus, Persönlichkeit und Charakter verfügt - was ihre Anziehungskraft ausmacht. Marken sind Lebewesen, die unsterblich sein können, wenn sie gut gepflegt werden. Marken sind keine Ware mit Ablaufdatum. Marken sind Werte, die sich in den Köpfen, in den Herzen der Menschen einprägen und Orientierung verschaffen bei einem unglaublichen Overkill des Angebotes."

Im Zentrum der Emotion: der Marken-Kern / die „Marken DNS":

Bei aller Bedeutung der emotionalen Komponente der Marken, so muss ein greifbarer, starker, messbarer, Markenkern vorhanden sein. Im Zentrum sind die Kerneigenschaften, die Produktqualität, der Grundnutzen, die „core competence".
BMW hat als Fundament ein gutes Fahrzeug; *Coca Cola* die seit Jahrzehnten gleichen, streng geheimen Ingredienzien einer Erfrischungslimonade.
Man kann eine „Marken-DNS" freilegen: im medizinischen Bereich war die Entdeckung der DNS als Bausteinsystem unseres Körpers und als Träger der Erbinformation eine sensationelle Errungenschaft. Die Funktionsweisen vieler Organe wurden damit gelüftet. Und auch Marken funktionieren nach einem bestimmten System. Mit der Markenkern-Analyse werden die wesentlichen

Kriterien der Marke, die Markenwerte sichtbar gemacht: die wichtigsten, positivsten und am häufigsten vorkommenden Markenwerte, die „core values“, sind im Markenkern – über Zeittrends hinweg – bleibend angesiedelt.

Markenvitalität & Mythen

Der Markenkern vereint jene Eigenschaften und Werte, die Bestand haben. *Nivea* und *Manner*-Schnitten weisen seit Jahrzehnten einen gleich bleibenden Kern auf; die streng gehüteten Formeln der Inhaltsstoffe werden von Generation zu Generation in Tresoren aufbewahrt. Doch Marke ist keine „Zwangsjacke“: Marke lebt. Denn rund um den Kern wirkt die „Marken-Vitalität“. Damit sind jene Faktoren umschrieben, die trotz Markenkontinuität veränderbar sind. Jede Marke braucht die Balance zwischen Stabilität und Erneuerung; das heißt: sie ist auf „Energiezufuhr“ angewiesen.
Erst Geschichten im Verbund mit der Kern-Identität schaffen die Magie der Marke. Hier kommt wieder der „poetic value“ ins Spiel. Was kann die Marke für Geschichten erzählen, welche Phantasien und Sehnsüchte kann sie auslösen?
Aus dem Überangebot hunderttausender Produkte und auch zehntausender eingetragener Marken („eingetragen“ heißt noch nicht, dass die Marke lebt!) heben sich jene ab, die mit einer Geschichte rund um die Marke oder – als höchste Steigerungsform – einem Mythos faszinieren können.

Das Wesen der Marke

„Die Marke (brand) hebt das Produkt in eindeutiger Weise hervor und unterscheidet es von den Wettbewerbern“, so der amerikanische Marketing-Experte Philip Kotler. Der *Brockhaus* definiert die Marke als „Firmen-, Wort oder Bildzeichen, das die Herkunft aus einem bestimmten Herstellerbetrieb kennzeichnet und gegenüber dem Käufer für Qualität bürgt“. Laut gleicher Quelle werden Innovationskraft und Produktkompetenz des Herstellers häufig mit Marken assoziiert. Produkte mit Markennamen nehmen einen höheren Stellenwert ein als ähnliche ohne Marke.
„Marken sind Instrumente symbolischer Kommunikation, sie schaffen Sozialkapital und Aufmerksamkeit; sie garantieren Prestige, Image und Reputation“, erklärt Matthias Karmasin. „Marken sind Merkmale sozialer Distinktion. Und diese geht sehr weit: Sage mir, welches Auto du fährst, welche Schuhe du trägst, von wem dein Anzug und deine Uhr sind, und ich sage dir, wer du bist...“ Markennutzer werden zu einer virtuellen Gemeinschaft.

Was hinter der Marke steht, hat der Inhaber einer Erfolgsmarke treffend definiert: "Build your product with integrity, stand behind it 100 percent and success will follow." - Schaffe ein Produkt mit Integrität, stehe hundertprozentig dahinter und der Erfolg wird sich einstellen...
„Genau betrachtet ist die Marke eine Mischung sich ergänzender physischer, rationaler und emotionaler Kaufanreize", befindet Fritz Fuchs: „Bei Markenqualität geht es letztlich nicht um die objektiven, sondern um die subjektiven Eigenschaften. Und diese sind ausschließlich von der individuellen Wahrnehmung (des Käufers) abhängig." Unbestritten zeichnen sich starke, gesunde Marken durch einen unverwechselbaren Markenkern samt klarem Produktversprechen aus.

Marken zum Leben bringen

„Was ihr nicht erlebt, werdet ihr nicht begreifen", meinte schon Goethe. „Man muss die Marke zum Leben bringen, von den Menschen einatmen lassen", betont auch Günter Hofmann; „nur ein Gesamtkonzept, das rationale und emotionale Dimensionen vermittelt, wird auf Dauer den Erfolg einer Marke stützen."
„Marken sind die Haltegriffe der Orientierung; sie sind eine Selektionshilfe in Nullzeit", formuliert Hans Bachmann, „eine Marke ist verdichtete Information; sie ist Vertrauen, Kontinuität und erspart Zweifel und Zeit beim Kaufakt."
Ihrem Wesen nach sind Markenartikel Versprechen: ein Name steht für Qualität einer Ware/Dienstleistung/eines Angebots. Marken sind Leuchtfeuer, Erinnerungskürzel in den Köpfen der Kunden; Marken geben Entscheidungshilfe.
„Der Wert einer Marke ist direkt proportional zum Wert des Vertrauens, den die Leute in die Marke haben. Branding ist die einzige Basis für Werbung und Promotion", hebt Larry Light hervor.
Was den Zauber einer Marke ausmacht, ist der psychologische „Mehr-Wert": Produkte ohne Namen mögen den ursprünglichen Bedarf abdecken; den mitlaufenden Wunsch nach sozialer Anerkennung oder Erhöhung des Selbstwertgefühls vermögen sie nicht im geringsten zu befriedigen.

„Produkte können noch so hoch in ihrer Produktqualität, noch so angemessen in ihren Preisen, noch so gut in ihrer Distribution, noch so raffiniert in ihrem ökonomischen Kalkül sein - nur wenn es ihnen zusätzlich gelingt, die Aufmerksamkeit von Konsumenten zu erregen, für sie interessant zu sein, von ihnen als wünschenswert, nützlich und befriedigend betrachtet zu werden, sind sie erfolgreich", schreibt die Marketingexpertin und Unternehmensberaterin Helene Karmasin in ihrem Buch «Produkte als Botschaften». - Der Konsument

fragt sich: Was kann ein Produkt für mich tun; zweitens: was bedeutet es für mich?!
Mit dem über den bloßen Gebrauchswert angereicherten „Mehrwert“ werden Produkte unverwechselbar, einzigartig. Karmasin: „Produkte sind für den Einzelnen weit mehr als Objekte, die instrumentelle Leistungen bringen. Sie sind auch Zeichen, mittels derer er ausdrücken kann, wer er ist, welche Werte er als sinnvoll empfindet, was er als moralisch oder ästhetisch ansieht, was er anstrebt, hofft und fürchtet. Das heißt, Produkte sind auch und vielleicht sogar vorrangig Zeichen, die Wertewelten transportieren.“
Eine Umfrage des Linzer «Market-Institut» ergab: Bereits im Alter von zwei Jahren nehmen Kinder Marken wahr. Ab drei Jahren beginnen Kinder, ihre Eltern zum Kauf bestimmter Marken zu drängen. Und diese „Markenwertigkeit“ prägt sich im Laufe der kindlichen Entwicklung schnell ein: Beispielsweise *„Levi's“* wird von 22 Prozent der 6- bis 14jährigen als liebste Bekleidungsmarke genannt (vor *Nike* und *Adidas*); jedes vierte Kind hat einen *Nintendo* Mini-Kultcomputer, gefolgt von der *Sony Play Station.*
Die Marke ist oft ein unüberbietbares Verkaufsargument. Wer demnach in die Marke investiert, erzielt einen hohen “Return on Investment”.
„Marken schafft man nicht, man bekommt sie“, ist Arnold Weissmann überzeugt. „In den heutigen Märkten kann man nur mehr die Voraussetzungen dafür schaffen, dass ein Produkt oder ein Unternehmen zu einer Marke werden möge. Und zwar durch eine andersgeartete Positionierung.“

No name, no fame

„Nur wer sich selbst treu ist, kann mit der Treue seiner Kunden rechnen. Gravierende Änderungen können Marken zerstören“, ist Klaus Brandmeyer überzeugt. Manche haben eine, viele wollen eine, ganz wenige sind eine, alle bräuchten sie: die Marke - als Treibstoff für mehr Markt(=Lebens)-anteile.
„Marken sind ein besonderes Versprechen für besondere Leistungen. Sie symbolisieren perfektes Know-how und höchsten Standard“, erklärt Thomas Otte. Dieses Leistungsversprechen geht Hand in Hand mit der Differenzierung von der Konkurrenz.
Der Trend zu Markennamen macht in den USA selbst vor Babies nicht Halt: hunderte Mädchen wurden nach dem Designer „Armani“ getauft; andere „Chevy“ (Auto), „Canon“ (Kamera) oder „Courvoisier“ (Cognac)...

Professioneller Markenaufbau beginnt mit strategischen Vorleistungen beim Namen: „No name, no fame“ - ohne guten Namen kann keiner „berühmt“ werden... Der Name ist der treueste Begleiter eines Produktes. Bei Namensschöpfungen gilt es deshalb, vorausblickend und überlegt vorzugehen, um eine Identifikation zwischen Namen und Produkt zu erreichen. Herbert Antonizt, Geschäftsführer von «Nomen International Österreich», verweist auf die Problematik kultureller Unterschiede und linguistischer Fallstricke, etwa bei Autonamen, die weltweit Erfolg haben sollen: „‚Pajero‘ klingt in unseren Breiten dynamisch, in Lateinamerika steht's für ‚Masturbieren‘; ‚Jetta‘ heißt in Italien ‚wegwerfen‘ und ‚Uno‘ schimpfen die Finnen einen ‚Idioten‘“. - Jeder Name schafft eine Erlebniswelt. Darauf baut die Differenzierung auf, die das Einzigartige hervorkehrt. Danach erfolgt der Schutz des Namens: die Konkurrenz mag ein Produkt nachahmen, nicht jedoch den Namen... Mit dem Namen wirbt man um das Vertrauen der Kunden. Henry Ford formulierte elegant: „Was gut für Ford ist, ist gut für Amerika...“

Brand Audit

Konsequenter Aufbau und Pflege einer Marke machen aus einem Produkt ein exklusives Ereignis. Werbeguru David Ogilvy predigte: „Wir arbeiten nicht für uns selbst, nicht für die Agentur, nicht für den Kunden. Wir arbeiten für Marken.“
Diese Arbeit startet mit der Suche nach der Seele des Produktes, dem ureigensten Charakter. - Was sind die Faktoren, die den Markenkern deines Produkts ausmachen? Welche Bilder ruft die Marke im Kopf ab?
In diesem “Brand Audit” werden die positiven und negativen Meinungen, Gefühle, Empfindungen und Überlegungen über das Produkt gesammelt. “Pulls” zeigen die Konsumentenmeinungen auf. Vielfach versucht man, Eigenschaften des Produkts mit menschlichen Charakterzügen zu vergleichen bzw. Bildcollagen anfertigen zu lassen. In einer “Brand Probe” können einige Dutzend Konsumenten über die Vor- und Nachteile des Produkts befragt werden.

Nach Auswahl der aussagekräftigsten Meinungen wird ein “Brand Print” erstellt: also eine Art Finger-oder Fußabdruck jener unverwechselbaren, einzigartigen Markenanteile. Sämtliche die Marke prägende Faktoren werden in Wort und Bild dargestellt.
Es wird weiter verdichtet und gefiltert: erst der Extrakt aller Markenassoziationen führt zur Markenfestlegung, als Basis für die Markenführung.
Die “Selling Strategy” ist die daraus resultierende Überzeugungsstrategie, wie die Marke kreativ beworben werden soll.
In den vielfältigsten Promotion-Anstrengungen (vom “Brand Bundling” bis zum Imagetransfer) wird eine klar fundierte Kernbotschaft möglichst dramatisch, auffällig und markant umgesetzt. Werbung und Imagepflege verankern

die positiven Eigenschaften im öffentlichen Bewusstsein. Damit wird Vertrauensbildung und Identifizierung ermöglicht. Kontinuierliche Produkt-Mailings bewahren den regelmäßigen Kontakt mit den Zielgruppen.
In regelmäßigen "Brand Checks" wird die konsequente Markenführung kontrolliert und geprüft, ob der „Brand Print" noch passt oder modifiziert werden muss.
„Nur wenn wenige Schlüsselsignale genügen, eine Marke zu erkennen, dann hat sie Brand-Charakter", betont Natascha Fellner.

Das Energiesystem Marke – „Brandland"

*Versprechen, Subj. Wahrnehmung (Kunde/Käufer), Erlebnis, emotionale Aufladung und „spiritueller Mehrwert"

Die Marke weist einen starken Kern auf, wo die Kompetenz, die Produktqualität, die Leistung, der Grundnutzen angesiedelt ist. Doch die Marke lebt vom Zusatznutzen; sie ist Produkt- bzw. Markenkern PLUS Versprechen. Funktion PLUS Feeling. Argument PLUS Gestalt. MIND & MOOD. Das Produkt wird durch die emotionale Aufladung zur Marke. Für eine Marke ist nicht nur der Inhalt wichtig, sondern auch der Klang, der Stil, der Tenor, der Sinn, die Geschichte rund um die Marke. Ein Label braucht eine Fabel. Die Marke braucht den „Talk-Faktor"; man muss über sie sprechen. Eine Marke wird auf emotionaler Basis verstanden. Sie ist eine Art Vorurteil - im Sinne eines Voraus-Urteils. Daher stellt die Kommunikationspolitik das Kernstück der Markenstrategie dar, eine Markenpersönlichkeit mit einheitlichem Profil zu schaffen.

Die Geheimnisse erfolgreicher Marken:

Was können Marken? Warum sind sie so wertvoll?
Was ist das Faszinierende an ihnen?

Marken geben Orientierung: in einer ungeheuren Flut an neuen Produkten und Entwicklungen sind uns *Apple, Google, Coca Cola, Microsoft* und *Nivea* „Haltegriffe“ im verwirrenden Überangebot. Wir wissen, was wir erwarten dürfen, wir bekommen, was wir wollen.

Marken sind Garanten, geben Sicherheit: *Nivea* (der Name der weißen Creme ist abgeleitet vom lateinischen Wort für Schnee: nix, nivis) ist Garant für Reinheit und Gepflegtsein. Wenn der Österreicher in fernen Ländern in „seine“ *Austrian* Maschine einsteigt, wächst in ihm sogleich das Gefühl von Sicherheit, „sich zu Hause zu fühlen“.

Marken haben hohe Glaubwürdigkeit und somit einen „Ehrenplatz“ im Kopf; idealerweise im Bauch – wo die nächste Kaufentscheidung fällt.

Marken sind „top of mind“: wenn Sie z.B. an Katzennahrung denken, was fällt Ihnen dann zuerst ein? („Katzen würden W. kaufen“...)

Marken fallen auf; sie brauchen keine langen Erklärungen.

Marken weisen Einzigartigkeit auf; sind anders als die anderen.

Marken unterscheiden, distanzieren sich von anderen.

Marken wecken angenehme Assoziationen und positive Vorurteile.

Marken signalisieren Tradition, Marktführerschaft, Innovation.

Marken stehen für Qualität, Leistung, Verlässlichkeit, Kompetenz.

Marken sind Wirtschaftssysteme und Leistungsspektren.

Marken besitzen und liefern eine ausgeprägte Identität.

Marken sind unverwechselbar, einzigartig.

Marken haben ein Flair von Exklusivität, Besonderheit, Stil.

Marken leben von Authentizität, Originalität.

Marken müssen sich nicht erklären: z.B. *BMW* = Auto = Freude am Fahren

Marken strahlen Exklusivität aus.

Marken befähigen zum Transport einer Idee sowie von Emotionen.

Marken sind Telegramme, die die Welt des Produktes signalisieren.

Marken bedeuten für den Konsumenten Prestige: Der Käufer fühlt sich „veredelt".

Marken wirken wie Botschaften, die dem Konsumenten Sicherheit geben.

Marken repräsentieren Geschichte, Zukunft, Stolz...

Marken sind mit positiven, persönlichen Erinnerungen verknüpft.

Marken lassen Vertrauen entstehen; wirken vertraut.

Marken sind mit einem Auftritt sofort wiedererkennbar.

Marken sind (juristisch) einwandfrei.

Marken sind langfristig einsetzbar.

Marken sind wertvolles (Unternehmens-)Kapital.

Marken schaffen Mehr-Wert.

Marken leben von ihrer Glaubwürdigkeit.

Marken stehen für gewissen Standard,
für Werte und ein bestimmtes Lebensgefühl.

„Die Marken sind die Dampfmaschinen der postindustriellen Welt –
das eigentliche Kapital der Wissensgesellschaft.
Marken sind die Götter der Konsumgesellschaft;
sie sind Image-Markierungen im kollektiven Gedächtnis des Marktes."
Ralf Grauel

„Das Größte am Menschen ist nicht seine Konsumfähigkeit,
sondern der göttliche Funke,
der ihm mit der Geburt ins Herz gelegt ist."
Heini Staudinger

4 SchwerKRAFT: Der GURU in Ihnen – Führung zur Expertise

„Der Mensch ist keine Kosten-Nutzen-Rechnung“, appellierte der große Kardinal Franz König. Und relativierte damit die Marketing-Sicht. Denn man kann zweifellos jeden Menschen mit dem technischen „Branding“-Wissen zur Marke stilisieren und inszenieren. Der Schein ist jedoch mit erheblichem Aufwand verbunden; und so wird sich letztlich immer nur Authentizität durchsetzen. – Wie aber kann man die Authentizität „greifen“, „anpacken“, um diese als Basis einer wertorientierten Marken-Bildung zu nutzen und darauf eine tragfähige, strahlende ICH-Marke aufzubauen bzw. zu veredeln?
Die Antwort liegt im hiermit vorgestellten „Guru-Faktor“.
„Der ständige Wandel, der diese Welt prägt, hat eine entscheidende Grenze: ausgenommen und unberührt von allen Äußerlichkeiten ruht der innere, göttliche Wesenskern ATMAN. Atman - das Göttliche in uns, das schon vor unserer Geburt existiert hat und unseren körperlichen Tod überdauern wird“, schreibt Stephan Hofinger im Buch „Yoga verändert das Leben“.

Guru?

Lassen Sie nur Ihre Vorurteile vom Stapel; das hilft uns, ohne Umschweife zum Wesentlichen vorzudringen: „Guru, das ist doch ein esoterischer Spinner, der meint, d’rüber zu stehen; ein arroganter Besserwisser, Sekten-Führer, ein Geschäftemacher, der gutgläubigen Menschen das Geld aus den Taschen zieht, ein selbstgefälliger Möchtegern-Erleuchteter, der abgehoben mehr oder weniger Weises von sich gibt....“
Gurus haben im öffentlichen Bewusstsein keinen guten Stand. SOLCHE Gurus verdienen es auch nicht besser! Und doch kann man sich selbst deren Zauber nicht so ohne weiteres entziehen. Wir alle sind – die einen mehr, die anderen weniger – anfällig für Guru-Botschaften.
Sie meinen, Sie seien dagegen gefeit? Vielleicht haben Ihre Gurus andere Titel oder Erscheinungsformen: Der Experte, die Consulterin, der Coach, Masseur, Fitnesstrainer, die Abteilungsleiterin, der Boss, die Geliebte, der Chefeinkäufer, die Mutter, der Vater, ... „Ja, wenn das DIE sagt, wenn das DER meint, ja dann...“

Manchen Menschen hören wir gebannt zu. Und auf jene hören wir auch buchstäblich. – Im Sinne einer Handlungsanleitung. Damit ist immer auch eine Portion Eifersucht gegeben: denn warum hört man auf JENE – und nicht auf mich...
Die Lust, fremden Gurus nachzurennen, wird mit wachsenden Lebensringen immer geringer. Gleichzeitig steigt die Bereitschaft, sich selbst mehr und mehr als „Guru des eigenen Lebens" anzuerkennen. Fürwahr: wer sollte auch besser über mich und mein Leben Bescheid wissen?!

„Meine Gurus" - Integration statt Huldigung

Auch ich habe meine Gurus! Große Geister, die Weises von sich gegeben haben: jene zitiere ich gerne. Wahrscheinlich in der Hoffnung, dass ein wenig Glanz und Weisheit von jenen auf mich als Überbringer der Zitate abfärbern. (Aber machen das nicht alle, die beeindruckende Reden halten, gespickt mit Zitaten von Goethe bis Popper?!).
Zurück zum (persönlichen!) Thema: meine Gurus. - Mein Dreigestirn heißt: Heller-Gansterer-Hundertwasser.
Heller, der (Selbst-)Verwirklicher auf unkonventionellsten Pfaden.
Gansterer, der begnadete Formulierer, der Wortjongleur.
Hundertwasser, der Feind der geraden Linie und Prediger der Buntheit.
Allen Dreien eigen ist/war ihre Selbstständigkeit, die Visionskraft, der Sinn für Ästhetik, die Bereitschaft, sich vom Leben verführen zu lassen, die Gewogenheit für's Weibliche, die Gabe, das Jetzt zu zelebrieren...
- Immer klarer wird mir, wie bedeutend der Einfluss solcher persönlicher Gurus auf Menschen ist.

Und? Welche sind Ihre Gurus? Von Paulo Coelho, Hermann Hesse über Joki Kirschner, Elisabeth Kübler-Ross bis zum eigenen Großvater, der Freundin oder dem Greißler... - Aus welchen Metiers, aus welchem Umfeld stammen sie? Welche prägenden Botschaften lassen sich für Sie und Ihr Leben ableiten? Junge österreichische Erwachsene bis 29 Jahre nennen als ihre Vorbilder den Unternehmer Didi Mateschitz, den ewigen Popstar Falco und den (Ex-)Governator Arnie Schwarzenegger, von dem im Herbst 2011 medial verbreitet wird, er hätte große Chancen, nach Amerika nun auch, quasi als Altersherausforderung, in seinem Heimatland als Spitzenpolitiker gewählt zu werden…

Besser als „Gurus" auf den persönlichen Altären anzubeten ist, sie in den Alltag zu integrieren. Man nehme sich das „Best of" der/desjenigen und bastle am eigenen Weltbild, auf dass es wirklich ein eigenes werde...

Blend-Gefahr: Einem – vermeintlichen - Guru erliegen...

Sie ist ja jederzeit gegeben: die Gefahr, durch vermeintliche Gurus geblendet zu werden. Ein fataler Fehler, der viel Geld kostet. Und auch das sage ich aus Erfahrung. Bin ich doch einem „Guru“ in Person eines Promi-Anwalts erlegen. 500 Euro pro Stunde und ein Name, der aus den Adabei-Spalten bekannt ist; was soll da noch schief gehen?! Munter drauf los: der Anwalts-Guru meint – nicht lange fackeln, man versetze dem Gegner einen (Anwaltsspruch:) „Schuss vor'n Bug“, dann werde man schon sehen, wie die Reaktion ausfällt... Wunderbar; Schwamm drüber, Cash versenkt, Lernerfahrung gemacht, einen Absatz für dieses Buch gewonnen und man war immerhin zu Gast in der juristischen Schein-Guru-Welt an nobler Innenstadt-Dachgeschoß-Adresse. Conclusio: man erliegt überall dort schillernden Gurus, wo man selbst ein Vakuum hat. Soll heißen: je weniger ich mich in einer Sache auskenne, umso leichter kann mich ein selbsternannter Guru mit seinen „Rat-Schlägen“ blenden. Damit sind ebenso das „goldene Handwerk“ gemeint wie die „Götter in weiß“ und die „Paragraphen-Fuzzies“. Wobei es hier um Fachgebiete geht, und jeder Mensch ist in irgendeinem Bereich „unbedarft“ und somit auf Unterstützung angewiesen. Problematisch, nein: dramatisch wird's, wenn wir den „Persönlichkeits-Entwickler-Gurus“, den „Eso-Psycho-Gurus“ erliegen. Denn was heißt das nach eben dargelegter Theorie? Wenn mein ICH (bestenfalls) nur in Konturen ausgeprägt ist, dann brauche ich umso dringender wen, der diese Leere mit seiner Lehre füllt... Wo nichts ist, fallen die Botschaften auf fruchtbaren Boden – ohne geringsten Widerstand... – Wer sich selbst nicht hat, hat letztlich gar nichts; und braucht umso mehr im außen: von tollen Villen über Autos, Yachten bis zu Orden, Empfängen und den „Personal Guru“...

Guru-Bedarf

Der Bedarf wird immer größer: wer sagt mir, wie ich mich in Berufsfragen richtig entscheide? Wer hilft mir weiter mit meinen Partnerschaftsproblemen? Was tu ich gegen diesen und jenen Komplex? Schier unüberschaubar, und dennoch stetig wachsend, ist der Coachingmarkt. Von Finanz- über PR- bis zu Timemanagement-Coaches reichen die Angebote. Die jüngsten Blüten heißen: „Babycoaching“ (denn man kann nicht früh genug damit anfangen), Kfz-Coaching und Vorsorgecoaching.

- Woher kommt unsere schier unstillbare Sehnsucht, andere um Rat zu fragen? Gut, es gibt Fakten, die eindrucksvoll belegen, wie komplex unsere Welt geworden ist. „7/24“ heißt das Kürzel unserer Zeit: sieben Tage die Woche, vierundzwanzig Stunden auf Abruf bereit; rund um die Uhr dem Bombarde-

ment der weltumspannenden Internet-Society ausgesetzt. Ein im News-Meer Ertrinkender greift eben nach jeder vermeintlich rettenden Hand. „Bitte erkläre mir diese Komplexität“, „zeige mir meinen Platz unter den 7 Milliarden“, „hole mich aus der Masse der Bedeutungslosen heraus....“
Von überall erschallen die flehentlichen Hilferufe. Und die Beraterszene rüstet auf. Es sagt ja keiner, dass sie selbst die Antworten kennen müssen: die Consulter, Therapeuten und sonstigen Experten - sie sollen ja bloß die richtigen Fragen stellen, die die umhervagabundierenden, heimatlosen Menschen des 21. Jahrhunderts wieder sich selbst näher bringen...

Guru-Inflation...

Überall, wo in unserer Marktwirtschaft Bedarf entsteht und entsprechende Angebote gestrickt werden, dauert's nicht lange bis zur (Über-)Sättigung. Viele selbst ernannte Gurus richten großen Schaden an. Und doch ist die Nachfrage viel zu groß, als dass dadurch Schäden für die „Esoterik-Branche“ entstünden. Apropos: Gurus werden vornehmlich dem spirituellen Bereich zugerechnet; am Schnittpunkt zur Scharlatanerie. Gedankenbilder entstehen von weisen, wildbärtigen Männern um die 60, ergraut, sanftmütig lächelnd, in weißen wallenden Gewändern oder gelenkig im Yogasitz. Ja, und zu den vielen Weisen des Ostens rund um Osho und Krishnamurti konstruieren immer mehr „Westler“ gewinnträchtige Beziehungslinien. Was macht's, wen stört's, wenn der große Erleuchtete „Yakinurma“ bis vor kurzem Werbeberater in Bochum mit Namen Jens Müller war und Indien nur von einer zweiwöchigen geführten Touristen-Rundreise kennt?! Heute legt er zum besseren Stundensatz („entsteige dem Materiellen!“) seinen Jüngerinnen und Jüngern die Hände auf, um Blockaden im Herzchakra zu lösen...
Kein Wunder, wenn der „Guru“ damit immer mehr zum belächelten Exoten verkommt und nicht selten als Schimpfwort gebraucht wird.

Guru = Schwerkraft

Ursprünglich ist das Wort „Guru“ mit einer starken Bedeutung verbunden: der Guru ist ein „ehrwürdiger Lehrer“. Der Hindu-Begriff *guruthwa karshan* bedeutet „Schwerkraft“. Und Schwerkraft zieht an. Ein Guru hat demnach Gewicht. Er ist stark, verwurzelt, verankert. Alles andere als ein Blatt im Wind. Gurus in dieser ursprünglichen Sicht sind gefestigt, konzentriert; sie haben eine Position, die sie vertreten. Davon gibt es in der Massengesellschaft der Kopien, des Mainstreams, jedoch nicht viele. Menschen, die ihre eigenen

Standpunkte vertreten, fallen auf; sind begehrt und werden gerne „umschwirrt". Sie regen natürlich auch zum Widerspruch an; zur Auseinandersetzung, zum Beziehen einer Gegenposition.
Was Gurus jedenfalls bewirken: sie lassen keinen kalt. Man kann sie nicht übersehen. Man kann sich ihren Gedanken, Ansichten und Einflüssen nicht entziehen. Gurus provozieren Reaktionen. Ohne dass sie das strategisch beabsichtigen. Sie sind Reibebäume. Doch Reibung erzeugt Wärme.
Mit der Definition des Gurus im Sinn von „Persönlichkeit mit Schwerkraft" will dieses Buch arbeiten. Und damit kommt dem Gurustatus die Krönung der personellen Entwicklung zu: Von der Person zur Persönlichkeit, über Eros und den „inneren Guru-Faktor" hin zur ICH-Marke und letztlich zum Guru.

Wo und wie finden Sie Ihren Guru-Faktor?

Auf die Frage nach den Assoziationen zum Guru hat in meinem ersten Seminar zum Thema („Entwickle den Guru in dir") Werner F. das „KänGURUh" ins Spiel gebracht. Heiterkeit breitete sich unter den TeilnehmerInnen aus. Und plötzlich wurde es tiefsinnig: das Känguruh springt herum – ganz anders als der Guru. Hier liegt die Ruhe. Hier ist die (Schwer-)Kraft, die Selbstzufriedenheit. „Nur Narren wollen permanent gefallen; der Starke will seine Gedanken geltend machen", meinte Heinrich Heine. Der Guru weiß – zumindest in EINEM Metier – sehr gut Bescheid. Und er gibt dieses Wissen, seine Hilfe sehr gerne weiter. Er ist ein starker, positiver, ermutigender Wegweiser zur Selbstverantwortung. Durch seine besonderen Fähigkeiten fasziniert er – und weckt damit natürlich auch Widerstand.

„Es gibt nicht einen Urknall.
Es knallt die ganze Zeit, immer wieder.
Und es knallt in dir selber!"
Hans-Peter Dürr, Physiker, Friedensnobelpreis und Alternativer Nobelpreis

Sog statt Wirkungsstrategie, Inhalt statt Form

Was findet Ihr Umfeld an Ihnen faszinierend? Wovon „schwärmen" (vielleicht sogar) die Menschen? – Sind es Ihre Gartenkenntnisse? Ihre Leichtigkeit, auf Menschen zuzugehen? Ihre Strukturiertheit, Probleme binnen kürzester Zeit zu lösen? Ihre „Dienstbarkeit und Serviceorientierung"?
Was Gurus ausmacht, ist ihre Anziehungskraft. Doch was ist das Geheimnis

der Anziehung? Es ist das Eigene, Kühne, Außergewöhnliche, Mutige, Verrückte, das „außer der Norm Stehende". Es ist der besondere Inhalt, der einem Menschen das Charisma eines Gurus verleiht. Gurus erzeugen einen Sog. Allerdings nicht, weil sie sich ein schillerndes Marken-Mäntelchen umhängen, sondern weil sie etwas Unverwechselbares, Spezielles leben. Und das ist ein wesentliches Kriterium in diesem „ICH-Marke"-Führungs-KRAFT-Buch. Viel zu viele WOLLEN führen und Wirkung erzielen; pressen und erpressen; überlegen, was muss ich alles tun, an mir ändern, um den angestrebten öffentlichen Erfolg zu erzielen?! Die Form, das Design werden plötzlich wichtiger als der Inhalt.
Dietrich Mateschitz, dem zweifellos ein hoher Guru-Faktor zuzuschreiben ist, offenbarte – ganz im Sinn des hier Dargelegten: „In unserem allerersten Verkaufsfolder 1987 stand der Satz - ‚Es gibt für RED BULL keinen bestehenden Markt, aber wir werden ihn machen!'"

My way – Charisma

„Es ist wichtig, was man tut und sagt, es ist aber wichtiger, was man nicht sagt und tut. Es ist wichtig, wohin man geht, aber es ist wichtiger, wohin man nicht geht", betont Ioan Holender. - Was macht Menschen glaubwürdig? Sie kümmern sich nicht um Image, Rollen und Allüren. Sie sind ganz einfach - sie selbst. „Der Maßstab der Glaubwürdigkeit, mit dem wir Menschen messen, ist die Übereinstimmung von Sein und Tun", verweist Wirtschaftscoach Barbara Schütze. Binnen Bruchteilen einer Sekunde weiß unser Unterbewusstsein, ob unser Gegenüber wahrhaftig ist - im Einklang mit sich und seiner Umgebung. Nimmt diese Person sich so an, wie sie ist, will sie nicht als mehr erscheinen, ist sie authentisch? - Wenn dieser Fragenkatalog positiv beantwortet werden kann, passiert der zu Bewertende Filter um Filter, Hürde um Hürde und wir gelangen zum Gesamturteil: der/die ist eine Persönlichkeit mit Charisma. Es gilt, seine Einzigartigkeit zu entdecken und diese konsequent am individuellen Weg ohne Abweichung zu pflegen ...

Das Muttermal macht's aus

Als Cindy Crawford, eines der begehrtesten und teuersten Models der Welt, 18-jährig bei Fotografen vorstellig wurde - in der Hoffnung, ihren Lebenstraum zu verwirklichen, empfahlen sie ihr, zunächst einmal den Schönheitsfehler im Gesicht, das Muttermal über der Oberlippe, entfernen zu lassen ... - Sie tat's nicht, hörte auf ihre innere Instanz und hat selbstbewusst ihren „Mangel" zu

einem Stilmittel, einem erotischen Detail ihres Erfolgs gemacht.
Jeder trägt seine Muttermale mit sich herum; Äußerlichkeiten, aber auch Qualitäten, Ideen, die von unserer Mitwelt bzw. uns selbst geringgeschätzt werden. Dabei läge hierin die Basis zum Erfolg. Freundin B. sagt: „Ich dachte immer, Anpassungsfähigkeit sei eine positive Eigenschaft; dabei hindert sie geradezu jede Entwicklung zur Eigenständigkeit. Aus dem Bedürfnis nach Anerkennung geht man jedem Widerstand aus dem Weg und wird zu dem, wie einem andere wollen..."
Wirklich von sich und ihren Visionen Überzeugte brauchen förmlich den Gegenwind, um noch mehr Kraft für's Vorwärtskommen zu entwickeln und Schritt für Schritt, fest in den Boden zu setzen. - Wer resigniert, wird vom Wind mitgerissen und davongetragen; weit weg von jener Position, die er eigentlich anstrebte. Im Windkanal erzielt Komprimiertes, auf den Punkt Gebrachtes die besten Werte

Weck' den Guru in Dir: das innere Feuer

Gut, das Endziel, die Vision, ist nunmehr bekannt; wie aber beginnt der ICH-Marken-Weg hin zum Guru? Ich nenne die Keimzelle, im Zentrum der Eros-Reigens, „Guru-Faktor". Und dieser Gradmesser für das immanente Potenzial zur Persönlichkeitswerdung wird idealerweise bereits in jungen Jahren angelegt. Aber es ist nie zu spät, der eigenen Leidenschaften der Kindheit bzw. Jugend wieder gewahr zu werden.
Bei Peter Turrini finde ich genau jene Hinweise, die meine These nähren: Schon mit 15 Jahren habe er gewusst, dass er Dramatiker werden möchte: „Ich wollte immer das, was ich als Wahrheit empfunden habe, auf die Bühne bringen." Ohne Schreiben verfalle er in Depressionen, wiewohl das Schreiben ein „furchtbares Gewerbe" sei, weil man jeden Tag erneut vor einem leeren Blatt Papier sitze. Wenn er sich als etwas sehe, dann „als einer, der ohne das dramatische Gewerbe nicht leben kann; in meinem theatralischen Fieberkopf steckt noch soviel drin." Zuletzt der Satz, der den international renommierten Turrini als „Guru" seines Metiers ausweist: „Ich möchte dichten, bis ich vom Sessel falle und nicht mehr aufstehe!"
Das, und nur das ist gemeint, wenn ich vom Guru-Faktor schreibe: da ist ein inneres EROS-Feuer, das in jungen Jahren entfacht wird; zunächst als kleines Flämmchen, das sich als Neigung einer/s Heranwachsenden bemerkbar macht; das immer höher lodert, sodass es alle im Umfeld wahrnehmen (müssen?!).
„Was macht X denn?" fragt Vater die Mutter, und die antwortet darauf in einer Mischung aus Verzagtheit und Zufriedenheit: „Na, was wohl, das, was er/sie am liebsten tut..."

Die Bandbreite der Antworten reicht von „Ratten züchten“ (bei Ex-Tiergarten Schönbrunn Boss Helmut Pechlaner) über „rumkraxeln“ (Extremkletterer Thomas Bubendorfer) bis zu „Zirkus spielen“ (Roncalli Gründer Bernhard Paul).
„Ich wollte immer komponieren“, gesteht Udo Jürgens, „das wusste ich schon mit 12. Am Klavier öffnete sich mir eine Welt, in der ich ganz anders als das schwächliche, hühnerbrüstige Bürschlein wahrgenommen wurde. Ich hatte plötzlich ein mächtiges Werkzeug in der Hand, konnte beobachten, wie die Musik die Menschen um mich herum total verändert hat.“

„Jössas” – Die Durchsetzung des Eigenen

Dieser Guru-Faktor mag für die Eltern des/r Betreffenden, für Geschwister, Nachbarn mit Verwirrung bis Ablehnung oder gar Schock verbunden sein. Ein „Jössas, warum hat unser Kind nur solche Flausen im Kopf“ ist ein absolut untrügliches Indiz für einen sich ausprägenden Guru-Faktor. Eigenständigkeit, Selbstständigkeit haben in der Erwachsenenwelt einen guten Klang; aber wer kann damit umgehen, wenn der Nachwuchs diese Qualitäten an den Tag legt?!

„Die Durchsetzung des Eigenen kostet ihren Preis“, hob Peter Turrini im persönlichen Gespräch mit mir hervor und erzählte von der Tischlerei seiner Eltern. „Die Mama rief mich oft an, ich solle nicht dauernd den Mund aufmachen, die Leute würden schon Aufträge stornieren...“ Früher hat's geschadet, was heute als Ehre anzusehen ist und auch Politiker gerne tun: sich mit Turrini zu umgeben... „Ich bin kein besonders edler Charakter, ich sah nur keine Alternative: Anpassung wäre mir im Hals stecken geblieben.“ 15 Jahre hat's gebraucht, bis er in seinem Weg des Schreibens anerkannt wurde. „Ich hoffe, ich hätte durchgehalten, wenn's 30 Jahre gedauert hätte, aber ich wäre der Gleiche geblieben“, sagt der Schriftsteller.

„Wenn“ und „Aber“ Killer

„Ja, wenn ich könnte, wie ich wollte“, bekennt Angela, und spricht vor den nun mucksmäuschenstillen, gebannt lauschenden, anderen SeminarteilnehmerInnen von ihrer wahren Leidenschaft: „Wenn ich nachts für mich Klavier spiele, total in die Musik versinke, dann hab ich richtiggehend das Gefühl, meine Schädeldecke würde sich öffnen – und ich werde eins mit dem Universum...“ Musik sei ihr alles; aber davon könne man ja leider nicht leben ...

Die 65-jährige Gerlinde fasziniert mit ihrer aufrechten, verwurzelten Sitzposition. – Sie sei körperlich total fit, denn sie lebe ja für's Tanzen und für Bewegung. Ja, das sei immer schon so gewesen; aber einen Beruf daraus machen? Nein, das habe sie nicht gewagt. Immerhin leite sie aber seit vielen Jahren höchst erfolgreiche Volkshochschulkurse zu ihrem Leibthema. Jetzt habe sie Lust auf einen Flamenco-Kurs, ABER...
Sie ahnen schon, was der Killer des Guru-Faktors ist: „Wenn, aber, ..." – und natürlich unsere Vernunft – überliefert im Eltern-ICH.
„Jetzt lern' mal was Gescheites, bevor du weiter solche Flausen im Kopf...." – Kommt Ihnen dieser Spruch bekannt vor? Den musste auch Niki Lauda hören: „Zuerst Matura", bevor überhaupt an Rennsport zu denken sei... Lauda fälschte das Maturazeugnis, auf dass die Eltern ruhiggestellt waren. Und tat das, was er immer tun wollte – und noch heute als höchst erfolgreicher Unternehmer tut: Gas geben...

„Macht Platz für..."

Die Botschaften warten überall, wenn man dafür offen ist: ich begegnete kürzlich einer Schulklasse; die etwa 14-jährigen Mädchen und Burschen waren fröhlich, standen in Grüppchen zusammen. Die Passanten konnten problemlos ihrer Wege gehen. Da erschallte der Ruf der Begleit-Lehrerin: „Macht's Platz, dass die Leute vorbei können!" Die Mehrheit zuckte reflexartig zusammen; nur einige wenige harrten aus. Ihnen gilt in diesem Moment mein zufriedenes Lächeln. „Mach' Platz für..." ist die beste „Anti-Guru-Schulung". Denn im Wirtschaftsleben, nein, ich will es absolut nicht auf dieses beschränken, im GANZEN Leben kommt es darauf an, seinen Platz zu behaupten. – Ich sage nichts von Kämpfen und Vernichtungsfeldzügen; ich spreche nur davon, den eigenen Standpunkt kraftvoll verbal zu verteidigen. Voraussetzung: ich kenne meinen Platz im Leben. Ich weiß, worum's mir wirklich geht.
Ich wünschte mir, die Pädagogen würden ihre ihnen anvertrauten SchülerInnen schon in jungen Jahren fragen: „Was spürst du als dein Revier? Welchen Platz würdest du nie frei machen für andere bzw. für etwas anderes?"

Guru-Faktor braucht Widerstandsbereitschaft und Konsequenz

Es ist wie in der Freundschaft. Bei Sonne und einem gedeckten Tisch sind alle versammelt; alle lieb und nett zueinander. Doch kaum kommen dunkle

Wolken, gar ein Sturm oder Unwetter auf, dann laufen alle in verschiedenste Richtungen davon. Bis auf jene und jenen, die wirklich das Adelsprädikat Freund verdienen.
Die Frage „was willst du denn einmal werden?“ ist von ähnlichem Charakter: die Antworten reichen von Flugkapitän über Bankdirektor, Top-Model bis Managerin und haben die Unverbindlichkeit eines Fähnchens im Herbstwind.
Die Frage muss lauten: wofür bist du bereit, alles zu geben, alle deine Energie einzusetzen, dich Tag und Nacht damit zu befassen, was interessiert dich bis zum Wahnsinn, worüber willst du alles wissen, dich ständig informieren und weiterbilden – und vor allem: wofür würdest du jeden Widerstand auf dich nehmen?!
Das erfordert ICH-Stärke. Das braucht eine gewisse Portion „Sturschädeligkeit“, vielleicht sogar Trotz: „Auch wenn ihr das für blöd findet, ich tu's; ich muss das tun – und ich lass' es mir nicht gefallen von euch, dass ihr mich dafür runtermacht...“
Der Guru-Faktor zeigt sich in Selbstbewusstsein, Selbstsicherheit und dem Mut zu praktizierter Unkonventionalität: „Was unterscheidet sie von anderen Rhetorik-Trainern?“, wird Karsten Bredemeier gefragt, seine Antwort fällt kurz und klar aus: „Ich breche konsequent Regeln!“

Das Eigene – und wie viel an Mut es dazu bedarf...

Vermutlich ist Widerstand der erste Testballon, wie man mit Gegenwind umgeht.
Eine Neigung, ein Talent, eine Leidenschaft reift nur dann zum Guru-Faktor, wenn sie gegen Angriffe verteidigt wird. - Wenn man Position bezieht, Argumente für die Richtigkeit des eigenen Weges klarlegen kann. – Wenn es einem überhaupt wichtig genug ist, diese Energie in Überzeugungsarbeit zu investieren.
Es muss so sein – siehe Turrini: viele Jahre ging er seinen Weg ohne große Signale der Ermunterung oder gar Anerkennung. Wer ist das – in unserer immer schneller werdenden Zeit - zu investieren bereit?
Menschen, die heute unbestritten als Gurus gefeiert und verehrt werden, durften vielfach zeitlebens kein Zeichen von Anerkennung erleben. Die heute teuersten Gemälde der Welt stammen von einem, der sein ganzes Künstlerleben angeblich nur ein einziges Bild verkaufen hat können: Vincent van Gogh. - Und da verzeifeln wir Erfolgshungrigen und Karrieredurstigen schon, weil der eine oder andere Personalchef meint, er könne sich das Florieren seines Unternehmens auch sehr gut ohne unser Zutun vorstellen...?
Der Guru-Faktor muss OHNE Anerkennung, ohne Applaus und Schulter-

klopfen gedeihen. Und so braucht es nicht nur Mut, sondern auch enorme Ausdauer, diesen Weg zu gehen.

Leben aus innerer (Über-)Fülle

Der Guru-Faktor setzt sich zusammen u. a. aus EROS, Begeisterung, Visionskraft – ausgedrückt in funkelnden Augen der Leidenschaft - und persönlicher Mission. „Das will ich, das ist mir wichtig, das muss ich tun“ – sind typische Statements, die aus der inneren Überzeugung erwachsen. Da ist kein Kalkül, da ist keine Strategie. Der Guru-Faktor folgt nicht dem Ansatz, wonach „Kunst von Können“ käme, sondern jener Sicht, die „Kunst dem NICHT anders können“ zuordnet. „Ich kann nicht anders, das ist meines, das will und muss ich vorantreiben!“

Als wunderbares Beispiel für einen realisierten Guru-Faktor darf der Kabarettist und Schauspieler Josef Hader genannt werden. Nach eigenen Angaben sei er immer ein „angstbesetzter Hypochonder“ gewesen, der schlecht singen könne, ein bissl schauspielen, wie ein Loser wirke und „hohe Kritikfähigkeit“ habe: alles in allem die idealen Komponenten für einen großartigen Kabarettisten. „Aalglatte Siegertypen waren mir immer schon suspekt!“

Man tut, was man ist! Sonst wird man zu dem, was man tut; – was man mit Widerwillen jahrzehntelang tut?! Erwin Ringel sagte: „Ich ermuntere immer wieder, über den eigenen Schatten zu springen, wenn's um bloßes Pflichtgefühl geht.“

Jede und jeder wird mit einer bestimmten „Karte“ geboren. – Womit die Gabe gemeint ist, die ganz alleine Sie oder ich mitbekommen haben. Genialität hat in so fern nichts Außergewöhnliches an sich, sondern verfolgt den optimalen Einsatz persönlicher Ressourcen und die bestmögliche Entwicklung individueller Talente.

Jeder Mensch hat eine Lebens-Aufgabe, eine persönliche Mission; der Guru-Faktor hilft Ihnen, Ihre zu finden und auszuleben.

Keine Idee ist zu kurios

„Wer sich selbst zum Erfolg bestimmt, wird immer Erfolg haben“, ist Reinhold Messner überzeugt. Nur wer das tut, was er kann, wird Spaß an der Arbeit und damit auch Sinn und Erfolg im Leben finden. Der Mensch lebt durch die Sache, die er zu der Seinen macht: Die Allentsteigerin Lotte Henschl sammelt seit Jahren Eulen, mittlerweile ist ein sehenswertes Privatmuseum mit über 1.000 Exemplaren entstanden. Die Berlinerin Adelheid Schneider hat eine

„Verzeih mir"-Agentur gegründet. „Freunde und Verwandte haben mir immer schon ihre Probleme erzählt; jetzt schlichte ich hauptberuflich Streitigkeiten." Eine Amerikanerin aus Washington bietet als erste „Berufsquerulantin" für 70 Dollar Beschwerden aller Art an, die sie für ihre Kunden an Ämter und Firmen übermittelt. Hamburger, die an der Treue ihres Partners zweifeln, können professionelle Verführer engagieren. Die „Verführungs-Agentur" bietet attraktive Damen und Herren, die sich an Testpersonen ranflirten, um dann genaue Berichte abzuliefern... „Herzlichkeitskurse" veranstaltet der Kapruner Unternehmer Christoph Bründl. Rainer Haas hat den ersten österreichweiten Bauernmarkt im Internet eröffnet. „Motiväpfel" mit Logos auf der Schale sind die Spezialität des niedersächsischen Obstzüchters Hein Luehs. Der Italiener Matteo Pennacchi stellte einen besonderen Rekord auf: ohne einen Cent rund um die Welt zu reisen. „Ich wollte zeigen, dass ein Lächeln und guter Wille genügen", meinte er nach der 109 Tage Reise per Fahrrad und Anhalter. Der Fotokünstler Willy Puchner ging mit Holzpinguinen auf Weltreise und lichtete sie für ein (großartiges!) Buch vor den reizvollsten Kulissen ab. Rudolf Wolf hat in Prigglitz ein „Heubad auf der Wiese" geschaffen und liefert sein therapeutisches Zaubermittel sogar nach Japan. „Mehr als 40 Prozent der Österreicher leben ungewollt als Singles", weiß die Wiener Lehrerin Linda Rybar. Und da sie nach ihrer Scheidung selbst auf Partnersuche war, organisierte sie Single-Parties, die so erfolgreich waren, dass daraus nunmehr ein Geschäftszweig wurde...
Sie sehen, keine Idee ist zu kurios, um sie nicht doch umzusetzen; wenn sie Ihrem Wesen entspricht und Sie voll dahinter stehen können.

Mein Leben für... - Was an erster Stelle steht

„Mein Leben für ... die Oper", stellt Pavarotti unmissverständllich klar. Es ist eine so simple und dennoch weitreichende Frage: was kommt bei Ihnen an erster Stelle?

Leider ist nur EINE Antwort möglich... Wichtig ist, dass SIE ehrlich zu sich sind: antworten Sie mit „mein Partner", „meine Familie", „mein Elektrogeschäft", „die Jagd", „Reisen", „meine Freiheit"...?
Ich spüre: das Wunderbarste für mich ist – Schreiben. In dieser Situation, da es ruhig ist um mich; da kein Radio, kein Telefon nervt (ich bin ein schrecklicher Telefonpartner, da ich's schlimm finde, von irgendwem jederzeit aus meiner Konzentration gerissen zu werden; sorry, aber schreiben Sie mir bitte lieber eine Karte, eine Mail). Und da dieses Schreiben als meine vorrangige Beschäftigung ausgewiesen ist, konkurriert alles andere nur noch mit dieser

ursprünglichen Neigung. Im Idealfall setzt es genau dort an: und so mache ich bevorzugt Schreib-Seminare, verwende die Schreibmethodik auch in anderen Workshops, Klausuren, produziere (Firmen-)Zeitungen und Broschüren aller Art. Da ich „Schreiben" zudem als sensationelle Methode sehe, sich selbst näher zu kommen, rutsche ich mit Freuden immer tiefer in den Trainings-Bereich „Persönlichkeitsentwicklung, Motivation, Wohlfühlen und Selbstwert". Um meinen „Guru-Faktor" bestmöglich zu verwirklichen, wäre alles andere, was an Anfragen und Aufträgen an mich herangetragen wird, abzulehnen. (Eros verführt mich jedoch immer wieder auch – und das zu meiner großen Freude - zu Moderationen, PR-Seminaren, Klausuren, u.v.m.)
„An erster Stelle meines Lebens steht mein Klavier", bringt's Udo Jürgens anlässlich seines 77. Geburtstages auf den Punkt. Und Klaus-Maria Brandauer bekennt: „Ich hatte das Glück, immer das zu machen, was ich gerne möchte. Und mit großer Freude das nicht zu machen, was mir auf die Nerven geht."

Ich bin mein größter Fan...

Udo Jürgens, Brandauer, Herminator Maier – sie alle wissen, wie fein es ist, Fans zu haben (bis auf jene Momente, da diese unverschämt werden und dem „Angebeteten" allzunah sein wollen...). Sind Sie auch ein Fan?

Jetzt kommt jedoch die raffinierte Frage: wofür sind Sie selbst IHR größter Fan? Was mögen Sie besonders an sich? Was schätzen Sie an sich?
„Dass ich unverbesserlicher Optimist bin, lachen kann, krisenresistent bin; dafür, dass ich meine Pflanzen für die Kräutertees selbst pflücke, dass ich jene schwere Krankheit besiegt habe, meine soziale Kompetenz, meinen g'sunden Hausverstand; meine Backkunst; wie ich psychisch belastete Menschen meines Umfeldes motivieren und ihnen Hoffnung vermitteln kann; meine goldenen Hände, meine Fingerfertigkeit, meine Überzeugung: ich schaffe das; mein umfassendes Geographie-Wissen; meine Computer-Programmier-Kenntnisse, wie ich mit Kindern umgehen kann..."

- Und so weiter und so fort. In jeder noch so simpel anmutenden Bemerkung schlummert das Guru-Potenzial (ausgelebt in einem erfüllenden Job!). Denn das, was Sie an sich besonders finden, das wollen andere mindestens so gerne; wenn Sie jenen eine Möglichkeit bieten, dass sie's erfahren (siehe Promotion).
„Man konnte in seiner Begabung baden", sagte André Heller über den Kabarettisten, Schauspieler und Satiriker Helmut Qualtinger. Welches „Begabungs-Bad" bieten Sie?!

Mit innerem Feuer andere in Brand setzen

„Enthusiasmus ist der einzige Weg“, betonte der kanarische Künstler César Manrique. Nur wer seiner Leidenschaft, Sehnsucht nachgeht, mit Begeisterung dabei ist, wird Außergewöhnliches leisten. Damit kann jede Arbeit sinnerfüllter werden: Beispielsweise die jener Krankenschwester im Klinikum Scheibbs, die ihren neuen Patienten ein Kärtchen auf's Bett legt - mit persönlichen Zeilen „willkommen, Frau P., ich werde mich gerne um sie und ihre Bedürfnisse kümmern; ihre...“
Ein Buschauffeur der Wiener Linien begrüßt die Fahrgäste – deren Staunen sich stets in ein breites Lächeln verwandelt – mittels Durchsage wie Flugpassagiere: „Schön, dass sie mit der Linie 35A fahren, mein Name ist.... Ich wünsche ihnen einen angenehmen Aufenthalt und einen schönen Tag!“
Oder der Taxifahrer, der darin seine Berufung sieht, seinen Gästen besondere Minuten bieten zu wollen und deshalb drei Getränkesorten sowie verschiedene Tageszeitungen in seinem außerordentlich gepflegten Taxi mitführt.
Sein inneres Feuer, sein Guru-Faktor, kann nur totale Dumpfgummis unberührt lassen (und um jene muss man sich ohnehin nicht bemühen), jede/r andere wird jedoch gerne Trinkgeld geben, begeistert aus dem Wagen aussteigen, und wahrscheinlich noch ein Kärtchen mitnehmen, um jenen Supertaxler für die nächste Fahrt direkt zu buchen und im Bekanntenkreis Werbung für ihn zu machen.
So wird aus innerem Feuer ein Flächenbrand; das Feuer greift über – ohne dass man das verhindern könnte...

Begeisterung – jenseits von Für/Wider

Im Althochdeutschen bedeutet „Geist“ Erregung, Ergriffenheit. Im 17. Jahrhundert kommt das Wort „begeistern“ auf; in der Bedeutung „beleben, mit Geist erfüllen“. Menschen, die sich an bzw. für etwas begeistern können, leben intensiv; sie sprühen vor Energie; sie schwimmen in Glut, getragen von Idealismus, Feuereifer und Gefühlsüberschwang. „Sie stehen auf einem Berg und schauen mit leuchtenden Augen hinein in die wunderbare Landschaft“, schilderte der charismatische Kräuterpfarrer Hermann-Josef Weidinger, „das Geschaute verkriecht sich beim Begeisterten aber nicht im eigenen Herzen, sondern er macht auch andere darauf aufmerksam und erfrischt Geist sowie Seele anderer Erdenbürger.“
Ein Begeisterter kann für sein Projekt keine „Für und Wider“-Liste anfertigen; denn das, was dagegen spricht, hört er nicht. „Die Vernunft kann nur reden; es ist die Liebe, die singt“, macht Joseph de Maistre den entscheidenden Unter-

schied klar.
Der Guru-Faktor klammert das „Wider“ aus! Die Frage stellt sich nicht. Mit Vernunft kommen Sie Ihrem Guru-Faktor nicht näher!

„Ein Tag mit...“

„Die Persönlichkeit macht's“, betont die 78-jährige Herta, die als Expetin für „Ismakogie“ soeben aus Holland zurückgekommen ist, wo sie LehrerInnen unterrichtet hat, sich körpergerecht zu bewegen. Wenn sie von „Bewegung für Faule – ohne schwitzen“ spricht und spontan einige Übungen anleitet, dann sind alle dabei. Da sprüht Charisma. Da wird ein Guru-Faktor ausgelebt. Da wird klar, was damit gemeint ist. „Wenn du mit deiner Lebensaufgabe in Berührung kommst, dann läuft's“, betont Schauspielerfreund Felix. Es geht um's „ICH-selber-sein“ – und so sind seine Rollen, gemäß seinem Naturell, zumeist romantisch-sanft angelegt.
- Ja, worum geht's bei Ihnen speziell: welches Motto hätte ein „Tag mit Ihnen“, wenn Sie bereit wären, Ihre „Guru-Weisheiten“ weiterzugeben?!
- Gib Dein Bestes! – Das ist kein Ansporn, noch mehr reinzubeißen, sich noch mehr auszupumpen und zersprageln. Es ist ein versöhnlicher, einschränkender Tipp: Lass' alles weg, was Dir nicht so leicht von der Hand geht; ganz sicher gibt es wen, der das, was Dir schwer fällt, simpel zu erledigen weiß. Aber dafür gib Du das, steuere Du das der Allgemeinheit bei, was Dir keine größere Mühe bereitet: eben Dein Bestes. Nur das ist gefragt. Nur mit diesem haben wir uns zu beschäftigen, wenn wir unseren „Guru-Faktor“ kultivieren und ausleben wollen.

Gurus sind kompetent

Kompetenz meint laut *Duden*: Sachverstand, Fähigkeit, Zuständigkeit. Man beherrscht ein bestimmtes Sachgebiet. – So klar, so einfach und gleichzeitig die schwierigste Herausforderung: dieses eigene Kompetenzrevier herauszufinden und als Markenrayon auszuweisen. „Das ist mein Fach!“ Hier bin ich zu Hause; hier kenn' ich mich aus – wie kein anderer.
Ein Guru als höchste Steigerungsform der Marke vermag diese seine Kompetenz messerscharf abzutrennen; hat den Mut zur Lücke. Ich muss nicht alles wissen. Wenden Sie sich mal an Ärzte, Architekten und Rechtsanwälte: die wirklich Herausstechenden haben ganz enge Spezialgebiete. Und genau in dieser einen, besonderen Materie kennen sie sich über alle Maßen aus, sodass sie international konsultiert werden. Die Honorare dafür sind natürlich exor-

bitant; denn sie selbst bestimmen die Höhe jenseits jeder Konkurrenz. Kompetenz ist aber nicht auf die selbstständigen Berufe beschränkt. Jede/r kann sie ausleben, wenn er in irgendeinem Fachgebiet „zu Hause" ist. Zu Hause kennt man jeden Winkel. Und so kennt sich die Köchin mit Guru-Faktor wie keine andere aus; und der Marketingchef, der Chorleiter, und die Farbberaterin, der Opernfreak, und die Wirtschaftstreuhänderin, ... Publizist Fritz P. Rinnhofer formuliert: „Wenn ein Dichter in der Sprache wohnt, kann er nicht obdachlos werden."

Der Guru-Faktor hält jung...

„Viele Menschen brauchen sehr lange, um jung zu werden", meinte Pablo Picasso. – Noch viel mehr erleben's gar nicht: sie wurden schon erwachsen (gemacht), ehe sie richtig Kind waren. Und sie versagen sich das Jung-Sein ein Leben lang. Jung-sein heißt: nach vorwärts blicken, offen und unbeschwert sein, Ideale haben, spielerisch in den Tag gehen, Optimismus verbreiten...
Wenn Sie Ihren Guru-Faktor leben, dann treffen all diese Attribute zu. Und ich habe heute eine sehr schöne Bestätigung erhalten, als ich beim Termin mit Top-Manager Sch. von ihm einleitend mit den Worten begrüßt wurde: „Oh, ein junges Gesicht!" – Das freut einen im 5. Lebensjahrzehnt stehenden – und sich maximal dem 3. zugehörig fühlenden...
Junge Menschen sind an kcine Lebensjahre gebunden. Der im 99. Lebensjahr verstorbene Kardinal Franz König „wollte bis zuletzt nicht aus dem Rückblick leben", so die langjährigen Weggefährten Annemarie Fenzl und Heinz Nussbaumer. Bis zuletzt sei seine „wache Neugier für das Kommende" geblieben.

„Zeig mir dein Gesicht – pur"

„Zeig mir dein Gesicht, dein wahres Gesicht; zeig mir, wer du wirklich bist", lautet ein Liedtext, „bleibt dir treu und verstell dich nicht – für mich!"
Es geht darum, die Maske abzulegen. Keine Rolle (mehr) spielen zu wollen. – Legen Sie den „Pur-Filter" an. Wie ein Sieb, das alles Unreine zurückhält. Nur das Wahrhaftige möge passieren. Denken Sie „gründlich" nach, fühlen Sie bis zum Grund; zum Urgrund Ihrer Motivation. Dann wird klar, dann klärt sich, warum sie welche Projekt starten wollen. Der „Guru-Faktor" wird aus Ihrer Aufrichtigkeit gespeist. Hier ist die Quelle für Ihre ungebeugte Kraft. Hier werden Ihre „hungrigen Fragen" nach dem Sinn Ihres Engagements gestellt; - Ihr „Guru-Faktor pur" kennt die zugrunde liegende, wirkliche Antwort ...

Guru-Faktor Polarisierung

Kaum wer polarisiert so wie sie. Sie ist – angefeindet, umstritten – eine unerbittliche Kritikerin der Macht sowie die kälteste, erbarmungsloseste Moralistin. Eine Unbequeme, Mahnerin, Levithenleserin, poetische Aufklärerin und Zuspitzerin, wortgewaltig, mutig, leidenschaftlich, streitbar und verletzlich! – „Sie ist eine Seherin, die die Fäulnisstellen der Gesellschaft aufspürt", so Peymann. Sie nenne Dinge gnadenlos und mit großer Wucht beim Namen und lege ihre Finger unbeirrbar in die Wunde, sagen andere. Mit diesen Würdigungen wird die große österreichische Sensation am 7. 10. 2004 verlautet: Elfriede Jelinek erhält den Literatur-Nobelpreis. Sie, die nie um die Gunst des Publikums gebuhlt hat, die sich Titel wie „Nestbeschmutzerin" und Reime wie „Jelinek – Dreck" gefallen hat lassen müssen, die Tabuthemen wie Macht, Sexualität, Ausbeutung angreift, die immer in kritischer Distanz zur Öffentlichkeit – sehr zurückgezogen – lebt, wird für die höchste Auszeichnung für würdig befunden und in die grellste Öffentlichkeit gezerrt. „Ich habe Angst, eine öffentliche Person zu werden", bekennt die Literatin, „etwas, das ich nie sein kann und will. Das Letzte, was eine Schriftstellerin sein darf, ist berühmt! In dem Moment, da man zuviel Beifall von offizieller Seite erhält, droht man den Biss für's Kritisieren zu verlieren", kommentiert die Jelinek und wünscht sich an diesem besonderen Tag nur eines: „Wieder alleine sein – und Ruhe zum Schreiben haben..." – Da ist er wieder, der Guru-Faktor, der, in Unbeirrbarkeit kompromisslos und konsequent gegen den Strom verfolgt, in lichteste Höhen der Publikumsgunst führen kann, selbst wenn (bzw. vielleicht gerade weil) dies nie angestrebt worden ist...

Guru, was ist Deine Botschaft?

Gurus werden deshalb geschätzt, weil sie etwas zu sagen, etwas zu zeigen, etwas vorzuleben haben. Sie haben eine Botschaft.
Aus der Begeisterung heraus, aus dem inneren Feuer, entsteht eine starke Mission: etwas, das SIE persönlich „der Welt" (um sich!) geben wollen/können.
Ich versuche mich sogleich in meiner „Guru-Botschaft": als Trainer und Mensch begeistert mich, Pessimismus zu zerstören und Menschen immer wieder aktivierende, kreative Impulse geben zu können. Meine Trainer-Mission lautet: missbrauche niemals TeilnehmerInnen als Kulisse oder Applausspender für ein angekratztes Selbstbewusstsein. TrainerInnen müssen vor allem eines haben: ein großes Herz – und die Menschen, die ihnen ihre kostbare Lebenszeit schenken, mögen können. Das kann nur jene/r, die/der in den TeilnehmerInnen jeweils ein Mosaiksteinchen der eigenen Persönlichkeit erkennen kann – und mit allen seinen Anteilen ausgesöhnt ist...

- Und was ist Ihre Botschaft?

F., die jahrelang für einen großen Society-Event gewerkt hat, formulierte ihre Botschaft als nunmehriger begeisterter und begeisternder Coach so: ich vermittle lieber Arbeitslosen einen Job, als dem Herrn T. untertänigst ein Glas Sekt reichen zu dürfen...
Was können, was wollen Sie gerne weitertragen und vermitteln?
Welche Lebenserfahrungen zu den essenziellen Themen haben Sie machen können?

Was sind Ihre Weisheiten zu ...
... Liebe?
... Leben?
... Macht?
... Glück?
... Karriere?
... Erfolg?

Guru = erfülltes Leben

Für den großen, weisen Kardinal Franz König galt: „Erfüllt ist unser Leben, wenn Glaube und Leben ein einziges Ganzes werden." Bundespräsident Heinz Fischer sieht als seine Kriterien für ein erfülltes Leben: „Frieden mit sich selbst und seiner Umgebung." Gescheiter und knapper kann man's wohl nicht ausdrücken.

Und nur wenige Buchstaben machen den Unterschied klar: Wir können unser Leben ANfüllen bis an den Rand: mit Geld, Macht, Karriere, Hab und Gut, Sex, Eitelkeit, uvm. Ein ERfüllter Mensch – der aus der Fülle seiner Begabungen, treu seiner Berufung lebt und mit Charisma seinen „Auftrag" erfüllt – widersteht der Verlockung, sein Dasein mit irgendwelchen Pseudowichtigkeiten zuschütten zu lassen. Das Gefühl, mein Tag ist nicht nur ausgefüllt mit Terminen und Leuten, sondern erfüllt mit Gedanken, Gesprächen, Visionen, Liebe und Menschen, der Glaube, dass all das Sinn hat, verbunden mit Frieden, Freude und Gelassenheit – das ist, was die oberste Stufe der ICH-Entwicklung hin zum „Guru meines Lebens" ausmacht.

Der innere Guru-Faktor ist eine Kombination aus:

- Fülle an Talenten, die Eros in mir wachruft…
- Was ist mein größtes, drängendstes Talent?! Wo zieht´s mich hin?!
- Eigenkompetenz: darin bin ich Fels in der Brandung
- Ich-Stärke
- Widerstandskraft gegenüber Gegenwind, Kritik, Zweifel
- Vision: funkelnde Augen – Leidenschaft – Begeisterung
- Ver-rücktheit; abgerückt vom Mainstream
- Polarisierend, umstritten, angefeindet – auch gegen den Strom
- Inneres Feuer: Begeisterung, Sehnsucht – jenseits von Geld
- Verwirklichungsimpuls, Stachel im Fleisch
- Konsequenz, Unbeirrbarkeit, beim eigenen Ziel bleibend
- Sogwirkung, Faszination
- Charisma, „Fan-Potenzial“.

„Frei sein heißt, den eigenen Überzeugungen gemäß zu handeln.“
Peter Bieri, Philosoph

„Den Frieden kann man weder in der Arbeit,
noch im Vergnügen,
weder in der Welt,
noch in einem Kloster finden,
sondern nur in der eigenen Seele!"
William Somerset Maugham

5 SchöpfungsKRAFT:
EROS & Guru-Faktor als Säulen für die ICH-Marke

Lebe Deine Freude,
Deine Kraft!
Lass Dich von Eros berühren,
im Mark treffen –
Spüre Deine Neigung,
vertraue Deinem „inneren Guru".
Ent-wickle und ent-falte Dich,
und lass daraus Deine strahlende Marke werden…

Eros ist springlebendig, Eros kennt nur die Freude, das Lebens-Experiment; er will ausprobieren, sich selbst erproben und stets neu erfinden, er will lieben und geliebt werden. Er ist pulsierendes, optimistisches Sein. Eros ist vielfältig; seine Interessen und Neigungen wirken „rundum", 360 Grad. Fokussierung? Nein, damit hat Eros im Wesentlichen nichts am Hut. Warum auch? Das Leben ist so wundervoll, so spannend, so herausfordernd, es gibt so vieles zu erkunden, zu bestaunen, sich daran zu erfreuen.

Eros lädt Sie ein, eine Liste Ihrer Talente zu machen: was alles können Sie gut? Egal, ob Sie´s angelernt haben oder schon immer bravourös verstanden; was macht Ihnen Freude, geht Ihnen leicht von der Hand?
Gartenarbeit, tanzen, grüne Smoothies zubereiten, andere betreuen, französisch, Menschen motivieren, genießen, organisieren, improvisieren, kreativ gestalten, segeln, schreiben…
Fünf, zehn, zwanzig, ja dreißig Talente sind in wenigen Minuten niedergeschrieben.
Hmmm, und was wollen Sie nun wirklich zu dem Ihren – als Beruf, zu Ihrer Marke (als Führende/r, als Hotelier, als Angestellte/r) – machen?
Woher dringt der Ruf – für Ihren Beruf, der im Idealfall innere, wahre Berufung ist?!
Jetzt sind wir wieder beim Guru angekommen; im förderlichen Zugang zur inneren Guru-Kraft.

Den Abgrund im Blickfeld

Eros ist, wie ausgeführt wurde, der Gegenpol des Thanatos. Wie wir wissen, gehören Yin & Yang, Tag und Nacht zusammen; sie bilden eine Einheit. Könnten wir´s nur wirklich erkennen: Liebe und Hass haben dieselbe Energie, allerdings mit unterschiedlichen Vorzeichen. Eros kann in seiner Verführungskraft demnach auch hin zum Abgrund leiten; ja leider, gepaart mit Thanatos, IN den Abgrund. Thema Sucht & Drogen. Ich kenne ein junges, sehr intelligentes Paar. Aufgeschlossen. Interessiert. Offen. Und dann empfiehlt ihnen wer, mal „Substi" zu probieren. Oh, welch' Wirkung! Sie nehmen's, sie spritzen, einmal, wieder, immer öfter, regelmäßig, täglich. Und schwärmen: „das ist wie ein zwanzigfacher Orgasmus"... Eros jubiliert. Und wer könnte nicht nachvollziehen, dass das eine „Wow-Erfahrung" sein mag.
Extrem-Erlebnisse wie auch Sex in der Öffentlichkeit, am Arbeitsplatz, mit der, dem Vorgesetzten...Gleich am Konferenzschreibtisch, kurz vor einem Termin. Uiii, was für ein Prickel... Und geheime Treffen, und „Weiterbildungswochenenden", wo kein Angehöriger ahnt, mit welchem (Körper-)Einsatz noch mitternachts trainiert wird... Auch Korruption kann wohl in diesem Zusammenhang gesehen werden: da ist doch ein Kick dabei, ein paar (hunderttausend, Millionen?) Euro auf ein Geheim-Konto zu transferieren... ABER: Wohin führt das alles?
Es gilt, auf die „innere Weisheit" zu hören. Guru: der weise Lehrer. Das junge Paar hat sowohl außen solch' weise Berater gefunden, wie innen erkannt, dass der „ungezügelte Eros" in den Exitus führen könnte. Mittlerweile sind sie seit Monaten auf „Drogenersatzprogramm", holen sich Woche für Woche ihre stets geringere Dosis – nunmehr – als Medikament in der Apotheke ab. Und staunen, dass an einem Tag, in einer durchschnittlichen Apotheke knapp 50 Portionen für andere Betroffene, quer durch alle Alters- und Gesellschaftskategorien, abholbereit sind...

Das rechte Maß

Ethik? Moral? Wertorientiertes, vernünftiges, sinnvolles Handeln? – Das antike Delphi-Orakel gab seinen Besuchern die drei wesentlichen Botschaften mit:
• Erkenne Dich, Dein Selbst!
• Du bist Mensch (und kein Gott!)
• Nichts im Übermaß!
– Nichts im Übermaß. Ja, das muss selbst Eros erkennen. Diese Grenze muss ihm aufgezeigt werden! Das ist der – wichtige – Gegenpol zur Gier, zum Egoismus (der eben die Überschreitung der Selbstverantwortung darstellt).

„Ethik ist ins Grenzenlose erweiterte Verantwortung gegen alles, was lebt", postulierte der große Albert Schweitzer.
Eros, der unbegrenzt Lebendinge, braucht Führung – durch den inneren Guru! Dieser widmet sich wohlwollend dem quirligen Eros; alle Neigungen, Wünsche, Sehnsüchte werden begutachtet, prinzipiell befürwortet; vieles darf getestet werden, doch Kraft der Erfahrung, der Reife, weiß der Guru um - wertvolle - Grenzen. Und die zeigt er unaufgeregt, ohne missionarischem Eifer auf. Hier offenbart sich die Verantwortung der Führungskraft. Ich will nicht, dass Du Dich schädigst; dass Du Dir (und unserer Familie, dem Unternehmen, der Mitwelt) Schmerz zufügst. Der Guru ist – im Gegenteil zum Eros – tugendhaft. Er kennt moralische Wertmaßstäbe.
Vom Staatsmann und Schriftsteller Benjamin Franklin, dem US-amerikanischen Gründervater, werden „13 Tugenden" überliefert, die er 1728 geschrieben haben soll:

1. Mäßigkeit
2. Schweigen
3. Ordnung
4. Entschlossenheit
5. Sparsamkeit
6. Fleiß
7. Aufrichtigkeit
8. Gerechtigkeit
9. Mäßigung
10. Reinlichkeit
11. Gemütsruhe
12. Keuschheit
13. Demut

Was ist für Franklin der Unterschied von Mäßigkeit und Mäßigung? – „Iss nicht bis zum Stumpfsinn, trink' nicht bis zur Berauschung", meinte er zum Ersten, und zum Zweiten: „Vermeide Extreme; hüte dich, Beleidigungen überzubewerten, nimm sie, wie sie es nach deinem Dafürhalten verdienen". Für Eros gehören wohl beide „Maßeinheiten" nicht zum Grundwesen... Positiv formuliert will er in seinem umfassenden Lieben maßlos sein! Eros fügt hinzu, will stets mehr, in der Optimalvariante getrieben vom „Guten, Wahren und Schönen". In der Negativvariante im Blutrausch nach einem Drogen-Gang-Bang-Exzess.
Der Guru reduziert, lässt weg, bis er zur Essenz kommt. Zur Weisheit, zur Zufriedenheit. „Der unzufriedene Mensch findet nirgendwo einen bequemen Stuhl", wusste Benjamin Franklin. Das Wesen von Eros ist, von einem Sessel

zum nächsten zu hüpfen; in seiner Vitalität auch den einen oder anderen umzuwerfen. Der oft und gerne plappernde, sprudelnde Eros kann mit der Tugend „Schweigen“ zunächst nicht viel anfangen: Der weise, innere Guru hilft uns, den richtigen Platz zu finden, indem er uns an die ureigene „Schwerkraft“, die „Neigung“, das Wesentliche des Lebens erinnert. Und dann atmet selbst Eros zu-FRIEDEN an einem inspirierenden Ort der Ruhe beglückt auf…

PER SONARE – was klingt durch mich?

Auf der Suche nach dem „Guru-Faktor“ lautet die Frage aller Fragen an uns selbst: Was verbirgt sich hinter unseren Masken des Alltags? Hinter eindrucksvollen Visitenkarten samt Titel-Kolonnen.
„Persona“, die Maske, stammt aus dem Theatervokabular. Eine andere Möglichkeit, die „Person“ auseinanderzuklauben, nimmt Anleihe im Italienischen, Lateinischen. „Per Sonare“. – „Per“ heißt „durch“. „Sonare“ – „klingen“. Damit kommen wir zur zentralen Frage: „was klingt durch mich?“, „was will sich durch meine Person ausdrücken“? Was schwingt in mir? Welche Einzeltöne ergeben den Akkord, die Melodie meines Selbst? Welche Kräfte, welche Sehnsüchte sind am stärksten ausgeprägt?

Was sind Ihre sehnlichsten Wünsche: aus welchen Motiven kommt dieser, woher jener? Kann man die ganzen Sehnsüchte, Visionen systematisieren und gar auf wesentliche Polaritäten beschränken?

Persönlicher und beruflicher Freiraum

„Der neue Selbstständige wird zum beruflichen Leitbild“, ist Freizeit- und Tourismusforscher Peter Zellmann überzeugt. Man müsse sich jedoch nicht selbstständig machen, um selbstständig zu sein. Der persönliche und unternehmerische Freiraum werde zur bestimmenden Kategorie für die Qualität im Berufsleben. Es dürfte jedoch noch einiges an Überzeugungsarbeit zu leisten sein: in Österreich gibt es nach wie vor eine der geringsten Selbstständigenraten Europas und laut Zellmann will auch künftig knapp die Hälfte aller Erwerbstätigen „so arbeiten wie die Eltern, fest angestellt und mit geregeltem Feierabend.“
Vielfach sind uns die Grenzen unseres Tuns bewusster als der sich bietende Gestaltungs-Freiraum. Wollen wir ihn überhaupt? Sind wir in der Lage, das sich bietende Feld zu bespielen – oder wollen wir's lieber konkret, mit klaren Anweisungen und to-do-Listen?!

Ich spüre, dass es uns auch und gerade im beruflichen Umfeld in Richtung „Werte“ zieht: Banken erkennen ihre Verantwortung und legen Ethik-Fonds auf. „Corporate Social Responsibility“ wird in immer kürzeren Intervallen an wunderschönen Konferenzorten gepredigt. In immer mehr Firmen gibt es Programme, die den Angestellten zum Mitunternehmer machen. Der Mit-Arbeiter wird sich darüber im Klaren, dass er Mit-WIRKENder ist. Seine Einstellung, sein Tun und Nichttun erschaffen die unternehmerische Wirklichkeit!
Ich möchte mir vorstellen, dass sich in unserem beruflichen Zusammenwirken Einstellungen durchsetzen wie jene
* von Bernd Lötsch, der als „Schönheitssucher“ gelten möchte – der die Schönheit verteidigt in einer Zeit, wo alles in Riesenschritten immer hässlicher wird;
* des „vagabundierenden Kulturwissenschafters“ Roland Girtler, der die Weisheiten der Land- und Stadtstreicher, Strizzis und Prostituierten, Schmuggler wie Wildschützen erkennt
* von Ernst Fuchs, der daran glaubt, dass „sich Wohltaten auswirken und Geduld bezahlt macht“.
Und dass uns die Botschaft von Antoine de Saint-Exupéry klar wird: „Wer nur um Gewinn kämpft, erntet schier nichts, wofür es sich zu kämpfen lohnt.“

Wofür können Sie sich erwärmen?!

Der deutsche Künstler Joseph Beuys hat angemerkt: „Da, wo gegenwärtig die Entfremdung zwischen den Menschen sitzt – man könnte sagen als Kälteplastik – da muss eine Wärmeplastik hinein!“ Selbst am Arbeitsplatz zwischenmenschliche Wärme zu produzieren, sei für Beuys eine Frage des Wirtschaftswachstums.“
Eros am Arbeitsplatz erfreut sich am Ideen-Sammeln, wie die Begegnungs-Qualität wärmer gestaltet werden könnte. Die Begegnungs-Qualität unter KollegInnen, von Chef zu MitarbeiterInnen, von MitarbeiterInnen zu ChefIn, aber auch zu KundInnen – und wieder retour. Wärme ist kein Einbahnstraßen-System, sondern Wärme breitet sich in alle Richtungen aus, wenn man sie lässt und fördert.
Die Kernfragen für Sie, von Ihrem inneren Guru gestellt, lauten:

- wofür erwärmen Sie sich?
- für welche Produkte bzw. Produkteigenschaften?
- für welche Bereiche Ihres breiten Betätigungsfeldes? Konkret!
- können Sie sich für Ihre KundInnen/KollegInnen erwärmen?
- wie könnten Sie dem Ausdruck verleihen? In welchen Kleinigkeiten?

Ich darf Ihr Gastgeber sein...

Ein kurzes Gespräch sage oftmals mehr über ein Unternehmen als 100 Seiten schwülstige Prosa in schicken Broschüren, sind Anja Förster und Peter Kreuz überzeugt. Die beiden Business Consultants berichten von einem Erlebnis, das sie bei einem Kongress hatten. Die freundliche Begrüßung des Kellners an der Kaffeebar: „Hallo, wie geht's?" Die beiden: „Gut, denn wir müssen heute nicht arbeiten. Und wie geht's ihnen?" „Mir geht's noch besser," erwiderte er, „denn ich darf heute ihr Gastgeber sein."
Semantisches Geplänkel? Durchgeknallte Mitarbeiter? Oder bestgeschult im Sinn von „abgerichtet"?! NEIN, hier geht es um etwas anderes: Das eigene Selbstverständnis - die Grundüberzeugung für das eigene Handeln. Wenn es allein darum ginge, Kaffeetassen in atemberaubender Geschwindigkeit auszuhändigen, wäre dieser Mitarbeiter eine Fehlbesetzung. Das können Serviceroboter besser und billiger erledigen. Und die Rolle des Kellners? Kreative Wertschöpfung ist die einzige Antwort! Was zählt, sind eine allumfassende Serviceorientierung.... Enthusiasmus... Leidenschaft... und Individualität. Dieser Mann an der Kaffeebar hat es verstanden - und seine Vorgesetzten offenbar auch!

Ein wundervolles Beispiel für die neue Wirtschaft, basierend auf Eros & Guru-Ausrichtung: hey, es darf Spaß machen. Meine Arbeit ist keine Qual. Ich habe mich aus freien Stücken dafür entschieden. Ich arbeite hier, um Freude zu haben und diese an Sie, meine Kunden, Klienten, Kollegen weiterzugeben.
Ich darf – egal ob als Regaleinschlichter, Pflegekraft, Autoverkäufer oder Primarärztin – auf Sie zugehen, ich darf Bezug nehmen, ich darf flirten, ich darf lächeln, einen Scherz machen... Ich darf! Und die Arbeits-Zeit verrinnt im Nu. Lassen Sie Eros mal' ran...

„Ich gehe nicht arbeiten,
ich gehe mich vergnügen!"
Robert Dornhelm

Zeit ist reif für Arbeit ohne Zwang

Ist's reine Utopie? Der Job als täglicher Akt der Freude? Mit stimmigster Motivation, etwas umzusetzen, in die Welt zu setzen, sich zu entfalten, im Beruf seinem inneren Ruf zu folgen, diese Be-Rufung dankbar wahrzunehmen und weiterzugeben?!
„Die Zeit ist reif für Arbeit ohne Zwang", hebt Götz W. Werner hervor. Der

Boss der Drogeriemarkt-Kette, Milliardär und Professor für Entrepreneurship an der Uni Karlsruhe, predigt seine Vision vom bedingungslosen Grundeinkommen. Ihm schweben Beträge, gestaffelt von 800 Euro für Jugendliche bis 1.500 Euro monatlich für Erwachsene, vor. Damit könne jeder völlig frei entscheiden, ob er sich durch Arbeit etwas dazuverdienen will. Keine Arbeitslosigkeit. Keine Zwangs-Prostitution. Anstelle des Jobs als Überlebensnotwendigkeit sollte die Arbeit als freiwilliges Bedürfnis treten. Unzählige Opferrollen und Entwürdigungen fielen damit weg. Und wie soll das finanziert werden, Herr Professor? „Wir brauchen lediglich eine Konsumsteuer, die der Umsatzsteuer entspricht. Je nach Wert für Sozialwesen und Umweltbelastung solle diese Endsteuer 20 bis 50 Prozent zum Nettopreis betragen. „Unser bisheriges Steuersystem stammt aus einer Zeit der Eigenversorgung durch Landwirtschaft, Handwerk und Grundbesitz. Leistungen zu besteuern wie Arbeit und Unternehmertum, die wir dringend für die Grundversorgung der Gesellschaft brauchen, ist überholter Unsinn!"
Und – werden dann alle nur noch als Sozialschmarotzer auf der faulen Haut liegen?
Professor Werner schließt das aus: „Menschen ohne Arbeit und Gemeinschaft werden verrückt. Wir wollen sinnvoll und produktiv tätig sein!" Sonst wären ehrenamtliche Pflege-, Sozial- und Rettungsdienste längst zusammengebrochen.
Gewissensfrage – würden Sie Ihren Job morgen weitermachen, wenn Sie NICHT MÜSSTEN? Ich schau' kurz auf, lächle beglückt, und schreibe die nächste Zeile... In Vorfreude, dass Sie dieses Buch in Händen halten.

GeschäftsVERführerIn – mit Interesse an Begegnungen

Eros und Wirtschaft? Eros und Politik?
Sind das nicht „Un-Paarungen"? Ja, schließen sich jene Begriffe nicht bereits per Definition aus?!
Wirtschaft, da müssen die (Verkaufs-)Zahlen stimmen. Und bei Politik? Da müssen die Wählerkreuzerln stimmen. Basta. Alles andere sind Kinkerlitzchen. Was hat das mit Eros zu tun?
Tja, SO betrachtet - leider tatsächlich nichts! Und genau darin liegt das Problem! Ich bin überzeugt, dass Wirtschaft wie Politik in die Krise schlittern, bzw. längst drin stecken, weil sie ihr Feld so eng sehen. Weil sie alleine auf Verkauf aus sind. Weil sie rein pragmatisch agieren; kalkulieren, bloß Zahlen addieren. Weil sie nur mehr „Kunden-Fälle" registrieren. Aber die Wesen aus Fleisch und Blut als solche zu sehen verlernt haben. KEIN Mensch will als „Akte 67/11" bzw. als „Blinddarm von Zimmer 1823" behandelt werden!

Wir berauben uns des Schönsten, wenn wir einander als bloße Geschäfts-Transaktionen registrieren. „Der Nächste!" Und das „Bitte" ist ohnehin schon selten.
Lassen Sie das Gegenüber wirken. Auf sich wirken. Eröffnen Sie den Energiefluss mit einem Lächeln. Ohne dahinterstehende Absicht. Gönnen Sie sich doch die Befriedigung Ihrer Neugier. Wer weiß, was an Faszinierendem sich im Anderen entdecken lässt?! Versuchen Sie mal, ein wenig Interesse für das DU zu entwickeln: „Und wie sind Sie auf mich aufmerksam geworden?“ fragt die/der GeschäftsVERführerIn. Wie schön, wenn wir einander zu beeindruckenden Dingen, wertvollen Dienstleistungen, faszinierenden Produkten und angenehmen Erlebnissen verführen!
Wenn Eros in Wirtschaft und Politik das Sagen hat, wird das ursprünglich Primäre (der erfolgreiche Verkauf) sekundär. Im Mittelpunkt stehen hingegen plötzlich Freude am Austausch mit einem Du. Freude am Sein, Freude an dem sich entwickelnden Interesse. Und wenn die Energie zwischen beiden zu fließen beginnt, klappt der Verkauf mit links und das Kreuzerl wird selbstverständlich in der richtigen Rubrik gemacht...
Netter Service, Lächeltraining für die Mitarbeiter und eine blitzblanke Verkaufsstätte: Das ist alles wichtig, ist aber nicht mehr als die Eintrittskarte, die zum Mitspielen im Wettbewerb berechtigt. Es führt Sie nicht an die Spitze, sondern ins Mittelmaß. Warum? Weil viele Wettbewerber genau das Gleiche tun. Aber das Herz für die Sache, die Sie zu der Ihren werden lassen, das schlägt nur in IHNEN!

Sexy Angebot?

Ehrlich: finden Sie Ihr Angebot, Ihr Tun „erotisch“, anziehend? – Ist Ihr Unternehmen Eros würdig? Würde sich in Ihrem Betriebsklima Eros wohl fühlen? Hätte Eros mit Ihnen Freude?
Sind das zulässige, berechtigte Fragen?
Ich bin überzeugt: JA!
M. hörte kürzlich vom Chef eines großen österreichischen Unternehmens, nachdem er einen Sponsorvertrag über 350.000 Euro unterschrieben hatte, „wenn sie nicht für die Abwicklung verantwortlich wären, hätte ich’s nie gemacht“... Und dabei blickte er ihr tief in die Augen. Ja, es ist ein Kriterium, ob Geschäftsmeetings auch das Herz erwärmen...
Die Botschaft lautet: selbst Geschäfte werden nicht mit Firmen, sondern mit Menschen gemacht. Warmblütlern. Und dieses Blut muss man pulsieren spüren.
Die meisten Menschen und Unternehmen sind zu wenig in der Lage, unwider-

stehlich zu sein oder sich unwiderstehlich zu machen. Da wird Unwiderstehlichkeit schnell mit Rabatt und Discount verwechselt. Das kennen viele aus der Zeit in Discos! Manche Männer sehen eine attraktive Frau, nehmen sich ein Herz, sprechen sie an und laden sie sicherheitshalber gleich mindestens auf einen Drink ein. Nach dem Motto: „Ich bin zwar nicht schön, gebe aber etwas aus." Diese Zugabe allein ist schon ein Discount auf den eigenen Wert. „Gefalle ich ihnen schon und muss ich noch einen weiteren Drink reichen?!"
Je geringer der empfundene Eigenwert, umso höher die Zugaben: ein festliches Dinner, ein Wochenend-Trip nach Paris, ein Wellness-Urlaub... Und das geht oft das ganze Leben so weiter! Ich bin nichts, fühle mich minderwertig – und nur mit Zuckerln kann ich mir die Gunst des Gegenübers erkaufen.
Welche Discounts geben Sie, um sich selbst, Ihre Produkte oder Ihre Dienstleistung an die Frau oder den Mann zu bringen? Oder sind Sie einfach unwiderstehlich?

Eros, der Kreativgeist und der „innere Guru" als Innovationsmanager

Alle reden von Innovationen! Von neuen, kreativen, unkonventionellen Ideen. „Wir brauchen Befruchtungen, frischen Wind und müssen raus aus gewohnten Denkmustern", posaunen die Bosse, nachdem sie jede kleine Idee über Jahre hinweg systematisch abgetrieben haben...
Mit Schrecken erkennen viele, dass das, was über lange Zeit funktioniert hat, in Gegenwart und Zukunft nicht mehr reicht. So muss das Selbstverständliche hinterfragt und über den Tellerrand hinausgeblickt werden. Dazu braucht man Imaginations-Fähigkeit, Angstlosigkeit und ein bisschen Kühnheit; Frechheit mit Augenzwinkern. Ver-rückte Ideen, die dazu anregen, die angestammte Position zu verlassen, sind plötzlich viel wert. Und es ist ein besonderes Phänomen, dass wir diese schönste aller Beschäftigungen nunmehr an hochbezahlte Consulter delegieren: „Business Querdenker", „Kreativagenturen" & „Innovationsmanager".

Es gibt also großen Bedarf an mutigen Kreationen und noch nicht ausgetretenen Profilierungs- sowie Kommunikationswegen.
Neu, frech, mutig, anders, voll Leben... Wer ist dafür Experte?
Ja, wir kennen ihn bereits. Und er wartet in den Startlöchern, behutsam begleitet von Ihrem „inneren Guru", losgelassen zu werden: EROS.
Was Eros mit sich bringt, nennt der Managementberater Gerhard Vater in seiner Diktion „Wagniskreativität": diese gedeihe am besten in einem Klima des Vertrauens und der Angstfreiheit. Vier Typen zur Veränderungsbereitschaft

haben sich, so Vater, in Unternehmen herauskristallisiert:

- Die Innovatoren, die Veränderungen aktiv anregen.
- Die „frühen Mitmacher“, die Neues bereitwillig und ohne viel Zögern annehmen.
- Die „späten Mitmacher“, die Neuem gegenüber offen sind, aber zuerst Beweise für die Nützlichkeit von Veränderung erwarten.
- Und die „konsequent Beharrlichen“, die Neuerungen mit strikter Verweigerung begegnen.

Mit Bewahrern des Status Quo, die Risikominimierung mit Unternehmensstrategie verwechseln und in denen lähmende Langeweile zur Grundeinstellung gehört, ist jedoch kein Unternehmen aufrechtzuerhalten. – Der Name verrät es ja wunderbar: hier ist angesagt, etwas zu unternehmen, statt zu unterlassen...

Eros = verrückte Leidenschaft!

„Mit der Verehrung alles Lebendigen
wächst meine Seele.“
Black Elk, Sioux

Veränderungen sind die Keimzellen des Erfolgs. Denn Veränderungen lösen fast immer weitere Veränderungen aus. So können aus kleinen Anfängen große Erfolge entstehen. Die Frage lautet: Wie funktionieren solche Veränderungsprozesse?

Wachstum findet nur außerhalb der Komfortzone statt. Otto M. Zykan meinte, Begabung sei Veränderungswille und Wachheit. Es gilt, den Mantel der Bequemlichkeit abzustreifen. Für Lebensglück und Erfolg müssen Sie das Gaspedal durchtreten. Mit viel Mut eingefahrene Gleise verlassen. Unsicherheit verspüren und diese Unsicherheit als sicheren Begleiter anerkennen.

Eros bricht mit verstaubten Konventionen. Scheuklappen werden abgelegt. Das Mittelmaß ist ihm kein Ruhekissen. Unternehmerische, sportliche, künstlerische Spitzenleistung funktioniert nur mit Leidenschaft, Engagement, Risiko, Neugierde und Einsatz, der etwas verändern will. Begeisterung ist Brennen: Mit lauwarmer Gewogenheit und akzeptabler Erledigung der übertragenen Aufgaben können Sie nichts erreichen. Eros lädt ein, sich hinauszuwagen aus dem sicheren Terrain und Neues zu probieren.

Erfolg ist eine Haltung!

„Wenn wir an irgendeinem Tag kein Wunder finden in unserem Leben, so haben wir es nur aus den Augen verloren."
Rudolf Steiner

K. ist ein wirklich erfolgreicher Mann; er leitet das Büro des Generals; ganz oben, wo die Luft schon ganz dünn ist. Er findet es spannend, dass seinen Anordnungen widerspruchslos Folge geleistet wird. Ob er´s auch wirklich genießt, täglich „spätestens um 8 Uhr früh ins und frühestens um 20 Uhr aus dem Büro zu kommen?! - Ich hab keine 1000 Leute, die meine Anweisungen erfüllen… Nicht mal EINEN, denn selbst mein „innerer Guru" wird oft überhört… Dennoch fühle ich mich erfolgreich. Reich an Erfolgen. Deren größter meine Selbstständigkeit ist; mein SELBSTständigSEIN. Ich darf ständig ICH selbst sein; das gestatte ich mir. Ich strukturiere meine Tage selbst; ich lebe das, was mir wichtig ist. Und was sich aus mir heraus entfalten will. Bestes Beispiel: dieses Buch. Das Eros initiiert hat, das mein Guru führt bzw. ausführen lässt und das meine ICH-Marke als „Persönlichkeitstrainer" stärken will. Ich bin fasziniert von diesem Thema – und lasse mich auch beim 20. Buch beherzt darauf ein. Indem ich den Leitgedanken über Monate hinweg Tag für Tag mindestens eine Schreibstunde – in der Letztphase nunmehr 8 Stunden täglich - einräume. Egal ob das am Nachmittag dieses heißen Sommertages geschieht, nackt im wohligen Schatten der Terrasse vor dem Computer sitzend, oder nach einem intensiven Seminar-Tag das mit mir vereinbarte Tages-Schreib-Pensum in dunkler, stiller Nacht eines Hotelzimmers abarbeitend. Die freie Zeit- und Themenwahl, die Partner- und Freunde-Kür, die freie Entscheidung für Seminar-, Coaching- und publizistische Aufträge, und das alles – ich danke demütig – bei ausreichenden Honorareinkünften wie auch bester Gesundheit gibt mir das wohlige Gefühl von Erfolg und Zufriedenheit. Mein Karriere ist eine MARKante „Eros of life – Tour", die zu reizvollsten Etappen-Zielen FÜHRT!
- Erfolg ist eine Haltung! Erfolg ist die Folge einer starken inneren Einstellung, einer Überzeugung, von FührungsKRAFT. Ja, ich bin in der Lage, ich bin fähig, dieses und jenes Projekt durchzuziehen!

Erfolg, der Eros folgt

Eros hat sich in mein Leben reklamiert – ebenso wie die Marke; und ich habe deren Ruf gerne gehört. ICH LASSE MICH FÜHREN – und erkenne, welch` unerschöpfliche KRAFT darin liegt.

Ich bemerke, wie gut mir die - markante - Befassung mit Eros tut. Stets kokettiert er mit mir und fragt mich, ob ich dieses oder jenes Projekt, noch ehe ich zusage, wirklich „antörnend“ finde. Ich bin überzeugt, dass in der ehrlichen Beantwortung dieser simplen Frage bereits der Grundstein für einen möglichen Erfolg gelegt wird: „Was sagt Ihr EROS zu dieser Herausforderung, zu einem Projekt, das an Sie herangetragen wird?“
UND: passt Ihre Entscheidung auch zum Wertekanon Ihres Inneren Gurus? Lassen wir Eros & Ihrem inneren Guru die Wahl! Sie entscheiden richtig! Vertrauen Sie. In ihnen wirkt die stärkste Kraft, die Sie ein- und umsetzen können. Führen und Sich-führen-lassen gehören zusammen; sie sind Schuhe desselben Paares. Und beide brauchen das Vertrauen, die Bereitschaft der Hingabe. Vertrauen führt! Und wo spielt Vertrauen eine ebensolche zentrale Rolle? In der Marken-Strategie.
Wenn Eros Sie MARKant leiten darf, dann zieht Sie ein Ziel magnetisch an, ohne dass Sie noch viel dazutun müssen. Sie werden getragen, sicher geleitet, der Fluss trägt Sie zum Erfolg.
Erfolg? Er folgt Eros! – Das ist meine felsenfeste Überzeugung. Und ich lasse mich persönlich mit jeder Faser meines Körpers, mit jeder Schwingung meiner Seele, jedem Schlag meines Herzens ein. Was immer daraus werden will, es ist willkommen!

Und wenn Sie nun von diesen Zeilen berührt werden, wenn Sie meinen, wir sollten etwas im Zeichen von Eros gemeinsam in die Welt – gerade in die bislang von grauer Effizienz geprägte Karrierewelt – setzen, auf dass diese bunter, froher, leichter werde, dann zögern Sie bitte nicht und wenden Sie sich an mich: greisinger@stoareich.at oder, meinen in diesem Buch dargelegten Missionen folgend: greisinger@ich-marke.com bzw. mg@eros-of-life.com
Ich freue mich auf Ihre Zeilen und antworte Ihnen garantiert!

Der Hospiz-Filter

„Unser Angebot“, heißt es im Folder des Vereins „Hospiz Waldviertel“ – Waidhofen/Thaya: „Kostenlose Begleitung von schwerstkranken und sterbenden Menschen in Pflegeheimen, im Krankenhaus, vor allem aber zu Hause.“ Das ist ein Themenwechsel! Rrrrums!!! Haben wir nicht gerade noch dem Erfolg gehuldigt?! - Wie Sie gleich feststellen werden, gehört der „Hospiz-Filter“ optimal dazu. „Leicht“ ist es allerdings nicht, sich auf diesen Weg einzulassen, den ich Ihnen als Hilfe zur Unterscheidung zwischen EGO und ICH, Eros und Guru-Faktor empfehlen möchte:

Leicht geht man nicht hierher. Viel leichter UM-geht, verdrängt man das Thema Krankheit, Sterben und Abschied. In meiner lauten, schrillen Branche der Werbung/PR zählt, mit Slogans Sehnsüchte zu wecken, deren Erfüllung man vom Kauf irgendwelcher Produkte abhängig macht.
Die Werbung, die ganze Marktwirtschaft lebt vom (EGO-)Wachstum. Und sie will ewig leben. In ihr zählen Schönheit, Jugendlichkeit, Coolness, Unverwundbarkeit, Karriere, Sex und sonstige Glücksverheißungen. Siechtum, Schmerzen und Tod machen sich irgendwie nicht gut auf den bunten Hochglanzprospekten...
Willkommen im Hospiz! - Dies hier ist die Anderswelt. Die dringend nötige, die lebensnotwendige Korrektur. Die Bodenhaftung. Der andere Pendelschlag, der ins Wesentliche führt.

Das Letzte...

Hospiz nannte man im Mittelalter jene Herbergen, die Pilgern auf ihrer Reise einen Platz zum Ausruhen und Schlafen boten; wenn nötig auch Pflege für Kranke. 1967 wurde das erste Hospiz in London gegründet; mittlerweile gibt es weltweit mehr als 2.000 stationäre und ambulante Hospize.
Der Patient im Hospiz soll hier alles finden, was er benötigt, um gestärkt und schmerzfrei durch seine letzten Krankheitsphasen, durch seinen letzten Lebensabschnitt gehen zu können.
Leben bis zuletzt, Sterben in Würde. – Das ist der zentrale Hospiz-Gedanke.
Die letzten Phasen der Krankheit, der letzte Abschnitt, die letzten Worte. – Das LETZTE hat wenig Charme.
Kann man sich nicht ein kleines Hintertürchen offenlassen?! „Vorletztes" vielleicht oder „unter den Letzten"... Klingt nicht gar so endgültig. Nein, der Zug fährt unwiderruflich ab; und der Platz, Ihrer wie meiner, sind bereits reserviert. - Damit steigt die wesentliche Frage auf: was ist bis zur Abfahrt zu erledigen? Was bleibt? Was bleibt zu tun? Was bleibt von mir?
Diese Frage ist der Schlüssel ins Wesentliche. Ins Pure. Ins Wahrhaftige. Denn es geht um die Lebens-Ernte. Nicht um einen netten Abend in Geselligkeit, mit Witzchen, Lobhudeleien und gutem Essen. Allein die Frage verändert den Alltag: der nächste, sooo wichtige Termin laut Organizer löst sich in Belanglosigkeit auf.

„All ent steig: lassen Sie jetzt all das sterben,
was Sie vom großen Leben abhält."
mg

Dem Herzen folgen

„Mich daran zu erinnern, dass ich bald tot sein werde, ist die wichtigste Hilfe, dir mir je begegnet ist, wenn es darum geht, die großen Entscheidungen im Leben zu treffen. Denn fast alles - alle äußerlichen Erwartungen, aller Stolz, alle Angst vor Blamage oder Misserfolg - all diese Dinge fallen im Angesicht des Todes einfach weg, und lassen nur das übrig, was wirklich wichtig ist. Der Tod ist die wohl mit Abstand beste Erfindung des Lebens; er ist der Katalysator des Wandels. Er räumt das Alte weg, damit Neues entstehen kann. Dich daran zu erinnern, dass du sterben wirst, ist der beste Weg, den ich kenne, um die Falle zu vermeiden, zu glauben, du hättest etwas zu verlieren. Du bist bereits nackt. Es gibt keinen Grund, nicht deinem Herzen zu folgen."

Steve Jobs, APPLE, 1955 – 2011

Mit der Begrenzung leben...

„Wenn durch die Sanduhr des Lebens einmal Platin rinnt, dann wird jede Stunde kostbar", sagt Lebenskünstler Udo Jürgens. Und der unvergessene Kardinal Franz König merkte an: „Die Erkenntnis, dass jedes Leben begrenzt und zerbrechlich ist, tritt irgendwann ganz unausweichlich in unser Leben. Nur wer sich ihr stellt, der kann zur Ruhe kommen."

Dass unser Leben begrenzt ist, wissen wir und haben wir irgendwo im Hinterkopf abgespeichert. Dort soll es aber auch bleiben – und keine unangenehmen Botschaften ins Bewusstsein schicken... Wir leben lieber so, als ob es keinen Tod gäbe und wir endlos Zeit hätten. Unbegrenzt Zeit, das zu erfüllen, was uns Spaß macht, vielleicht auch, was uns wichtig ist, unsere Visionen zu verwirklichen und umzusetzen, was uns als Glückserfüllung vorschwebt. Und so schieben wir hinaus, was uns gerade nicht „genehm" ist. Die HOSPIZ-Botschaft lädt dazu – dringend – ein, das Leben in seiner Begrenztheit wahrzunehmen und dadurch ein Gespür für bewussteres und reicheres, echtes, wahrhaftiges Leben zu entwickeln. Ich muss mir klar werden, dass jede vermeintliche Zwischenbilanz, so weit ich wenigstens eine solche hin und wieder anstelle, die Endabrechnung sein kann. Und mein salopp auf Papier geworfenes Vorwort durchaus bereits das Nachwort sein könnte, in dem jeder Buchstabe den Anspruch auf „ewiges Vermächtnis" tragen können muss...

Noch ein Jahr – und was sagt der Guru?!

So schließt sich der Kreis zum „Guru-Faktor“: Die Vorstellung, wir hätten nur mehr – sagen wir – ein Jahr zu leben, kann helfen, sich darüber klar zu werden, was wir bisher nicht gelebt haben, was auf der Strecke geblieben ist, was aber noch unbedingt verwirklicht werden will; was uns überaus wichtig ist. So könnte die Gegenwart kostbarer und tiefgründiger werden.
Mit dem Modell „Zeit wird knapp“ trennt sich „EGO-Spreu“ vom „ICH-Weizen“...
Was ist wirklich wichtig? Und wer diese Frage weiter vor sich her schieben will, im Bestreben, dass sie irgendwann verebbt, kann getrost sein, dass das Leben Möglichkeiten finden wird, ein EGO mit den ICH-Bedürfnissen zu konfrontieren. Dann wird ein so „unersetzbares“, gestresstes EGO eben von einer schweren Krankheit niedergestreckt; auf dass es Zeit findet, sich mit den wahren Lebenswerten zu beschäftigen...
Plötzlich werden die eigene Yacht sowie der Hubschrauberflug nach Cannes samt Butler und Miniberockte Beinchen unwichtig. Beziehungen, Freundschaften, DIE Partnerschaft, Familie treten in den Vordergrund – Menschen, die wir lieben, und ICH selbst: was will noch verwirklicht werden, was schreit in mir nach Entfaltung? Worum geht's mir – in meinem Herzen – wirklich?! Egal, ob´s scheitern könnte…
EGOs sterben verbittert und einsam; ein ICH, das SEIN bzw. IHR eigenes Leben gelebt hat, mag allein sein, und doch in Zufriedenheit, für alle einen Beitrag geleistet zu haben und auch die eigene Entwicklung bestmöglich vorangetrieben zu haben...

„Wo bist du geblieben, Narzissa, die du dich so geliebt und immer gelächelt hast, die du soviel gegeben hast und ebenso viel bekommen wolltest?
Wo bist du geblieben mit deinen Träumen, deinen Hoffnungen, deinem Wahn?
Wo bist du geblieben, Spiegelbild, wo kann ich dich suchen,
wo kann ich dich finden, wie kann ich dich an mich binden?“
Melissa P. – „Mit geschlossenen Augen“, Roman, Goldmann Verlag

Per sonare.... was klingt in Ihnen – welchen Ton wollen Sie, will Ihr Innerer Guru anstimmen?!

Welcher ist IHR ureigener Weg?!
Irgendwann im Leben kommt die Entscheidung: gehe ich MEINEN Weg – oder begnüge ich mich im Bemühen, von den anderen gemocht zu werden...

Eine einfache, etwas zu simple Sichtweise? Man müsse das komplexer betrachten? Vernetzter, systemisch, umfassend. Nichts auf der Welt sei auf schwarz – weiß zu reduzieren... Und so weiter und so fort … blabla.
Optimalerweise, so antworten Sie gewandt, möchten Sie für Ihren Weg gemocht werden... – Sehr guter Ansatz! Das entbindet Sie jedoch erst wieder nicht von der Erfüllung des ersten Teiles des Satzes: Ihr Weg. Und dann erst kommt das Mögen. Und wenn's nicht kommt, das Mögen, dann seien Sie gefasst auf die neuerliche Gewissensfrage: bleiben Sie Ihrem Weg trotzdem treu?
EIGENER Weg: das tun, was mir, was meinem Wesen entspricht – ob's den anderen gefällt oder nicht. Das ist ein hehrer Anspruch. Denn „die anderen" sind Partner, Familie, Vater, Mutter, Kinder, Freundin, Freundinnen, Freunde, Kritiker, Medien, Führungskräfte, KollegInnen, MitarbeiterInnen, Vereinsmitglieder, Nachbarn, die Ortsbevölkerung, die Stadt, die Region, das Viertel, das Land, der Staat, die Welt...
Haben Sie tatsächlich den Mut, die Kraft, die Energie, IHREN WEG zu gehen, egal was die Welt dazu sagt, Sie ächtet, Ihnen den Vogel zeigt, Sie für (größen-) wahnsinnig erklärt?
Gratulation zu Ihrem überzeugten JA! Sie sind dort, wo die Sehnsucht ist. Dort in der eigenen Entwicklung anzukommen, wo das Urteil des Umfelds nichts mehr ausmacht. Wo ein „Sie sind ein wunderbarer Mensch" ebensoviel oder ebenso wenig wiegt wie „Sie sind der größte Trottel auf diesem Planeten!"

Was ist Ihr eigener Weg? Ich rede nicht von der Funktion, die Sie gut (bzw. ich gönne Ihnen: best-) bezahlt 60 Stunden in der Woche im vollklimatisierten Großstadtbüro ausfüllen, be-kleiden (ist das nicht ein wunderbares Wort: der Job als Kleid...)! – Was bleibt übrig, wenn Sie Ihr Leben um Ihre Visitenkarte samt Titel, Funktionen, Nobeladresse bereinigen?!
Jetzt sind wir dort: am eigenen Weg. So eigen, dass er anderen verdächtig erscheint. Als All-ENT-steiger oder – noch besser – als All-EIN-Steiger IM System, IN der Partnerschaft, IM Job.

Synonym für Eigenwilligkeit, Eigenständigkeit, Eigenverantwortlichkeit ist der „GURU". Entwickeln Sie den Mut, sich als Guru (und ich will bitte die Weiblichkeit einschließen!) zu sehen.
Entfalten Sie den Guru in sich, erwecken Sie ihn, küssen Sie ihn wach, lassen Sie ihn leben, schenken Sie ihm Ihre Anerkennung (ohne mit jener von außen zu kokettieren), Ihre Zustimmung. – Es geht um IHREN Weg, Ihre Sicht der Dinge, Ihre Vorstellung von Leben, Ihre Einwände, Ihre Kritik, Ihre Liebe...
Stellen Sie sich vor, wie bunt, wie vielfältig unser Leben, unsere Gesellschaft und unsere Demokratie werden können, wenn es viele, viele Selbst-Bewusste

gibt, die Visionen haben, wie dieses Leben noch tiefer, schöner, wahrhaftiger, liebevoller, spannender werden könnte.
Lassen Sie sich auf den markanten, von Eros inspirierten, GURU-Weg ein!

Anderen recht machen...

„Telemax" Robert Löffler widmete sich in einer Kolumne den Showmaster-Legenden Peter Frankenfeld, Hans-Joachim Kulenkampff und Rudi Carrell. Sie alle hätten nie untersucht, was die Zuschauer wollten, sondern überraschten das Publikum, betonte Carrell: „Wir haben unseren Humor und Ideen den Zuschauern aufgedrungen; und wir haben sie nicht vorher gefragt wie die Spießer."
Man kennt TV-Leute, so Robert Löffler, die würden den „Faust" durch Befragung nach dem Geschmack des Publikums adaptieren: „Pudel oder Bernhardiner?" „Soll Faust Fritz oder Heinrich heißen?" „Soll dem Gretchen vor ihm grauen?" So würden Krethi und Plethi ihrer Tragödie erster Teil machen.
Und für viele liegt in diesem Beispiel tatsächlich die Tragödie ihres (ungelebten!) Lebens, indem sie's tagein, tagaus anderen recht machen wollen...
Goethe schrieb nicht, was die Leute wollten, sondern die Leute wollten, was Goethe schrieb. Hugo Portisch analysierte nicht auf die Weise, was die Zuschauer wollten, sondern die Zuschauer wollten, was Hugo Portisch sagte.
Falco sang nicht, was die Leute wollten, sondern die Leute wollen noch heute, was und wie er sang.

Energievolle, ungeschminkte, nicht kämpfende Autorität

„Ein Mensch, der aus seiner Mitte lebt, wird zum Mittelpunkt", weiß Nikolaus B. Enkelmann. Gurus sind Wesen, in deren Umfeld sich der Brustkorb weitet, die Gedanken auf Reisen schicken, die der Phantasie einen Nährboden bereiten, die nicht von Enge sprechen, sondern eine Duftwolke der Kreativität und des Lebensfrohsinns verströmen. Diese Lichtwesen sprechen stets mit neugierigen, fröhlichen, vollen und funkelnden Augen; ihre Brauen sind immer hochgezogen - so als würden sie danach trachten, keinem düsteren Gedanken eine Landemöglichkeit auf der Stirn zu bieten. Sie haben die Worte „Wenn" und „Aber" aus ihrem Sprachschatz geworfen und gegen mehrere Portionen Optimismus getauscht. Diese Menschen verschränken selten die Arme vor'm Brustkorb; sie müssen nichts verteidigen und greifen auch nicht an - denn sie leben ihre energievolle Autorität im Augenblick ihrer Präsenz. Sie beeindrucken auch und besonders ungeschminkt, in Jogginghosen, im Gespräch mit der Trafikantin wie in souveräner Diskussion mit dem internationalen Consulter. Sie wirken, weil sie nicht krampfhaft auf Wirkung bedacht sind. Sie sind schön, weil sie nicht schön sein wollen; mit 126 Kilos, gertenschlank, mit 78 Jahren oder mit 35; - sie sind's aus sich; aus einer starken, inneren Kraft.

Auf eigenen Füßen...

„Im 21. Jahrhundert gibt es keine geschlossenen Denksysteme mehr", ist Alf Stummer überzeugt; „der Mensch muss sich nunmehr auf die eigenen Füße stellen!"
Wohin die Ideologien führen können, haben die Jahrhunderte davor bewiesen: von Glaubens-Kreuzzügen über Nationalismen, Faschismen bis zum Kommunismus – mit Millionen Ermordeten.
Aufklärung und Emanzipation haben durchaus gegriffen (ohne die Gefahr auferstehender Fundamentalismen klein reden zu wollen!), die Menschen lassen sich nicht mehr so leicht vor fremde Karren spannen. Die größte Gefahr stellt vermutlich der Konsumismus dar. „Was muss ich als nächstes kaufen, um dazuzugehören bzw. um mich von meinen Nachbarn abzuheben?!"
Die Guru-Strategie ist getragen von der Sehnsucht, dass viele eigenständige Persönlichkeiten eine Revolution des Positiven entfachen: wo wir nicht mehr anderen vermeintlichen Gurus nachhecheln, sondern IN UNS gehen und umso SELBSTbewusster wieder rauskommen...

Selbst – ständig

Gibt es etwas Faszinierenderes als Worte auf ihren Sinngehalt hin zu überprüfen, sich auf ihre Spur zu begeben?! – BeGUTachten Sie das „Selbstständig" sein: Die neue Rechtschreibung hat das Wort, das zuvor „selbständig" geschrieben wurde, weiter aufgewertet. Das SELBST hat noch mehr Bedeutung gewonnen. Und das Unternehmertum (beachten Sie hier das inliegende „etwas unternehmen" statt „unterlassen"...) gibt dem Selbst auch noch STÄNDIG eine Bühne zur Entfaltung. Ist das nicht eine wunderbare Einladung?! Sei ständig du selbst! Du musst nichts anderes tun. Das einzige, was wir von dir wollen, ist dein ganzes Selbst. Du schuldest es uns geradezu, DEIN Selbst in Bestform in unsere Gemeinschaft einzubringen.
Deshalb ist der „Guru-Faktor" ein so hilfreiches Instrument. Hier schlummern die Anlagen für Ihr Selbst. Und hier ist der Schlüssel für Ihre Persönlichkeit zu finden. Hier ist das Fundament, auf dem Ihr Selbst stehen kann. Apropos: „Ständig" inkludiert auch das Vermögen, die Kondition, was permanentes Ste-

hen, eine eigene Position zu beziehen, mit sich bringt. „Aus dem Stand heraus“ zu agieren, ohne viele Ablenkungsmittel von Powerpoint bis Businessoutfit, ein „Statement“ abzugeben, das ist die Herausforderung und die enorme Lebensqualität des „Selbstständigen“. – Wobei ich diese Qualität nicht nur für jene, die in der Wirtschaftskammer zwangsverpflichtet sind, gelten lassen möchte: es gibt unter Angestellten und Beamten sicher viele, die „ständig zu ihrem Selbst stehen“. Sie haben nur schwierigere Rahmenbedingungen; denn zumindest 8 Stunden täglich sind damit mehr oder weniger fremdbestimmt.

„Ich kenne den Weg zum Glück nicht,
so gehe ich eben meinen Weg – und bin dabei sehr glücklich!“
mg

Der Guru und sein Gewicht – durch Kompetenz

Die Schwerkraft, das Gewicht erhält der Guru durch seine Kompetenz. Niklas Tripolt spricht von fünf Schlüsselkompetenzen: Fachwissen, Motivation, kommunikative Kompetenz, soziale Kompetenz sowie Selbst- und Zeitmanagement. Vielleicht lassen sich diese aber auch auf die „großen Drei“ verdichten:
- SELBST-
- SOZIAL- und
- FACHKOMPETENZ.

Kompetenz heißt: ich kenne mich aus, ich weiß Bescheid. Ich kann dir helfen, wenn du mich um Rat fragst...
Das kann jedoch wohl nur in den seltensten Fällen ein allumfassender Anspruch sein! Der eine kennt sich mit Tieren wie kein anderer aus, die andere weiß um psychische Probleme bestens Bescheid. Guru-Sein heißt, die besondere Kompetenz herauszuarbeiten und mit Selbstbewusstsein überzeugend weiterzugeben.

Zwischen Schwerkraft und Leichtigkeit

Wer seine volle Kompetenz lebt, zentriert ist in seinem Wissen, seinen Überzeugungen, der bringt in dieser Schwere, in diesem Verwurzeltsein, auch eine andere, paradox anmutende Qualität ins Spiel: die Leichtigkeit. Hier kommt wieder Eros ins Spiel; hier blitzen seine funkelnden Augen auf…
Gurus MÜSSEN nicht Recht haben, sie können spielend leicht von ihrem felsenfesten Standpunkt zurücktreten – ohne ihn aufzugeben. Kampf („Machtstrategie“ und „Businesskrieg“) ist nicht die Strategie des Gurus.

Gurus leben Sanftmut (beachten Sie beide Faktoren: sanft sein, aber auch mutig), sie dienen; sie freuen sich, ihre Erkenntnisse weiterzugeben. Aber sie drängen sich und ihre Überzeugungen keinem anderen auf.

Gurus können – angeregt von Eros – mit dem Leben und mit den sogenannten Wichtigkeiten flirten. Sie sind auch in einer „Symposions-Keynote“ zu Scherzen aufgelegt. Sie sind in der Lage, offen, unverkrampft auf ihre Umgebung zuzugehen, sich einzulassen – oder es sein zu lassen...
Das Leben ist ein Geschenk: und ich kann dieses Geschenk annehmen oder weitergeben. Das einzige, was Gurus tun: sie gehen achtsam damit um.

Das – intensive - Reibungspotenzial des Gurus

Was zeichnet Gurus noch aus? – Dass sie Kritik hervorrufen. Der Ratschlag des Gurus, egal ob jener Dinge und Prozesse des Alltags betrifft oder philosophische Betrachtungen, ruft Widerstand hervor.
Simples Beispiel: Prof. K. preist Kiwis an – sie würden das Zahnfleisch durch Enzyme und Vitamin C gegen Infektionen und Zahnfleischbluten stärken. So weit, so gut; dann aber kommt der Rat: „Essen sie vier Früchte täglich!“ – Vier Kiwis, wenn ich das tu‘ (vermutlich mein bisheriger Jahresbedarf an den exotischen Pelzdingern), renne ich nach einer Woche als wandelnder Kiwi umher... Und doch wird es Personen geben, die gerade auf diesen Tipp schwören. Und den Professor K. als Guru preisen; weil ihn wiederum andere als Scharlatan abqualifizieren.

Diese Spaltung der Anhängerschar macht den Erfolg des Gurus aus: siehe in der Kunstszene Hermann Nitsch mit seinem Orgien-Mysterienspiel, das in unmittelbarer Weinviertler Umgebung für Proteste sorgt, die entstandenen Blut-Schüttbilder aber weltweit in den renommiertesten Galerien und Museen zu besichtigen sind.
„Kunst soll kultischen Charakter haben“, betont der Maler-Guru Nitsch, „Kunst ist Verdichtung des Daseins und in gewissem Sinne religiöses Ritual, damit wir tiefer in unser Sein hineinfinden.“ Und gerade folgender – authentischer – Satz von Hermann Nitsch möge das Gespann „Eros & Guru“ punktgenau einschätzen helfen: „Wir sitzen doch alle nur in der lauen Gacke. Mir geht´s um direkte, sinnliche Erfahrungen; ich möchte, dass die Menschen intensiver werden!“

Die Guru-Qualität

Gurus müssen damit leben, dass ihre Mitwelt immer wieder mit Kopfschütteln, Unverständnis oder gar offenem Widerstand reagiert. Es ist das Gesetz des Lebens, dass alles Neue, noch nicht Dagewesene zunächst Misstrauen auslöst. „Wozu soll das gut sein?“, „Brauchen wir das wirklich?“ – Und Menschen, die einige Zentimeter (oder gar Meter?) außerhalb des Mainstreams denken bzw. agieren, lösen selbstverständlich ebensolche Skepsis aus. „Was bildet sich der bloß ein?“ „Wen sollen diese abstrusen Ansichten schon interessieren?“

Guru-Selbstbewusstsein kann mit Einwänden und Gegnertum umgehen; ja, Gurus wissen, sie müssen Widerspruch auslösen, wenn sie ihrem Weg treu sind.

Der Guru ist in seiner Passion ein gelassenes Wesen. Gelassenheit heißt, nichts muss sein: ich brauche nicht Ihren Applaus, ich freue mich, wenn Sie Worte oder Taten für gut bzw. besonders befinden; aber ich lebe nicht von Ihrem positiven Urteil. Was in weiterer Folge klarmacht, dass auch Ihre Ablehnung mein tägliches Glück nicht ins Wanken bringt. Ich muss nicht müssen... Und das ist enormer Luxus. Alles, vieles, kann, darf sein. Und wenn's nicht ist, ebenso gut.

Der Guru weiß, was er kann. Weiß, welche besonderen Kenntnisse er hat. Vor allem verfügt er über Erkenntnisse, die über viele Jahre, über viele Experimente, Erfahrungen gereift sind. Er wurde im und vom Leben gerupft, geteert, gefedert, ordentlich geschüttelt – und ist doch glücklich. Und dieses Wissen gibt ihm Kraft. Diese angesammelte Lebensweisheit kann nicht mehr verloren gehen.

Gurus jagen keinen goldenen Kälbern nach! Sie haben das Gold in Ihrer ICH-Marke bereits gefunden. Und dabei festgestellt, dass sie dafür gar nicht laufen müssen. Denn es wird erst erkennbar, wenn man stehen bleibt – und in sich selbst reinfühlt.

Die Leuchtkraft des Gurus

Es gibt auch die wirklich „Erleuchteten“ unter den Gurus; die aus sich selber strahlen. Weil sie aus ihrer innersten Potenz heraus agieren, reden, leben. Von ihnen leuchtet Charisma, ohne dass sie viel dazutun müssten. Diese besonderen Menschen sind ruhig, entspannt, unaufdringlich; sie müssen sich nicht produzieren, sie müssen nicht provozieren, und schon gar nicht auffallen um jeden Preis.

Anders verhält es sich mit jenen, die gerne leuchten würden. – Sie missbrauchen andere, „für Brennstoff zu sorgen", damit sie strahlen können. „Brennen" – aus dem Wortschatz des Volksmunds entlehnt – bringt sehr gut auf den Punkt, auf welche Position solche „Möchtegerngurus" ihre Fanschar reduzieren: auf die des Zahlers und stillen Bewunderers... „Wenn du in Genuss meiner ach so großen Weisheit kommen willst, dann kauf dir eine Eintrittskarte bzw. buch' das Mehr-Jahres-Training!" – Und es lässt sich schon eine Zeit lang gut glänzen, bis alle mal dem Super-Guru erlegen sind und draufkommen, sie sind so klug als wie zu vor, aber um „wesentliche materielle Anhaftungen erleichtert"...

AUTORität

Was im Guru-Status enden könnte, beginnt im Urteil: „Sie/er ist eine Autorität!" Autorität zu sein bezieht sich immer auf ein spezielles Gebiet. Ein Metier, in dem die anerkannte Experten-Position wachsen konnte. Versöhnliche Botschaft: niemand kann überall Experte sein; es reicht, wenn man ein – noch so schmales Segment – für sich besetzen kann. Und welches Feld soll beackert werden? Die Antwort liefert das Wort „Autorität". Hier steckt der „Autor" drinnen; und das ist der Urheber. Urheber bin ICH... Ich selbst bestimme jenes Gebiet, auf dem ich mich als Experte betätigen möchte; nur ich selbst kann mich für jenes Schwerpunkt-Thema entscheiden, wo ich mich sattelfest fühle; wo ich über mehr Wissen und Erfahrung verfüge als andere.

Also:
- Was ist Ihr Schwerpunkt?
- In welchem Bereich, zu welchem Thema werden Sie gefragt?
- Für welche Anliegen fühlen Sie sich gerne zuständig?
- Wann holt man Ihren Rat ein?
- Wo wollen Sie „erste/r AnsprechpartnerIn" sein?
- Woher kommt Ihre Schwerkraft?!

Und: Sind Sie in Liebe geankert? Das Bild des „Stehaufmandl's" liefert ein passendes Bild: Das Leben mag uns schon ab und zu umwerfen; aber wenn Sie kraftvoll in sich – in der Liebe – Ihre „Anziehungskraft" und Schwerkraft finden, dann schwingen Sie sich prompt wieder auf...

„Leben, arbeiten und Liebe sind eigentlich eins!“
Vincent Van Gogh

„Es gibt eine Vorstellung von mir, und es gibt mich.
Und dazwischen ist ein großes Loch."
Meg Ryan

6 SehKRAFT:

„Valueing" – wertorientierte Selbstanalyse Praxis – mit Kurs auf Ihr Selbst

Der „Guru-Faktor" aktiviert Ihr „ICH". Hier sind jene Anteile und Attribute zu finden, die Ihre größte Sehnsucht, Ihre stärkste Leidenschaft, Ihre Lebens-Mission betreffen.
Der andere Pol, die „Eitelkeit" aktiviert Ihr „EGO": Das ist jene Dimension, die sich von extrinsischen Karrierezielen leiten lässt: was soll – noch – erreicht werden? Wo muss ich unbedingt hin? Wem will ich – immer noch – etwas beweisen?!
Kernfrage: mache ich etwas, um am Markt erfolgreich zu sein? Um anderen bestmöglich zu gefallen (= EGO)? Oder: Tu' ich's, um mir selbst gerecht zu werden? Weil ich den inneren Drang verspüre, etwas zu verwirklichen?! (= ICH).
Entsprechend Ihren grundlegenden Motiven gestalten sich die Kommunikationsziele (siehe Kapitel Promotion) unterschiedlich. Marktorientiertes Handeln wird im etablierten Begriff „Marketing" zusammengefasst. Um für die gegenteilige Motivation, die ein vom Selbstwert getriebenes Handeln in den Mittelpunkt stellt, eine ebenso pointierte Kategorisierung einzuführen, spreche ich von: „Valueing" (engl: value = der Wert) Also: Marketing oder Valueing? - Zur Klärung darf ich Sie, ehe wir uns Ihren Promotionstrategien zuwenden, einladen – auf die...

… Expedition ins ICH

- Wodurch ist Ihre Persönlichkeit charakterisiert?
- Wie schaut die Idee für Ihr Leben aus?
- Was ist typisch für Sie?
- Wer sind Sie?
- Welche Seiten an sich schätzen Sie?
- Was ist Ihnen peinlich?
- Wovon distanzieren Sie sich?
- Wohin soll Ihre Reise gehen?

– „Was will ich? Was fühle ich? Wovon träume ich? Welche Melodie singt in

mir? Welche Ideen wollen hochsteigen wie Blasen im Wasser? Welche Geschichten sich zu Worten formieren?", fragt Karen Müller.
Kreativität ist die Ausdruckskraft im Menschen; die gestalterische Urkraft. Wissenschafter bestätigen, dass die Schöpferkraft bei Kindern bis zum 7./8. Lebensjahr in ihrer Ursprünglichkeit erhalten bleibt: Dann wird sie durch Schule und Erziehung vielfach unterdrückt; sie muss fortan unter einer grauen Alltagshülle dahindösen. - Bis wir unsere Kreativität wieder wachküssen: im Zeichnen, Malen, Töpfern, Schreiben, Dichten, Fotografieren, Sammeln, Tanzen, Turnen oder Kochen. Im Idealfall wird die Arbeit mit einem Funken von Schaffensfreude aufgeladen. - Denn Kreativität will sich im Handeln verwirklichen.

Ratgeber aller Art dozieren meist, wie etwas zu passieren hat, wie der Mensch sich verändern muss, um erfolgreich zu sein. Dieses Buch will ein „Rendezvous mit Ihrem Leben sein", Sie anregen, ganz SELBST zu sein und IHRE eigene Kreativität umzusetzen; das jedoch in einer unbeirrbaren Konsequenz!
„Es ist eine ständige Suche nach Neuem in mir", bekennt der Weltenbummler und Filmstar Hardy Krüger, „eine Suche nach den unbekannten weißen Flecken auf dem Globus meines Lebens."
Eine umfassende Persönlichkeitsanalyse ist das Um und Auf für die Weiterentwicklung Ihres „Guru-Faktors" hin zur Marke. Begeben wir uns also auf eine wundervolle Entdeckungsreise, auf den abenteuerlichen Weg nach innen.

Vom Nichts zum Selbst...
Vom Nobody zur Markenpersönlichkeit

„Du gehst als Nichts hinein – und kommst als Selbst zurück", schwärmt Wüsten-Abenteurer Bruno Baumann. Die Wüste sei der beste Lernort für den Menschen, da sie die reduzierteste Landschaft zur inneren Einkehr darstelle.
Fühlen wir uns nicht alle – hin und wieder – in Wüsten? Betonwüsten, Produktwüsten, Partnerschaftswüsten, Jobwüsten, Lebenswüsten? – Wir gehen als nichts hinein und kommen.... ja, wie kommen wir wieder heraus, wenn überhaupt?
Die Sehnsucht, Spuren zu hinterlassen, ist überall erkennbar, spürbar. Alles und jeder will Anerkennung, will auffallen, wahrgenommen werden, aus dem Rahmen fallen. In den aktuellen Zeitungen lese ich: „Region X muss mehr Profil zeigen", „Partei Y bringt ihre Botschaft nicht 'rüber" oder „Was macht die Uni Z unique?"
Die Antwort ist in allen angesprochenen Fällen dieselbe: „X,Y,Z müssen sich

zu starken Marken entwickeln, um erfolgreich agieren zu können!"
Da ist sie, jene faszinierende, umworbene, teure Marketing-Energie, die Wirtschaft, Karriere und Erfolg am Laufen hält: die Marke.
Es geht auf diesem Planeten der Milliarden Menschen, Produkte und Dienstleistungen um Schwerpunkte, Profile und um „USP's", einzigartige Unterscheidungsmerkmale. „Es geht um die Reduktion von Komplexität", sagt Markenkenner Peter Baumgartner, „wer nicht emotional relevant ist, ist irrelevant!"
Und um relevant zu werden, bedarf es klarer Botschaften samt eindeutiger Positionierungen: wofür steht ein Unternehmen, eine Region, was macht sie unverwechselbar, wertvoll?
Die größte Gefahr im Management liege in der Verzettelung und Zersplitterung der Kräfte, meint Management-Guru Fredmund Malik: gerade weil vieles so komplex, vernetzt und interaktiv ist, müsse der Grundsatz der Konzentration angewendet werden. „Das Wesentliche ist, sich auf weniges zu beschränken, auf eine kleine Zahl – zwei oder drei – von sorgfältig ausgesuchten Schwerpunkten, wenn es um Wirkung und Erfolg geht."
Immer aktueller wird der Transfer dieser Fragen auf jede und jeden von uns: Wofür stehen Sie? Was ist Ihr unverwechselbares, einzigartiges Profil? Wodurch unterscheiden Sie sich erkennbar von anderen? Worauf konzentrieren Sie sich im Leben?
Angeblich gibt es in der Geschichte nur ZWEI Personen, die vieles Verschiedenes, teilweise auch gleichzeitig, angepackt haben und nichtsdestotrotz höchst erfolgreich waren: Leonardo da Vinci sowie Johann Wolfgang von Goethe. Die Chance, dass Sie die/der Dritte im Bunde der Ausnahmeerscheinungen sind, ist gegeben; größer ist jedoch jene, dass Sie mit der Konzentration auf die Prioritäten Ihres Lebens mehr Erfolg und Glück erreichen...

„Sich bewusst werden heißt vor allem, einen Stil erwerben."
Antoine de Saint-Exupéry, Die Stadt in der Wüste

Selbstwerdung
Selbst-Wahrnehmung
Selbst-Bewusstsein
Selbst-Akzeptanz
Selbst-Vertrauen
Selbst-Wert

- Die Lebensreise möge ins „Selbst" führen: den Personenkern, die personale Mitte. Dorthin, wo der Mensch ganz er selbst ist. Wobei dieses „Selbst" mehr ist als ein Produkt des Bewusstseins; wir haben auch viele unbewusste Aspekte

unseres Selbst. Bewusstes und Unbewusstes erfahren durch den Prozess der Selbstwerdung. Jedes Selbst braucht Begegnung mit dem anderen Selbst. Wir Menschen können uns nur entfalten, wenn wir anderen begegnen.
Und es ist die höchste Lebenskunst, zu durchschauen, was wirklich „meines“ ist und nicht bloß Projektion, Vorstellung, Übernahme anderer Ängste, Meinungen, Visionen. Der, der ich bin, wundert sich über jenes Bild, wie ich gesehen werde und grüßt sehnsuchtsvoll, den, der ich sein möchte...

Gene und Erfahrung

Es ist faszinierend, wie das individuelle ICH – neben 7 Milliarden anderen ICH's – heranwächst. Vom Augenblick der Empfängnis an ist jeder Mensch einzigartig. Die Individualität steckt also in den Genen. In jeder einzelnen Körperzelle sind rund 30.000 Gene; die Gesamtheit der Erbinformation, das Genom, ist zu 99 Prozent bei allen Menschen gleich. Aber die Erfahrungen sind in einer Welt der unendlichen Möglichkeiten unterschiedlich. Wir haben ein angeborenes Temperament, einen genetisch festgelegten Kern unserer Persönlichkeit. Aber der ist so flexibel angelegt, dass wir uns an die Hindernisse und Herausforderungen des Lebens anpassen können. Dieser formbare Aspekt der Persönlichkeit heißt Charakter.

Bildlich gesprochen erhalten wir über die Gene ein Instrument zugewiesen; cin großes, kleines, mit mächtigem Resonanzkörper oder eher bescheidenem. – Wie wir dieses Instrument spielen, ob wir's zum Virtuosen bringen, das ist Charaktersache. – Und der Charakter formt sich in entsprechender (impulsreicher?) Umwelt. Menschen sind also keinesfalls willenlose Sklaven ihrer Gene.
Temperament und Charakter sind die beiden Säulen der ICH-Persönlichkeit. Und diese bestimmt, ob wir aktiv oder passiv, ob wir eher zu Schwermut oder Lebensfreude neigen, ob wir eher ein Beamtendasein suchen oder die Herausforderung der Selbstständigkeit annehmen wollen.

„Wir können nicht alles sein, was wir sein möchten, aber wir können all das werden, was uns möglich ist“, sagen Dean Hamer und Peter Copeland. „Vom Augenblick der Empfängnis an sind Menschen einzigartig. Jeder Einzelne von uns kommt als Person mit Eigenarten zur Welt - den Rest unserer Lebenszeit verbringen wir damit herauszufinden, wer diese Person ist.“

Wir leben die Neurosen

„Ich versuchte immer rastlos, aus der Zwangsjacke einer kleinen Welt auszubrechen.“
Romy Schneider

Was tun wir Menschen nicht alles, „weil man es eben so tut“... - Weil man in Kindergarten, Schule, durch Eltern, Freunde, Partner u.a. gelernt hat, wie man sich in Gesellschaft verhält, ohne Ärger zu bekommen...
Die von Sigmund Freud entdeckten Anpassungs- und Abwehrmechanismen wie Sublimierung, symbolisches Ausagieren, Imitation, Identifikation, Verdrängung, Projektion, Regression, Rationalisierung, Somatisierung und Reaktionsbildung gelten nicht nur für die Sexualität, sondern auch für alle anderen Anlagen und Fähigkeiten des Menschen. „Man scheint die Anlage oder Lebensenergie nicht so entwickeln zu dürfen, wie man möchte bzw. wie die erste, die wahre Natur des Menschen es vorgesehen hätte, sondern glaubt, sich an das System anpassen zu müssen“, meint Hermann Meyer von der «Akademie für Persönlichkeitsentfaltung» in München. Seiner Ansicht nach reagiert der Mensch nur noch auf Moral und Konvention, auf Normen, Ideale, Gebote und Verbote. „All diese Reaktionsmuster ergeben die zweite Natur des Menschen, seine Neurose, die die erste Natur, das wahre Wesen überlagert und vergessen macht. Ja mehr noch: alle Triebe, Gefühle und Gedanken, die aus der ersten Natur kommen, werden abgewehrt.“ So werde die innere Stimme, die Stimme des Lebens, die Stimme der ersten Natur unterdrückt und verdrängt. Meyer: „Da dieses Verhalten so weit verbreitet ist und so zum ganz normalen Wahnsinn geworden ist, kann man von einer Kollektivneurose sprechen.“

ICH

Wer ist dieses „ICH“? – Was ist dieses „ICH“?
„Alle mit Sprache sind ICH's“, antwortet darauf der Philosoph. Ansonsten sei der Mensch bloß ein Haufen „geistloser Teilchen“, so Bill Bryson: würden wir uns selbst mit einer Pinzette Atom für Atom auseinandernehmen, bliebe nichts außer ein wenig Staub; Kohlenstoff, Wasserstoff, Sauerstoff, Stickstoff, ein wenig Calcium, ein Schuss Schwefel, eine Prise einiger anderer, ganz gewöhnlicher Elemente; das sei alles. Und das ICH? Der Psychologe erläutert, dass das Kleinkind aus sich heraus – ohne Lehrer – irgendwann sein Ich entwickelt und das dann auch (lautstark) verkündet. Man erlebt sich als ein von anderen abgetrenntes „Etwas“, als bewusstes ICH, das staunend beobachtet, was um

es herum geschieht. Jede Erfahrung der Kindheit verdrahtet das Gehirn in eine bestimmte Richtung; und diese Schaltreihen formen die Persönlichkeit. Indem ich „ICH“ sage, setze ich bereits eine Grenze zwischen mir und der Umwelt. Eine Grenze zu ziehen, bringt die Frage mit sich, wie wir mit den Unterschieden umgehen und inwieweit wir sie akzeptieren sollen.
Von der Grenzziehung ist es nicht weit zur Grenzverletzung, zur Grenzüberschreitung. – Und das ICH, eben erst zaghaft ausgesprochen, wird bereits mit Widerstand konfrontiert. Andere, Geschwister, Spielkameraden, Eltern melden ihre ICH-Ansprüche an. Und das ICH lernt bald, dass MEIN Spielauto verteidigt werden muss, dass es mich traurig macht, wenn „Mein“ beschädigt wird oder gar verloren geht. Die Identifikation schafft Leid. Das reicht von „meiner“ Puppe bis zum späteren „mein Job“ oder „mein Partner“; und wenn der nicht mehr „mein“ ist, was bin „ich“ dann noch?

Seiner Selbst-bewusst

„Wir werden nicht als ICH geboren, wir müssen lernen, ein ICH zu haben oder – noch besser – ein ICH zu sein“, stellte Sir Karl Popper fest. Ein Neugeborenes kann bereits fühlen, aber es ist sich seiner selbst nicht bewusst. Zu etwa 30 Prozent beeinflussen frühkindliche Prägungen das Selbst-Wert-Gefühl. Theorien über das ICH entwickeln sich nur im Spiegel der anderen: was sagen Eltern, Oma, Opa, Tante, Nachbarin, Schwester, Bruder? – Das sind Prägungen für’s Leben! Spätestens bis zum Alter von sieben Jahren ist dieser Prozess abgeschlossen – und damit die Basis für ein gutes oder schlechtes Selbst-Bewusstsein gelegt. Noch bis zum jungen Erwachsenenalter wird es von Gruppen, Freunden, ersten Partnern und Eltern beeinflusst. Erst dann gilt die Persönlichkeit weitgehend als „fertig“, wie auch das Bild von sich selbst. Was aber keinesfalls heißen soll, dass nicht Korrekturen bis ins hohe Lebensalter möglich wären!

Der Chor der ICH-Stimmen

Die Frage nach dem ICH ist wohl die spannendste Lebensfrage überhaupt. Und nach Sigmund Freud stecken, wie schon angedeutet, mindestens drei ICHs in jeder und jedem von uns:
Im „Eltern-ICH“ sind alle Regeln und Urteile über die Welt gespeichert, mit denen jedes Kind aufgewachsen ist. „Man tut das nicht...“ „Alle Männer/alle Frauen wollen doch nur...“, „Reden ist Silber, schweigen ist Gold“. Ob richtig oder falsch, sei dahingestellt. Vieles erweist sich jedenfalls als Vorurteil.

Im „Kindheits-ICH“ ist all das gespeichert, was ein Kind an Informationen über sein „Nicht-Dürfen“ und „Nicht-Können“ erhält. „Wenn du so... bist, habe ich dich nicht mehr lieb“, „Du bist kein Sportler, da verletzt du dich nur!“ – Das von der Liebe der Eltern abhängige Kind macht alles, was diese wollen. Und die Langzeitwirkung solcher Botschaften macht uns ein Leben lang zu schaffen.
Zum Glück gibt es auch noch das „Erwachsenen-ICH“: dieses überprüft die Eltern-Informationen, fragt nach deren Zweckmäßigkeit und entlarvt widersinnige Regeln – nach dem Motto: „Wehe, du zeigst deine Gefühle“ oder „Tu niemandem etwas Gutes, dann hast du auch nichts Schlimmes zu befürchten...“
Das Erwachsenen-ICH ermöglicht ein eigenständiges Leben, das von Reife gekennzeichnet ist.
Leider greifen viele Menschen auf dieses reife ICH zu wenig zu. Sie agieren bzw. reagieren mit ihrem ständig auf der Lauer liegenden Kindheits-ICH, das mit Ängsten und Bedürfnissen der Vergangenheit beschäftigt ist. Oder flüchten ins „Eltern-ICH“, das alles besser weiß und Obergescheite von der Stange abspult.
Von Freuds Unterteilung angeregt fügen wir sogleich weitere Stimmen im ICH-Chor hinzu: da sind die Ansichten von Freunden, vom Chef, vom Abteilungsleiter, von den Medien, vom Nachbarn, vom Pfarrer, vom Pop-Star u.v.m. – Von welchen Stimmen lassen Sie sich FÜHREN?

ICH – bloße Illusion?

Wenn man die vielen ICH-Stimmen aufsummiert, wenn man die Programmierung des „ICH-Computers“ durchschaut, dann ist man versucht, sich der Meinung der „Erleuchteten“ von Osho & Co anzuschließen, die das ICH als schlichte Illusion bezeichnen. Es gebe keine Trennung, nur universales Sein. Bis wir zu dieser allumfassenden Weisheit gelangen, müssen wir jedoch das Beste aus unserem ICH-Dasein machen; die Bedingungen, Regeln und Programmierungen analysieren und erkennen. Jon Fosses Gedanken seien dazu als Warnung zitiert: „Ich bin ein Lied, das ich noch nie gesungen habe; ich bin eine verunglückte Erfindung. Ich bin meine eigene Nacht. Und ich bin wahrscheinlich eine Sprache, die niemand sonst versteht.“
Das ICH ist das, was es aus sich macht – nicht (nur), was es durch Fremdorientierung aus sich machen lässt.
Die Selbst-Veränderung, der persönliche Relaunch, ist ein permanenter Prozess; die umfassende Beschäftigung mit den ureigensten Werten, Potenzialen und Visionen ist ein Denkstil, der das Selbst in den Mittelpunkt rückt, ohne in Egozentrik auszuarten.

Meine Identität

„Meine Seele sagt mir: sei leidenschaftlich – auch wenn du dich irrst! Lerne synchron mit den Bedürfnissen deiner Seele leben!"
André Heller

Das Zeitalter des Individualismus bringt viele Herausforderungen mit sich: die größte ist jene der eigenen Identität. Fundament aller – ernsthaften – Bemühungen, die auf die Öffentlichkeit abzielen, ist das Selbst-Bewusstsein, das Ruhen in sich selbst, die Selbst-Zu-Friedenheit, die Identität. „Wir dürfen nicht nur Echo sein, sondern müssen selbst rufen", meint Armin Thurnher.
„Wer bin ich? Das sollte eure einzige Frage sein", ermahnen Zenmeister ihre Schüler. Und Buddha verkündigte: „Suche nicht nach Erleuchtung, sondern nach dir selbst!" 56 Prozent der 16- bis 20jährigen geben einer Umfrage zufolge „Selbstverwirklichung" als Lebensziel an.
Das Selbstwertgefühl kommt weder im Design-Anzug daher noch in bescheidenen Lumpen. Die Wurzeln des Selbstwerts stecken im fruchtbaren Boden realistischer Selbsteinschätzung. Nach Ansicht des amerikanischen Psychologen Abraham Maslow gehört dazu:

- Die eigenen Vorzüge und Begabungen zu sehen und anzuerkennen.
- Die eigenen Schwächen und Grenzen wahrzunehmen und diese liebevoll zu bejahen.
- Gelassen darauf zu vertrauen, dass persönliche Grenzen sich im Lauf des Lebens erweitern können.

ICH-Training / Selbst-Coaching-Fragen

H. hat ein schönes Bild gebraucht, als ihn R. zu „tiefsinnigen" Gesprächen einladen wollte, er aber absolut nicht in der Stimmung dafür war: seine Kiemen seien außer Betrieb; ein Abtauchen demnach leider nicht möglich...
In der Folge brauchen Sie bitte Ihre Kiemen! Denn nun stürzen wir uns mutig in die Tiefen des Selbst... Ich wünsche Ihnen erkenntnisreiche, frohe Stunden, Tage, Wochen, Jahre – ein erfülltes Leben. – Bitte überlegen Sie für sich:

- Wofür kann ich mich wertschätzen?

- Wofür habe ich mich zuletzt gelobt?

- Wofür werde ich immer wieder mal kritisiert?

- Was würde der Welt fehlen, wenn es mich (und mein Angebot/meine Dienstleistung/meine Sicht der Dinge) nicht gäbe?

- Konzentrieren Sie sich auf Ihre Stärken: was können Sie wirklich gut?

- Ziehen Sie klare Grenzen: was ist Ihr Revier?

- Was – welche Züge – finden Sie an sich sympathisch?
  Was mögen Sie an sich?

- Ehrlich: was mögen Sie an sich so gar nicht?

- Was finden Sie spannend, faszinierend an sich?

- Wofür können Sie sich achten?

- Wer sind Ihre Vorbilder? Helden? Lehrer?

„Wer sagt, er ist ein Glückspilz, hat recht", betont Mentaltrainerin Marlene Krenn, „wer sagt, er ist ein Pechvogel, hat ebenso recht…" Viele Menschen haben in sich Glaubenssätze, die sie – erfolgreich – von Erfolgen fern halten.
- Fahnden Sie nach solchen geschickt versteckten Botschaften aus Ihrer Kindheit und den möglichen Ursachen für ein angeknackstes Selbstbewusstsein. Versöhnen Sie sich mit der Vergangenheit. Ihr Leben findet JETZT statt.

Schreibend sich selbst entdecken

„Manche Leute schreiben, um geliebt zu werden. Ich schreibe, um zu verstehen", bekennt der portugiesische Literatur-Nobelpreisträger José Samarago. „Literatur und Liebe sind die Zauberformeln gegen den Tod. Worte sind das einzig Unsterbliche."
Gesetzte Worte können Ewigkeit erlangen, sie vermögen aber auch, das Leben zu vertiefen. Es ist merkwürdig, aber man braucht gewisse Hilfsmittel, um in die unbewusste Welt eindringen zu können. Mein Dirigentenfreund Manfred greift zum Taktstock, um eine Welt hinter Worten und Zahlen zu erkunden; Kunst (Malen, Zeichnen, Modellieren u.v.m.) ist eine Möglichkeit, sich, seine Gefühle auszudrücken und sich damit anderen mitzuteilen. Ich kann nach über 30 Jahren Erprobung (es begann erst NACH der Schulzeit, also nach der Zeit des „Müssens"...) bestätigen, dass es nichts Schöneres, Besseres, Effizienteres

geben kann als das Schreiben, um sich selbst auf die Spur zu kommen, sein Selbst zu entdecken. - Machen Sie die angenehme, überraschende (?) Begegnung mit sich selbst - in Wort und/oder Bild.

Beispiele für Themen einer persönlichen „Schreibwerkstatt“:

• **Gestalten Sie ein „ICH-Blatt“:** und schreiben Sie jeweils fünf Ergänzungen zu – Ich bin..... / Ich kann..... / Ich habe....

• **Die Geschichte über meinen Namen:** Wie kam ich dazu? Was soll/kann er ausdrücken? Könnte ich eine humorvolle Geschichte zum Familiennamen herleiten? Wie wurde und werde ich von verschiedenen Personen genannt? Kann ich zum Namen meiner Marke stehen? Kann ich den einzelnen Buchstaben des Namens für mich typische Eigenschaften zuordnen (M – menschlich, A – ansprechen, N – neugierig, …)?

• **Formulieren Sie eine griffige Schlagzeile** über das, was Sie ausmacht. - Damit sind Sie gerüstet für den Moment, da ein an Ihnen Interessierter beiläufig sagt, „Schicken sie mir einige Zeilen“... - Diese paar Zeilen sind Ihre Visitenkarte und können Ihre weitere Karriere ähnlich beeinflussen wie eine abgeschlossene Lehre.

• **Die Steigerung ist die „Presseaussendung in eigener Sache“.** - Präsentieren Sie die Leistungen „Ihres Unternehmens ICH“. Darüber schweben die warnenden Worte des großen Werbers David Ogilvy: „Eure Texte haben die Schwangerschaft von Schweinen.“ - Alles Wahre ist einfach und kann kurz, knapp und bildhaft gesagt werden...

• **Mein „Brief ans Christkind“**. - Welche Wünsche hege ich? - Wovon ist die Erfüllung abhängig?

• **Wie nahe stehen Sie anderen Menschen?** - Gestalten Sie Ihr persönliches Beziehungsdiagramm: auf einem Blatt Papier schreiben Sie Ihr Ich in die Mitte. Von diesem Kreis ausgehend zeichnen Sie alle Beziehungen auf, die - je nach Nähe/Ferne - eine bestimmte Bedeutung für Sie haben. Grün könnten nährende Beziehungen darstellen; rot jene Bahnen zu „Energievampiren“… Die Stärke der Linie drückt die Intensität der Beziehung aus... - Wer steht Ihnen am Nächsten?

• **„Selbstmanagement“:** Schreiben Sie in die Mitte eines großen Blattes Papier Ihre Ziele: z.B. „Selbstständigkeit“, „Reichtum“, „Familie“. Rundherum notieren Sie Möglichkeiten, wie Sie das Ziel erreichen können. Auf eine Seite schreiben Sie die nötigen Zwischenschritte, auf die andere einen Zeitplan, wann's erledigt sein soll. Zuletzt überlegen Sie sich, welche Konsequenzen die Erreichung des Zieles mit sich bringt. - Psychologen raten, den persönlichen Plan gut sichtbar in Ihrer Wohnung aufzuhängen.

• **„Mein Nachruf“:** eine besondere Herausforderung: Sie stehen gedanklich am eigenen Grab – wie sollte die Rede „über Ihr Leben“ gestaltet sein? Wie muss meine Seins-Karriere verlaufen, dass ich sie als „geglückt“ betrachten kann? Was waren meine Leistungen, Höhepunkte, wie „sah“ ich mich? Wie woll(t)en Sie gesehen werden? – Erkennen Sie den Unterschied zwischen „glücklich“ und „geglückt“: wer glücklich sein will, scheut jede Trübung und flüchtet vor jeder Krise; „geglückt“ kann man nur etwas betrachten, das man voll durchlebt hat - gerade auch Krisen...

• **Formulieren Sie ein originelles „Eigeninserat“;** lassen Sie sich von Partnerinseraten in den Zeitungen inspirieren. - Welche springen Ihnen ins Auge? - Die Originellen! - Das können Sie doch auch... - Einige kurze Beispiele: „Alle sprechen von Leistungsgesellschaft - und wer leistet mir Gesellschaft?“, „Freude an der bunten Vielfalt des Lebens haben - Farbenzauberer mit Charme und Stil möchte ... kennenlernen.“, „Lachende Augen, ein offenes Herz mit nettem männlichen Drumherum von Frau mit jungen Gedanken gesucht...“, „‚Leben ist nicht genug‘, sagte der Schmetterling, ‚Sonnenschein, Freiheit und eine kleine Blume muss man haben.‘ Mann sucht Frau...“, „Eigentlich wollte ich dich beim Stadtbummel oder im Cafe kennenlernen, doch wir müssen uns verpasst haben...“, „Meine erwachsenen Söhne wollen mir einen Hund schenken, ein Partner wär' mir lieber...“, „Frösche habe ich (...) genug geküsst, deshalb: ehrlicher, fröhlicher Märchenprinz zwecks Entführung ins Märchenland gesucht...“

• **Metaphern:** wenn Sie ein Tier wären: welches? Wenn Sie ein Land wären, welches? Welches Auto? Welche Musik? ...

• **Nutzen Sie die Möglichkeiten, Tests /Fragebogen in Zeitschriften auszufüllen;** allein und mit Partner/Freunden; das kann ein bereicherndes und vor allem erkenntnisreiches Spiel sein...

• **Tagebücher sind nicht nur etwas für Jugendliche:** legen Sie ein Erfolgs-Buch an - tragen Sie täglich Ihre positiven Erfahrungen ein. Führen Sie ein „Glückstagebuch", das Sie an außergewöhnliche, erfüllte Momente erinnert, ihre Beobachtungsgabe stärkt und Stimmungen konservieren kann. (Erlauben Sie den Hinweis: „Glücksmomente" ist ein Büchlein aus der *Edition Stoareich,* das Sie (sich) gerne zum Geschenk machen könnten…)

Die Empfehlung sei ausgesprochen: nehmen Sie sich Papier und Füllfeder zur Hand, reservieren Sie Zeit (ein Wochenende als Kurzurlaub mit dem interessantesten Menschen - mit Ihnen!) und widmen Sie sich dem ICH als Erkenntnisobjekt. Es lohnt sich, der Beantwortung jeder der Fragen dieses Kapitels ausreichend Zeit zu schenken und sie vor allem ehrlich zu beantworten.
Von Voltaire ist das Zitat überliefert: „Verzeih', dass ich dir einen so langen Brief schreibe, ich hatte keine Zeit für einen kurzen..." - Nehmen Sie sich bitte ausreichend Zeit, um prägnant zu sein.

„Gehe nie von deinen Parolen aus,
sondern von deinen Beständen."
Gottfried Benn

So wie ich wirklich bin, bin ich am Besten

Das Lieferprogramm ist der Kern jedes Unternehmens. Kennen Sie Ihr persönliches „Lieferprogramm"? Welche Eigenschaften, welche Dienste können Sie anbieten?
Was macht Sie (und Ihr Sortiment) aus? Was ist typisch für Sie?
"Self Assessment" diene der persönlichen Standortbestimmung, sagt Franz Biehal von der Wiener «Trigon» Entwicklungsberatung, „dies bildet die Basis für Förder- und Weiterbildungsprogramme sowie für Laufbahnplanung und Potenzialanalyse."
Ihre Reise zu sich selbst können Sie mit einem üblichen Steckbrief beginnen; und unterschätzen Sie nicht die Aussagekraft jedes noch so banal anmutenden Mosaiksteinchens:

Geboren am:
Sternzeichen:
Beruf:
Ausbildung:
Familie:
Selbstbeschreibung mit 3 typischen Eigenschaften:

Auto:
Lieblingsmusik:
Lieblingsschriftsteller:
Lieblingsschauspieler:
Lieblingssendung im TV:
Lieblingsfarbe:
Lieblingsbaum:
Lieblingsort:
Lieblingsmärchen als Kind:
Traumurlaub:
Wie würden Sie einem Blinden Ihr Äußeres beschreiben:
Lebensphilosophie - in einem Satz:

Die wirkliche Selbstanalyse beginnt erst, wenn Ihre Antworten nicht mehr wie aus der Pistole geschossen kommen:
Welches Tier lieben Sie? - Was lieben Sie an ihm?
Was ist Ihnen wichtig?
Wofür geben Sie Ihr Geld am liebsten aus?
Welchen Job (außer Ihrem jetzigen) würden Sie gerne ausüben?
Welches Buch lesen Sie gerade? Warum?
Welche Persönlichkeiten schätzen Sie besonders?
Was beeindruckt Sie an Menschen?
Welchen Genüssen können Sie nicht widerstehen?
Welche persönliche Leistung fehlt noch auf Ihrer Erfolgsliste?
Worüber können Sie sich besonders ärgern?
Worüber können Sie sich besonders freuen?
Was ist Glück für Sie?

Und: aktuell – wenn Sie sich Ihr „Google-Profil" anschauen, welche Seiten sind Ihre Favoriten – und wie bewerten Sie diese Präferenz?
Die allgemeine Kenntnis welcher Seite/n wäre Ihnen besonders peinlich?

Inventur meines Könnens - Stärken/Schwächenprofil

In einem Brainstorming lassen Sie den Gedanken freien Lauf und gelangen zu einem Pool an vorhandenen und potenziellen Qualifikationen:
- Wo sind meine Qualitäten, Neigungen, Interessen, Talente?
- Welche Stärken erkenne ich an mir? Worauf kann ich aufbauen?
- Was sind echte Schwächen? Wo sollte ich mich weiterentwickeln?
- Meine Vorlieben? Meine Abneigungen?

Meine persönliche „Menükarte“: Was habe ich zu bieten:
- Welche Kenntnisse (z.B. Sprachen/EDV...) habe ich?
- Welche Fähigkeiten (z.B. Organisationstalent, ...) kann ich vorweisen?
- Welche Erfahrungen (z.B. Ausland...) sprechen für mich?
- Welche Leistungen (z.B. Gewerbeschein...) kann ich zusätzlich anbieten?

Wenn ich mich selbst beschreiben soll,
- bin ich im Job vorwiegend: kreativ, ordentlich, verlässlich?
- Ich arbeite gerne selbstständig, trage Verantwortung
- Ich liebe abwechselnde Aufgaben
- Ich arbeite lieber im vertrauten Bereich, mag klar definierte Aufgaben, lege Wert auf geregelte Arbeitszeit.

Wieviele Tage habe ich in den letzten 3 Jahren für (berufliche) Weiterentwicklung investiert?
Meine Rolle am Arbeitsplatz?
Wird mir hohe fachliche Kompetenz beschieden? – Ja/nein…
Meine Tätigkeit ist sehr anspruchsvoll
Ich habe viel Entscheidungsspielraum
Ich gelte als selbstbewusst
Mir fällt es leicht, Konflikte zu lösen
Ich sorge für harmonische Zusammenarbeit
Ich gelte als flexibel
Ich kann andere begeistern
Ich habe Ideen und bin kreativ
Ich halte Vereinbarungen, bin verlässlich
Ich bin ein guter Organisator
Ich finde leicht Kontakte zu anderen
Ich bin initiativ und zielorientiert
Ich gelte als humorvoll

Die größten Erfolge meines Lebens?

Die größten Misserfolge meines Lebens?

Aus letzter Liste kann abgelesen werden: man ist dort am erfolgreichsten, wo man das tut, was man am besten kann. Sinn der Persönlichkeitsanalyse ist, eine realistische Einschätzung des Eigenprofils abzugeben. Es gilt demnach, die Stärken und Schwächen im Vergleich zu anderen Menschen möglichst objektiv einzustufen.

„Die unbequemste Art der Fortbewegung ist das In-sich-Gehen."
Robert Lembke

Mut zur Ehrlichkeit

Es ist ja so verlockend, sich und anderen etwas vorzuspielen. Doch Selbstbetrug darf nicht zur Methode werden. Um (mit mir) glücklich zu leben, muss ich für jede Entwicklungsphase und Entscheidung eine plausible, wahrhafte Erklärung haben und mich dazu bekennen können:
Woher komme ich?
Welche Eigenschaften habe ich von meinen Eltern übernommen; was lehne ich warum ab?
Wie beurteilen Sie Ihren sozialen Status?
Wie sehen Sie Ihre innere Führungsqualität?
Welche Ziele verfolge ich? Warum?
Worin liegt mein Lebenssinn?
Was will ich erreichen? ...
Was ist mein Lebensziel?
Welche Detailziele gibt's?
Welche Gipfelerlebnisse habe ich bisher erreicht?
Wie steht es mit meiner Selbstverwirklichung?
Bin ich mit meiner Erscheinung zufrieden?
Wodurch bin ich zu motivieren?
Auf welchem Gebiet kann ich Spitzenleistungen erzielen?
Welche Aspekte kennzeichnen meine Begeisterungsfähigkeit?
Wo sind meine persönlichen Lernfelder?

Ängste sind wesentliche Triebfedern für die Weiterentwicklung. Fehler und der Umgang mit ihnen, machen den Menschen sympathisch. Die Mischung aus Vorzügen und Schwächen adelt uns zu einmaligen Wesen, zu Individuen. Jeder Mensch ist in seiner Art einzigartig, ein Original. Aber erst sich selbst bewusste, eigengesteuerte Originale entfalten sich zur Markenpersönlichkeit.

Meine Rolle im „Zirkus des Lebens"

„Glück ist, das zu tun, was Spaß macht und davon auch noch leben zu können", sagt Bernhard Paul, der sich seinen Lebenstraum erfüllt und den „Zirkus Roncalli" betreibt.

Zirkus ist ein wunderschönes Bild, um unserer Kreativität freien Lauf einzuräumen: welche Rolle würden Sie gerne spielen?
Sehen Sie sich in der Manege agieren? Mit dem Publikum? Hinter den Kulissen? Als erotische Tangotänzerin? Als Messerwerfer? Am Hochseil? Mit Sicherheitsnetz? Als Dompteur? Mit welchen und wie vielen Tieren? Muss Ihr „Job" erst erfunden werden? Etwa jener als Tierpsychologe, Artisten-Coach, Atmosphären-Gestalterin oder als Farbdesignerin der Kostüme?
Finden Sie drei eindrucksvolle Punkte für Ihre Bewerbung: was spricht gerade für Sie?! – Und sehen Sie die Verbindung zu dem, was Sie in Wirklichkeit tun…
Seien Sie sich im Klaren, dass dieses so unschuldig wirkende (Seminar-)Spiel sehr, sehr viel mit Ihrer Person und Ihren wahren Sehnsüchten zu tun hat...

Selbstbild / Fremdbild / Idealbild

„Lieber ein guter Clown als ein schlechter Schauspieler."
Charlie Chaplin

• Wie sehe ich mich? - Was finde ich besonders liebenswert an mir?
• Wie (denke ich) sehen mich die anderen? - Was schätzen Freunde an mir?
• Wie möchte ich von den anderen gesehen werden?

Selbstbild, Fremdbild, Wunschbild - Wie weit klaffen diese Bilder auseinander? Die Durchschnittsmenge stellt das Potenzial zur Markenpersönlichkeit dar. Nur dort, wo sich die Sichtweisen decken, sind wir echt, stimmig, wahrhaftig, ident – und können anderen Orientierung bieten.

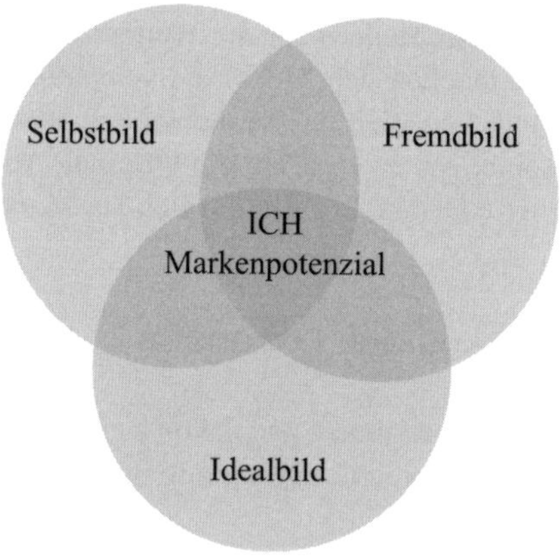

Dieses Hinterfragen, diese Bestandsaufnahme darf kein einmaliger Vorgang sein; denn die Persönlichkeit des Menschen verändert sich permanent. Es lohnt sich, diese Analysen zur Standortbestimmung stets auf's Neue anzustellen.
Über diese Überlegungen gelangen wir zum wesentlichen Bereich dieses Buches: denn genau dort, wo Selbst-, Fremd- und Wunschbild deckungsgleich sind, wo Form und Inhalt stimmen, wo die Einheit von Leben und Aussage zu finden ist, dort sind wir in angenehmer Gesellschaft echter Markenpersönlichkeiten – am Durchbruch zum Guru...
Als Methode empfehle ich, das folgende Persönlichkeits-Polaritätsprofil zu kopieren und mit der Bitte, es auszufüllen, an Freunde/Fremde weiterzugeben. Sie können viel davon lernen. Interessant ist auch das Experiment, wenn Sie den Fragenkomplex dieses Kapitels auf Menschen Ihres engsten Umfeldes anwenden: Wieviel wissen Sie wirklich vom anderen?

Mein persönliches Polaritätsprofil

„Man selbst ist der einzige Mensch,
mit dem man sein ganzes Leben verbringen muss."
Erwin Ringel

Mein Markenimage:
Der Eindruck, den ich hinterlasse...

introvertiert	+	0	+	extravertiert
sachlich	+	0	+	phantasievoll
idealistisch	+	0	+	materialistisch
wechselhaft	+	0	+	konstant
abhängig	+	0	+	unabhängig
depressiv	+	0	+	fröhlich
offensiv	+	0	+	defensiv
misstrauisch	+	0	+	vertrauensvoll
entscheidungsfreudig	+	0	+	überlegt
hart	+	0	+	weich
fein	+	0	+	grob
risikoorientiert	+	0	+	vorsichtig
kleinlich	+	0	+	großzügig
gefühlsbetont	+	0	+	vernunftbetont
verführerisch	+	0	+	abweisend
fad	+	0	+	witzig
kompromissbereit	+	0	+	bestimmend

ruhig	+	0	+	bewegt
leise	+	0	+	laut
besitzergreifend	+	0	+	tolerant
locker	+	0	+	fest
treu	+	0	+	untreu
kommunikativ	+	0	+	unkommunikativ
anhänglich	+	0	+	selbstständig
eckig	+	0	+	rund
glatt	+	0	+	rauh
oberflächlich	+	0	+	tiefgründig
charmant	+	0	+	nüchtern
kühl	+	0	+	temperamentvoll
progressiv	+	0	+	konservativ
frei	+	0	+	vernagelt
schwarz-weiß	+	0	+	färbig
offen	+	0	+	verschlossen
humorvoll	+	0	+	trocken
pessimistisch	+	0	+	optimistisch
stark	+	0	+	schwach
unzuverlässig	+	0	+	pflichttreu
stabil	+	0	+	biegbar
warm	+	0	+	kalt
schnell	+	0	+	langsam
dominant	+	0	+	gefügig
passiv	+	0	+	aktiv
ich-bezogen	+	0	+	du-orientiert
zukunftsorientiert	+	0	+	vergangenheitsbezogen
stilvoll	+	0	+	schal
attraktiv	+	0	+	unattraktiv

Mein Markenkern:
So sehe ich mich ...

introvertiert	+	0	+	extravertiert
sachlich	+	0	+	phantasievoll
idealistisch	+	0	+	materialistisch
wechselhaft	+	0	+	konstant
abhängig	+	0	+	unabhängig
depressiv	+	0	+	fröhlich
offensiv	+	0	+	defensiv

misstrauisch	+	0	+	vertrauensvoll
entscheidungsfreudig	+	0	+	überlegt
hart	+	0	+	weich
fein	+	0	+	grob
risikoorientiert	+	0	+	vorsichtig
kleinlich	+	0	+	großzügig
gefühlsbetont	+	0	+	vernunftbetont
verführerisch	+	0	+	abweisend
fad	+	0	+	witzig
kompromissbereit	+	0	+	bestimmend
ruhig	+	0	+	bewegt
leise	+	0	+	laut
besitzergreifend	+	0	+	tolerant
locker	+	0	+	fest
treu	+	0	+	untreu
kommunikativ	+	0	+	unkommunikativ
anhänglich	+	0	+	selbstständig
eckig	+	0	+	rund
glatt	+	0	+	rauh
oberflächlich	+	0	+	tiefgründig
charmant	+	0	+	nüchtern
kühl	+	0	+	temperamentvoll
progressiv	+	0	+	konservativ
frei	+	0	+	vernagelt
schwarz-weiß	+	0	+	färbig
offen	+	0	+	verschlossen
humorvoll	+	0	+	trocken
pessimistisch	+	0	+	optimistisch
stark	+	0	+	schwach
unzuverlässig	+	0	+	pflichttreu
stabil	+	0	+	biegbar
warm	+	0	+	kalt
schnell	+	0	+	langsam
dominant	+	0	+	gefügig
passiv	+	0	+	aktiv
ich-bezogen	+	0	+	du-orientiert
zukunftsorientiert	+	0	+	vergangenheitsbezogen
stilvoll	+	0	+	schal
attraktiv	+	0	+	unattraktiv

Auswertung:
Imagediskrepanz / Markenpotenzial

Selbstbild / Fremdbild
- Wie weit klaffen diese Bilder bei mir auseinander?

Die Auswertung meines Polaritätsprofils ergibt:

.... + habe ich erhalten

.... + habe ich mir gegeben

.... 0 habe ich erhalten

.... 0 habe ich mir gegeben

.... markante + Übereinstimmungen (= Markenpotenzial)

.... markante Differenzen/Gegenpole (=Lernfeld)

Die Lebenskarriere

„Man muss in sich selbst ruhen und
auch mit sich selbst etwas anfangen können."
Rudolf Kirchschläger

„Karriere" bedeutet laut deutschem Fremdwörterbuch „Berufsaufstieg". In englischen Lexika wird "career" mit "course or progress through life" übersetzt, zu gut Deutsch „Lauf des Lebens". Nach unserem Sprachgebrauch macht nur derjenige Karriere, der einen überdurchschnittlichen materiellen Status, gekoppelt mit hohem sozialen Ansehen erreicht. Bei den Briten durchläuft jeder eine Karriere, indem er irgendwann in den Arbeitsprozess eintritt und zu späterem Zeitpunkt wieder ausscheidet. Rilke befand, der Weg entstehe unter den Füßen... Bernd Andersch wählt eine zwischen beiden angeführten Definition: „Karriere bedeutet eine (berufliche) Laufbahn, die im Sinne einer eigenen persönlichen Zielsetzung verläuft."
Erfolg und Zufriedenheit - im und außerhalb des Berufs - sind wichtige Bausteine der Lebensqualität. Nach der Erstellung des persönlichen Kataloges über vorhandene und potenzielle Qualifikationen können die Ziele der (beruflichen) Laufbahn ermittelt werden.

Lebensregie: meine persönlichen Ziele

„Kein Wind begünstigt den, der keinen Zielhafen hat", verwies Montaigne. Erster Schritt einer systematischen Gestaltung seines (beruflichen wie privaten) Lebens ist die Erarbeitung einer Zielsetzung. Diese Zielplanung zeigt Etappenziele auf der Karriereleiter. Wobei nicht immer der kürzeste Weg der ideale ist, sondern die beeindruckendste, erkenntnisreichste Route anzustreben wäre, ohne das große Ziel aus den Augen zu verlieren.
Sie selbst schreiben das Drehbuch und führen auch gleich Regie in Ihrem Lebensfilm. – Jede Zielsetzung besteht aus mehreren Komponenten:
• Was will ich erreichen?
• Bis wann will ich's?
• Welche Begleitumstände sind mir wichtig?

Beruflich heißt das:
Branche
Position
Standort
Gehalt
Sicherheit des Arbeitsplatzes
Betriebsklima
Nähe zum Wohnort
Verwirklichung eigener Ideen u.s.w.

Und es macht absolut Sinn, diesen Zielkatalog auch für's Privatleben anzuwenden:
Welche Attribute hat mein Wunschpartner?
Will ich Familie, Kinder? Bis wann?
Wo will ich wie leben?

„Es geht um den Ton, auf den ich selbst gestimmt bin..."
André Heller

Eigenartigkeit und Originalität

„Die Menschen – speziell in Österreich – lieben eigenartige Typen", weiß Ottfried Fischer, führt Serien wie „Ein echter Wiener geht nicht unter" samt „Mundl Sackbauer" oder „Kaisermühlen-Blues" an und freut sich über den Erfolg seiner „Lebensrolle" als TV-Krimineser im „Bullen von Tölz". Fürwahr: wir sehnen uns nach Menschen, die etwas außerhalb stehen. Die sich ihre Originalität bewahrt haben, sich vom Mainstream nicht mitreißen haben lassen.

Und dieses Kapitel mit der Expedition ins ICH sollte Ihnen klar gemacht haben, wie reizvoll es in IHNEN aussieht. Welche Schätze hier warten, gehoben zu werden.

Ihr ICH und dessen Entdeckung soll am Beginn der Marken-Entwicklung stehen; wiewohl natürlich auch ganz pragmatische Strategien Platz greifen können, die einem (armen, unschuldigen) ICH einen schillernden, nach Marktforschungs-Maßen angefertigten Markenmantel überstülpen, auf dass sich der Erfolg einstellen möge...

In Großbritannien hat etwa das Zelebritätenpaar Victoria und David Beckham einen renommierten Musikpromoter engagiert, um aus dem Namen „Beckham“ eine weltweite Marke zu kreieren. - Es mag eine konservativ anmutende Sichtweise sein, aber ich glaube nach wie vor nur an einen anhaltenden ICH-Marken-Erfolg, wenn Image und Wahrheit übereinstimmen.

„Ich bin so wie ich bin so wie ich bin so wie ich bin.“
Klaus Kinski

„Geh' Wege, die noch niemand ging, damit du Spuren hinterlässt.“
Antoine de Saint-Exupéry

7 Durchsetzungs-KRAFT:

Positionierung & Aufmerksamkeit als ICH-Marke

Was haben Lauda, Mateschitz, Schwarzenegger, Bubendorfer, Heller, Brandauer, Senger, Gansterer, Tegetthoff, (aber auch Verstorbene wie Mozart, Kardinal König, Kirchschläger, Zilk, Hundertwasser, Oskar Werner, Romy Schneider und Falco) gemeinsam?
Ihre Namen bündeln außergewöhnliche Attribute, die jede/n einzelne/n von ihnen zu einem Unikat machen. Sie sind Markenpersönlichkeiten und ihre Namen lösen sofort Bilder in uns aus: Sie stehen für eine besondere Erlebnisdimension, vom Fliegen, Bergsteigen, Phantasie, Schauspiel, Kult(ur) über Erotik, Musik bis zu Märchen und Medien. Und diese wird von ihnen in der jeweiligen Disziplin mit einer unvergleichlichen Qualität und Konsequenz verfolgt. Wer seine Marke lebt, ist für jeden anderen ein Gewinn. Denn jeder weiß, woran er am anderen ist. Seine (soziale) Kompetenz schmeckt beruflich wie privat unvergleichlich wie *Coca Cola*, egal wie's verpackt ist und in jedem Winkel der Erde.
„Irgendwann wurde aus der Schauspielerin Julia Stemberger DIE Stemberger“, erinnert sich die bekannte Aktrice. – Die Möglichkeiten für derartige Verwandlungen reichen von der „inneren Explosion“ (Tegetthoff) über die „Bereitschaft, sich infizieren zu lassen“ (Bubendorfer), der Konsequenz, „immer ich selbst zu bleiben“ (Russwurm) bis zur Leitlinie, „nichts zu tun, was die persönliche Ethik verletzt“ (Schneyder).

Profilierte Persönlichkeiten gefragt

„Man stellt die Leute ein wegen ihrer fachlichen Kompetenz, aber man feuert sie wegen ihrer Persönlichkeit“, formuliert der Psychologe Rüdiger Hossiep. Wer nichts anzubieten hat außer seiner fachlichen Qualifikation, hat ausgedient. „Der perfekte Bewerber, der meint, er mache alles, passe sich bedingungslos an und habe keine Fehler, ist uninteressant geworden“, merkt Personalberater Peter Pendl an, „die neuen Kriterien fordern Profil: erst wenn

der Bewerber vermittelt, was er - nicht - kann und will, erweckt er Interesse.“ Konkret sind gefragt: Flexibilität, Teamgeist und Projektorientierung.
„Ohne Profil kein Profit“, heißt es pointiert in einem Vortragstitel von Helmut Muthers, „zum Teufel mit dem Mittelmaß, mit dem Durchschnitt. Die Märkte der Mitte erodieren. Gewinn ist Belohnung für den Unterschied.“
Die Betriebsmittel sind in jeder Branche nahezu 1 : 1 kopier- und austauschbar. Die einzige Unterscheidung und der wahre Schatz liegen im Potenzial der Mitarbeiter, in der Persönlichkeit der Menschen. Dem Mitarbeiter muss - obwohl Teil eines Teams - soviel individuelle Entwicklungschance zur Markenpersönlichkeit eingeräumt werden, dass die Firma und damit alle von der Kreativität des Einzelnen profitieren können. Als Alarmbotschaft sei angeführt, dass 40 Prozent der Mitarbeiter eines Unternehmens innerlich gekündigt haben und nur noch als Hülle und Geldempfänger ihre Zeit abdienen... Wo sind die Führungskräfte, die’s verstehen, die Sozial- und Persönlichkeitskompetenz ihres Teams zu nutzen?!
Als neue Kriterien für Führungskompetenz gelten:
50 Prozent Sozialkompetenz,
25 Prozent Persönlichkeitskompetenz,
15 Prozent Methodenkompetenz (Fachwissen zur Anwendung bringen),
10 Prozent Fachkompetenz!

Können allein genügt nicht...

„Du hast dieselbe Planetenkonstellation wie...“ – und der Astrologe nennt E. eine sehr prominente Persönlichkeit, „der Unterschied zu dir ist – sie kann sich besser verkaufen!“ Ja, wie viele gute, brave, treue, nette ArbeiterInnen gibt es, die tagtäglich, jahrein, jahraus, ihre Pflichten erfüllen, aber niemals – weder im Schlechten noch im Guten – auffallen. Und verbittert, resignierend feststellen müssen, wie Jüngere, Lautere, Auffälligere sie auf der Karriereleiter mühelos überholen...
„Können allein ist zu wenig“, heißt es in einer Hochschulzeitung. Und sogleich wird die Devise ausgegeben: „Studierende müssen zu Selbstvermarktern werden.“
- Auch Studierende. Wie jede andere Branche! Ich muss meine Leistung auf den Markt tragen, sodass die Öffentlichkeit wahrnimmt, was sie an mir haben könnte...
In einer *IBM*-Studie unter Tausenden Mitarbeitern wurde erhoben, wer Karriere macht, welche Faktoren dafür ausschlaggebend sind:
10 Prozent die Fachkompetenz, die Leistung
35 Prozent das Image, die Bekanntheit; man hat schon gehört von der Person...

55 Prozent die „Exposure“, die „Performance“ der/desjenigen. – Was heißt: die Mitarbeiterin, der Mitarbeiter ist schon irgendwem, irgendwie – wiederholt – idealerweise positiv – aufgefallen; man nimmt sie unter den vielen WAHR. Man verfolgt ihren/seinen Weg.

10 Prozent Inhalt = Fachkompetenz

Und genau jene Prozentverteilung gilt für den ersten Eindruck, für unsere Urteilsbildung, wenn wir einen neuen Menschen kennenlernen:
55 % betrifft das Auftreten desjenigen; das Erscheinungsbild; alles, was wir mit den Augen wahrnehmen können. Mimik, Gestik, Kleidung, Accessoirs, Statussymbole,...
35 % macht die Stimme, der Klang, die Sprachmelodie aus. So wie wir den anderen hören. – Also auch das „polternde Erscheinen“...
10 %, ja: nur zehn Prozent gehören dem „Inhalt“; ausschlaggebend für unser erstes Urteil über einen soeben registrierten Menschen, und ob wir ihn überhaupt noch näher an uns ranlassen wollen...
Jetzt können wir in endlose Diskussionen ausbrechen, wie ungerecht, wie oberflächlich diese Welt ist. Aber es ist nun mal ein Faktum, das Sie ehrlicherweise jederzeit bestätigen können: es mögen die gescheitesten Worte aus dem Mund einer Person sprudeln; sie dringen nicht ins Bewusstsein vor, wenn im Mund z. B. Zahnruinen vom Wesentlichen ablenken.
10 % Inhalt = Leistung = Fachkompetenz. – Eigentlich könnte das ja auch eine ganz versöhnliche Frohbotschaft sein: ich muss nicht NOCH ein Karrierecoaching, ein weiteres Zertifikat, eine zusätzliche Ausbildung absolvieren, um meine Karriere-Chancen zu steigern. Was ich jedoch tun sollte, könnte, dürfte, wäre: auf mich und meine Leistungen, auf meine Kernkompetenz und meinen USP aufmerksam zu machen...

„Die Macht des ersten Eindrucks“: Impression-Management

Aus der 10 % Erkenntnis lässt sich ableiten: „Wir sind mehr denn je zur Selbstdarstellung verdammt“, verweist Ursula Nuber, „wir können nicht darauf vertrauen, dass andere uns die nötige Beachtung schenken, wenn wir nicht für uns selbst die Werbetrommel rühren.“
Es geht immer mehr darum, überhaupt aufzufallen – und den Eindruck, den ich hinterlasse, zu steuern, zu kontrollieren, zu inszenieren... Das Ziel sollte

heißen: glaubwürdiges Image + Authentizität.
Im Werkzeugkasten für bewusst geplante Prozesse der Imagebildung und Imagepflege – sind (kurzfristige) Taktiken sowie (langfristige) Strategien:
Passives Impression Management kann darin bestehen, Situationen zu meiden/fliehen, Unschuld zu verteidigen, sich zu rechtfertigen, sich zu entschuldigen, Kleinreden des Schadens, Hinweis auf höhere Ziele, hinter Gruppensolidarität verstecken, Kontrolle über Gesichtsausdruck und Stimme. Zahl der Zuschauer so gering wie möglich halten; stets neues Publikum suchend.
Aktives Impression Management: Idealisierung der eigenen Person/Tätigkeit, Offenlegung von Schwächen zur Erreichung von Intimität, von überwundenen Schwierigkeiten erzählen, andere wertschätzen, sich einschmeicheln durch angepasste Meinung, den Erwartungen nachkommen, Kleidung der Gegebenheit anpassen; auch Sprache: setze ich Dialekt/Hochdeutsch ein?! Beherrschen der Knigge-Regeln; Angleichung: unter Bescheidenen bescheiden auftreten, Körpersprache aktivieren; Schuhe geputzt; interessiertes Zuhören; Gestaltung der persönlichen Erscheinung: Make up, Kleidung, ...Wahl geeigneter Accessoirs: Pfeife, Kugelschreiber, Auto, Möbel, Hund, - Statussymbole, die den materiellen Wohlstand bestätigen. Wahl eines passenden „Bühnenbildes“: Heim, Büro, Lieblingslokal,...

„Massage building“ & „Empowerment“

„Es ist die Art, sich zu bewegen, zu denken, natürlich auch sich anzuziehen. Klasse zu haben heißt, die eigene Persönlichkeit so zu unterstreichen, dass man nicht verkleidet wirkt“, verweist Jil Sander. Die Erfahrungen mit dem ersten Eindruck machen klar, welch' Potenzial an Botschaften wir mit uns tragen und aussenden. Ja, wir sind von Kopf bis Fuß ein ständiger Botschafter in eigenen Belangen; nur sind wir uns dessen zu selten bewusst. Die Überlegung lohnt sich also, welche Botschaften unsere Mitwelt von uns empfangen soll. - Wie bringe ich meine Persönlichkeit in all ihren positiven Facetten über die Rampe? „Jeder hat ein für sich individuelles Markenzeichen - ein positives Merkmal, das Sie in den Augen der Öffentlichkeit unverwechselbar macht“, hebt Uschi Fellner, hervor. „Durch ein persönliches Markenzeichen, einen Stil, der untrennbar mit Ihrer Persönlichkeit verknüpft ist, strahlen Sie Unverwechselbarkeit aus. Ihre Kleidung, Ihr Gang, Ihre Frisur, Ihre Art zu sprechen oder einfach nur eine ganz bestimmte Lippenstiftfarbe kann zum Markenzeichen werden. Persönliche Markenzeichen drücken die Identität des Trägers aus, betonen immer Ihre besten Seiten, Ihre Vorzüge und haben oft mit unerwarteten Details, mit sogenannten Stilbrüchen zu tun.“

Dieser Ansatz ist hilfreich: über das Ausspielen von Markenzeichen kann ich einen wesentlichen Teil meiner Markenpersönlichkeit transportieren. Vor allem ermöglichen stimmige Markenzeichen, einen gelungenen ersten Eindruck zu schaffen, das Interesse für meine gesamte Wesenheit wird geweckt.
Hier wird jedoch auch deutlich, dass ein persönliches Markenzeichen allein ein guter Start in die richtige Richtung, aber noch nicht das Ziel bedeutet: Ich will mich nicht als Marke verkleiden/benehmen, ich BIN (m)eine Marke. Und Marke ist mehr als guter Stil, Designerrobe und Trend-Make-Up. Der individuelle Stil ist ein - wesentliches - Medium für meine ICH-Botschaft; die Form muss vom Inhalt geleitet werden, von Intellekt, Witz, Charme und Geist...
„Message Building“ ist die Strategie, sein unverwechselbares ICH zu promoten. „Empowerment“ ist der Faktor, der die Strategie gelingen lässt: die „Selbstermächtigung“, seinen Mut und seine Motivation mit hoher Identifikation mit den Zielen und Disziplin einzusetzen. Hören Sie auf Ihre Berufung! Lebenskarriere beginnt im Kopf...

Marke: Bild & Emotion

Der Mensch entscheidet laut Studien zu 80 % nach Gefühl. „Werbung ist Gefühlssache“, betont Christian Prenger, „Emotionen sind jener hochwertige Treibstoff, der die Traumfabrik zwischen Regal und Response am Laufen hält, jener Kreativbestandteil, der für Anregung, Aufregung und Absatz sorgt...“
Gelingende Kommunikation, gelingendes Impression Management ist immer die Kombination aus Bild und Emotion. Und genau diese beiden Komponenten sind bei einer Marke gegeben. Sie ruft Bilderwelten in uns hervor. Sie weckt Sehnsucht – nach Glück, Schönheit, Anerkennung, Gesundheit, Liebe, Freiheit.... - und gibt vor, diese zu erfüllen. Marke wird emotional verstanden, was heißt: sie wird erlebt. Sie wird gespürt, bestenfalls mit allen Sinnen wahrgenommen. Und Emotionen kochen dort am schnellsten hoch, wo mitunter an Tabus gerüttelt wird...

Personal Imagery

Bilder haben eine extrem starke Kommunikationswirkung. Anzeigen werden kaum (zu Ende) gelesen und durchschnittlich nur 2 Sekunden betrachtet:
76 % der investierten Zeit entfallen auf das BILD
16 % auf die Überschrift
8 % auf den Text

In derselben Zeit, in der ein Bild mittlerer Komplexität erfasst wird, können Texte von maximal 7 bis 10 Wörtern aufgenommen werden. Bilder sind „Schnellschüsse ins Hirn & Herz“. Sie werden wie Wirklichkeiten wahrgenommen; im Unterschied zur Sprache als verschlüsseltem und wirklichkeitsfremden Zeichensystem. 200 Millisekunden der Fixierung reichen, um eine inhaltliche Vorstellung vom Gezeigten zu gewinnen. Ein EINZIGER Blick kann (soll) genügen, um die zentrale Aussage eines Bildes – einer Botschaft – wahrzunehmen.
Ziel der Marken-/Imagestrategie muss sein, „innere Bilder“ in den Rezipienten aufzubauen.
„Corporate Imagery“ als neues Kommunikationsfeld will klarmachen, wie wichtig es ist, dem Unternehmen ein „Gesicht“ in der Öffentlichkeit zu geben; also ein Bild anzubieten, das typisch für das Unternehmen ist.
„Personal Imagery“ transferiert diesen gezielten Aufbau und Einsatz von Bilderwelten auf den Menschen: Welches Bild von mir gebe ich demnach weiter? Wie soll die Bildbotschaft komponiert sein?! Welche Art von „Lifestyle“, welche Werte sollen wie inszeniert werden?

Marke, Maske, Macke, Masche...

Marken bezeichnen als Kürzestformel „steht für...“
Und damit sind Marken wertneutral. Soll heißen: es gibt billige und teure Marken, breitbekannte und sehr exklusive, renommierte mit gutem Ruf, andere mit „indifferentem Image“... Was aber allen gemeinsam ist: man weiß, was einen erwartet.
So muss man bei Menschen als Marken eine breite Palette anführen: von Jesus, Mutter Teresa und den Papst über Dieter Bohlen, Naddel und Julia Roberts bis zu Saddam Hussein, Bush, Obama und Bin Laden...
Marke ist u.a. Bekanntheit – na bitte, kennen wir nicht alle den Didi Bohlen? – Und seine Musik bietet die von Marken geforderte Orientierung: jeder Song, ein ähnliches Strickmuster. Wir können ihm absolut vertrauen, dass die Marke Bohlen für markige Sprüche und simple Songs steht.

Vorhin wurde sehr nüchtern und pragmatisch von „Impression Management“ und der Inszenierung von Lifestyle-Bilderwelten im „Personal Imagery“ gesprochen; und tatsächlich rufen diese Kriterien der Wahrnehmungsforschung gerade zu danach, sich diverser Macken („Mein Pudel muss immer am Arm sitzen!“), Maschen („Was darf ich Ihnen Gutes zukommen lassen – als gutem Geschäftsfreund...“) und Masken („Ich bin der unnahbare, über den Dingen stehende Experte.“) zu bedienen. Im Extremfall wird sogar der Körper chirurgisch zur Larve umgestaltet. – Alles nur für ein Stück vom öffentlichen Aufmerksamkeitskuchen. Viele „Starmaniacs" und „Topmodels", die kurz durch den Blätterwald rauschen und ebenso schnell wieder verschwinden, beweisen Andy Warhols Überzeugung, heutzutage könne jedermann für 15 Minuten berühmt sein...

ICH als Wert-Marke

„Nur gesichtslose Menschen lassen sich ein neues Gesicht machen", meint Dagmar Koller. Es muss demnach mehr geben als kurzzeitige Bekanntheit: und so möchte ich die „Wert-Marke" einführen. Wohl wissend, dass Werte letztlich wiederum sehr individuell ausfallen. Und auch Bohlen kann sicherlich bestimmte Werte argumentieren. Ich gestehe, auch ich hab' mich köstlich mit seinen Enthüllungen in Buchform amüsiert. So entlasse ich den Dieter gleich wieder aus der Kritik und nominiere schwerere Kaliber, wo das individuelle Gewissen für die Markenbildung nicht mehr herhalten kann: den Promianwalt, der selbst mit bewussten Unwahrheiten Prozesse gewinnt. Der Baumeister, der alle noch so peinlichen Aktionen mitmacht, um in den Society-Nachrichten vertreten zu sein. Die Marketing-Frau, die für ihre Karriere ihren Körper nahezu allnächtlich einsetzt... – Oder jener Findige, der in meinem ICH-Marke Seminar war, dann noch ein Buchcoaching gemacht hat und – dermaßen inspiriert – ein „Human branding"-Buch herausgebracht hat... Natürlich hat er die Marke dafür patentrechtlich eintragen lassen. Und organisiert „Human Brand Galas"...

Die höchste Form der Anerkennung, meinte mal wer, sei die Nachahmung. – Die erste ICH-Marke-Kopie als Buch/Seminar/Vortrag tat noch weh; mittlerweile gibt´s tausend davon...

Jede/r einzelne muss sich mit dem Blick in den Spiegel fragen: was alles bin ich zu tun bereit, um meine Marke mit größtmöglichem Aufsehen zu versehen? Ja, und wer bei solchen Fragestellungen bemerkt, dass sich etwas im Inneren regt, etwas, das man Gewissen nennt, der versteht, was mit „IHR ICH ALS WERT-MARKE" gemeint ist. Es ist mir nicht egal, womit und wie ich meine Marke entwickle. Ich will mir, meinen Anlagen, meinen Werten und meinen Visionen treu sein: Marken-treu! Der Marken-Aufbau verläuft jedoch sehr pragmatisch; nur Sie selbst können und sollten wissen, was Ihr Fundament für die ICH-Marke ist – oder bloß als solches erscheint...

„Die Zeit verwandelt uns nicht,
sie entfaltet uns nur!"
Max Frisch

Unternehmer in eigener Sache

Das Leben sei ein Spiel, sagen die einen. Die anderen sehen es als Lernfeld, als irdische Schule, in der die Seele ihre Lektionen zu absolvieren hat. Das Leben als Unternehmen zu betrachten, kann keinesfalls falsch sein. Wer ein Geschäft gründet, der will eine Idee realisieren; er hat konkrete Ziele; er will ein Maximum an Erfolg erreichen, wie immer er diesen definieren mag.
Im Wirtschaftsleben breitet sich das „ISO-Norm-Virus" aus: „TQM - Total Quality Management", das Bemühen des Unternehmens um hohe Qualität in allen Belangen der betriebswirtschaftlichen Gestaltungsaufgaben, ist ja prinzipiell begrüßenswert - vor allem aber für die „Zertifizierungsunternehmen" ein enormer finanzieller Erfolg. Denn Qualität lässt sich nicht unbedingt managen: sie beginnt mit Enthusiasmus und reicht bis zur Organisation. Für unser Feld des individuellen Unternehmens „Leben" sei nur die Anregung übernommen, sich selbst die Frage nach „Qualität auf allen Ebenen" zu stellen: Jeder Mensch hat (mindestens) ein besonderes Talent. Jeder ist in einem Bereich außerordentlich, interessant, wertvoll für die anderen. Manch' verantwortungsvoller Lehrer hat den jungen Menschen beim Heben des verborgenen Schatzes sogar unterstützt. - Kreatives Potenzial ist immer vorhanden, muss jedoch hervorgelockt werden. Die Muse will einen Nährboden bereitet wissen, ehe sie sich niederlässt und zur Umarmung ansetzt. Den Landeplatz bzw. die Antenne hat jeder von uns selbst zu errichten.

Am Anfang steht die Vision

„Wenn das Leben keine Vision hat, nach der man strebt, nach der man sich sehnt, die man verwirklichen möchte, dann gibt es auch kein Motiv, sich anzustrengen", so Erich Fromm. „Wer Visionen hat, braucht einen Arzt", soll hingegen der frühere Österreichische Bundeskanzler „Vranz" Vranitzky empfohlen haben; sein Nachfolger sah's schon moderner und bezeichnete das Leben als „Abfolge von Projekten" und projektierte bald darauf in Argentinien bei VW. Von Steve Jobs (damals 21) und Stephen Wozniak (26) wird die Mär überliefert, sie hätten ihren Arbeitgebern ein verrückt anmutendes Projekt vorgeschlagen, das jene ablehnten. Die beiden glaubten jedoch an ihre Vision, zogen sich in die elterliche Garage im kalifornischen Palo Alto zurück und bauten 1976 gemeinsam den ersten Personalcomputer. Als *APPLE* I hat er eine ganze Industrie bewirkt...
Ein anderer Visionär hat auf die Entwicklung von Computerprogrammen gesetzt - und ist mit *MICROSOFT* mittlerweile der reichste Erdenbürger: Bill Gates...

Mit etwas Glück und viel Konsequenz lässt sich der eigene Traum-Arbeitsplatz - und gleich viele weitere - erschaffen.
Am Anfang steht eine Vision, eine Sehnsucht. „Ich werde immer nach einer neuen Herausforderung suchen", bekennt Schauspieler-Sänger-Songwriter-Komponist-Multiartist Rainhard Fendrich, „im Moment weiß ich nicht, wo ich in zehn Jahren stehen werde. Ich habe einen Stachel der Unruhe in mir. Ich brauche die Anspannung und breche aus quälender Langeweile aus. Ich habe Sehnsucht nach dem Lampenfieber." - Und Sehnsucht ist die stärkste Kraft für Veränderung, Initiative und Anpacken.

„Die Aufgabe der Umgebung ist nicht, das Kind zu formen, sondern ihm zu erlauben, sich zu offenbaren."
Maria Montessori

Anti-Marken-Schule

Arnulf Rainer, weltbekannter Künstler und charismatischer Revoluzzer, verließ die Schule, weil man ihn zwingen wollte, nur nach der Natur zu zeichnen. Die Lehrer des weltberühmten Egon Schiele beschwerten sich darüber, dass jener den Unterricht durch Zeichnen störte; wegen Misserfolgs verließ Schiele die Schule - und verfügte bereits mit 20 Jahren über künstlerische Eigenständigkeit...
Manfred Deix (Top-Cartoonist) und Bernhard Paul (Zirkusdirektor „Roncalli") feierten gemeinsam ihre 100. Klassenbucheintragung wegen unbotmäßigen Verhaltens... Das wortgewandte Multitalent Gabriel Barylli - Bestsellerautor, Schauspieler und Regisseur - flog zweimal durch, wurde auch am Reinhardt-Seminar rausgeworfen... Und Ex-Zoodirektor Helmut Pechlaner scheiterte mehrmals an Latein und Mathematik; die Gymnasialprofessoren orteten bei ihm „absolut kein Talent". - Dafür züchtete er bereits als Schüler Kanarienvögel, Tauben, Gockel u.v.m.
Ich erinnere mich an meine Deutschlehrerin der Volksschulzeit, die davon abriet, mich ins Gymnasium zu schicken; die Sprache sei leider nicht meine Stärke. Nun, meine Eltern waren „ehrgeizig" genug, mich doch maturieren zu lassen. Und mittlerweile lebe ich seit 30 Jahren – unsubventioniert und stolz – vom Schreiben, Moderieren, Trainieren und anderen Sprachjonglagen.
Ohne mir's mit guten, braven Schülern verscherzen zu wollen, hege ich den Verdacht, dass eine gewisse „Auffälligkeit" von Charakteren mit Ecken und Kanten der weiteren Lebenskarriere nicht unbedingt abträglich zu sein scheint...
Man sollte Schülern – ganz auf der Spur von Eros & Guru - irgendeinen Bereich wünschen, von dem sie nie genug kriegen können. Denn was ist Erfolg?

- Ist der am erfolgreichsten, der den Wettbewerb ‚Sieger ist, wer als reichster stirbt!' gewinnt? Freiheit hängt mit Zufriedenheit zusammen; und die entsteht, wenn ich Gedanken frei äußern und meine Freiräume wahrnehmen kann.

Marken-Indiz: Geschenke

Es gibt meiner Ansicht nach ein untrügliches Zeichen, zu erkennen, wie weit Sie auf Ihrem Weg zur Markenpersönlichkeit bereits gekommen sind, und wie weit Sie diese Ihrem Umfeld erhellen konnten: Denken Sie an Ihren Geburtstag bzw. an diverse Festtage - welche Geschenke erhalten Sie?
Erinnern Sie sich an die Weihnachtszeit, wenn es gilt, für Angehörige passende Präsente zu finden. Für manche weiß man sofort eine originelle Gabe, für andere fällt einem beim besten Willen nichts ein... - Ist das nicht ein klares Indiz dafür, wie wenig wir von jener Person wissen? Wie wenig es jenem Menschen offenbar gelungen ist, seine Marke zu transportieren...
Als „Strafe" erhält jener dann die übliche Einheitskrawatte, Gutscheinmünzen - oder das Schlimmste vom Schlimmen: Bargeld... - Mit dem schrecklichen Zusatz: „Kauf' dir was Schönes, du weißt ja am besten, was dir Spaß macht..." - Deutlicher könnte man nicht ausdrücken, dass einem der andere völlig egal bzw. fremd ist! - Und dass der solcher Art Beschenkte sein Markenpotenzial absolut noch nicht entwickelt hat... Die „Führungs-Kraft" zur Markenpersönlichkeit trägt jeder in sich, 'rauslassen muss er sie selbst... Und die Promotion hilft, das Markenbild zu transportieren.

ICH-Marken-Entwicklung

Marken sind Orientierungspunkte in der unendlichen Flut von Produkten – und Menschen. Marke heißt, die Stärken zu stärken und mit einer Visionsbotschaft zu versehen. Das ist pragmatisches Handwerk, denn Kompetenzen sind immer zu finden... Und die Motivation, eine ICH-Marke zu werden, kann eine Mixtur aus Ehrgeiz, „wem-was-beweisen-wollen" und Sehnsucht nach Unsterblichkeit sein.
Ein strategisch geplanter Stufenplan im Ego-Marketing kann sehr erfolgreich umgesetzt werden. Außer das Gewissen mischt sich irgendwann ein.
Was wir von den wertvollsten Marken lernen können, heißt: beschränke, konzentriere dich auf wenige, idealerweise auf EINE starke Markenbotschaft. *Apple* gibt´s nicht zu trinken; *Coca Cola* versucht nicht auch Telefone herzustellen, *Red Bull* produziert keine Hautcreme und *Mercedes* kein Katzenfutter. „No na, eh klar", meinen Sie; aber was versuchen Sie permanent? Sie

wollen der tollste Vater, die beste Mutter, die faszinierendste Erzählerin, der außergewöhnlichste Entertainer, der findigste Berater, die atemberaubendste Gastgeberin, die kompetenteste Steuerberaterin, der juristische Wunderwuzzi GLEICHZEITIG zu sein. – Und wir wundern uns, wenn wir herzinfarktgefährdet sind?

Keine Produkt-Marke würde den „Menschen-Wahn", es allen Recht zu machen, auch nur ansatzweise erfüllen können. Ich präzisiere: Marken wären äußerst schlecht beraten, wenn Sie diesem Wahn erlägen. Denn das wäre ihr Todesurteil. – Beispielsweise ein *Nokia*-Manager, der meint, „wir haben jetzt genug Handies verkauft, versuchen wir auch Schuhe abzusetzen"...

Was heißt das aber konkret für jede und jeden von uns: machen wir's uns leichter! Keiner muss dem Ideal hinterherhecheln, als „eierlegende Wollmilchsau" in die Annalen einzugehen. Das Scheitern ist sowieso vorprogrammiert. Sie müssen nichts anderes tun als das, was Ihnen am Wichtigsten, Reizvollsten erscheint – und das Ihnen am leichtesten von der Hand geht. Positionieren Sie sich einfach, verständlich und unverwechselbar

Der persönliche Superlativ

Was können wir uns mitnehmen aus all dem Markenwissen rund um die teuersten Brands der Welt; um die erfolgreichsten, um die schillerndsten, um die bekanntesten, beliebtesten, faszinierendsten...?!
Zunächst gleich mal die Steigerungsform in dieser Aufzählung: „-sten"
Das heißt nichts anderes als irgendwo hervorzustechen:

- Aus sich die gelungenste Form machen.
- Ihre ureigenste Begabung fokussieren.
- Die eigene Handschrift selbstbewusst auf die Lebensleinwand malen.
- Brachliegende Talente aus dem finsteren Keller holen – den Keller zur Schatzkammer umgestalten!

Marken leben vom Unterschied; sie machen den Unterschied aus; sie kennzeichnen ihn. Und das gilt ebenso für Ihre Marke:

- Wo sind Sie besser als andere?
- In welchem Metier kennen Sie sich am besten aus?
- Wo macht Ihnen keiner etwas vor? Wo sind Sie unschlagbar?
- Vergessen Sie (kurz mal) Ihre Bescheidenheit – wo ist Ihr „Superlativ-Revier"?

USP – Unique sympathy proposition?!

„Viele Wege führen nach Rom. Jeder wählt seine eigene Route - das macht Menschen einzigartig“, hebt Sabine Vogl-Kasamas hervor.
Ihr persönlicher Superlativ zeichnet Sie als etwas Besonderes aus! Und jeder Mensch hat etwas, das ihn einzigartig macht; ein Bündel von Qualitäten, die kein anderer in dieser Form und Intensität besitzt. Im traditionellen Marketing nennt man dies „U.S.P, die Unique Selling Proposition“, also das einzigartige Verkaufsargument, das jene konkurrenzlosen Merkmale einer Marktposition umschreibt.
Und jeder Mensch, der sich noch nicht als stromlinienförmiger Karrierist missbilden hat lassen, weist etwas Einzigartiges auf. In Bewerbungsgesprächen fällt meist die offene Frage des Personalverantwortlichen: „Welchen besonderen Nutzen bringen Sie unserer Firma? – Warum sollen wir gerade SIE nehmen?“
Die Erfolge unseres Lebens stehen meist in direktem Zusammenhang mit diesem außergewöhnlichen Etwas. - Nun, was ist also Ihr USP, Ihre, wie ich Sie bezeichnen möchte: UNIQUE SYMPATHY PROPOSITION, Ihre einzigartige Note?

- Was qualifiziert SIE besonders?
- Was hebt Sie von anderen ab?
- Was ist jene Stärke, die andere nicht in diesem Ausmaß haben?
- Was ist Ihre „Magie“? Was macht Sie anziehend?
- Worin würden Sie sich gerne etablieren?

Ein Tipp: Gerade beim Finden dieser Besonderheit sollten Sie auf Freunde, Familienangehörige zurückgreifen. Es kann sogar ein erfrischendes - wie auch erkenntnisreiches - Spiel daraus werden, gegenseitig den USP zu ermitteln...
„Es geht darum, eine Sache wirklich gut zu machen, statt mit einem Bauchladen der Angebote ´rumzulaufen“, bringt es Christine Wirl, Herausgeberin des Magazins „TRAINING“ auf den Punkt: unter den Tausenden TrainerInnen gibt es eben jeweils eine/n, die ein Feld „besetzen“: Präsentationstechnik, die Stimme, Outdoor, ICH-Marke …
„Persönliche Bestleistung ist nur möglich, wenn Körper, Seele und Geist im Einklang miteinander stehen“, betont Ferry Fischer vom Wiener «Coaching Institut für Führungskräfte».
Basis für jeden (beruflichen) Erfolg ist es, die eigenen Stärken und Schwächen selbstkritisch zu diagnostizieren. Stärken sind Motivationsfelder. Was kann ich gut, was macht mir Spaß? - Was macht mich einzigartig, unterscheidet mich von anderen? Dort ist mein Marken-USP.

„Wenn du die Zeit nicht auf die Seelenheiterkeit verwendest, so schwindet sie dahin. Und du selbst schwindest dahin, und sie kehrt nie zurück.“
Marc Aurel, Selbstbetrachtungen

„Ich erwachte eines Tages aus tiefem Schlaf und bemerkte, dass alle meine Masken gestohlen waren. Unmaskiert lief ich durch die belebten Straßen und rief: «Diebe, Diebe, verfluchte Diebe!» Einige Männer und Frauen lachten mich aus, und andere eilten aus Angst vor mir davon. Als ich zum Marktplatz kam, rief ein junger Mann vom Dach eines Hauses herab: «Er ist ein Narr!»

Ich hob den Kopf, um nach ihm zu sehen. Da küsste zum ersten Mal die Sonne mein entblößtes Gesicht. Und zum ersten Mal entflammte meine Seele in Liebe zur Sonne, und nicht länger verlangte es mich nach meinen Masken. Wie in Trance rief ich: «Gesegnet, gesegnet seien die Diebe, die mich meiner Masken beraubten!»

Khalil Gibran, Der Narr

8 Umsetzungs-KRAFT:

Personal Branding – ICH-Markenbildung konkret

„Warum setzen sich die Leute keine Krone auf?", fragte Hundertwasser keck, „weil sie zu feige sind, Könige zu sein." – Wofür könnten Sie sich „krönen" oder mit Lorbeer „bekränzen"?
Die Marktposition(ierung) zielt auf die Besetzung von „Stockerlplätzen" in den Köpfen und Herzen der Zielgruppen und entsteht durch die genaue Beschreibung der Charakteristik des persönlichen Angebotes, der Überzeugungen und Werte.
Die Marke ist ein Leuchtturm im Bewusstsein. Marke verfolgt Positionierung und ist als solche eine Wettbewerbsstrategie, die Ihnen hilft, sich von anderen zu unterscheiden. Dieses Buch geht davon aus, dass jeder Mensch die Ingredienzien zur Markenbildung in sich trägt, demnach zur Marken-Persönlichkeit und „öffentlich sICHtbar" werden kann. Noch leichter geht´s, wenn man sich ein Marken-Image zulegt bzw. verpassen lässt. Zur anerkannten Markenpersönlichkeit wird jedoch nur jene/r, die/der den individuellen „Guru-Faktor" entwickelt und als erlebte Marke allenfalls zum „Guru" reift.

Die „Marken-Entwicklung" läuft von der Person über den entfalteten „Guru-Faktor" zur Persönlichkeit und zur ICH-Markenpersönlichkeit.
Zwei Seelen wohnen in der Person: das EGO und das ICH. Das eitle, laute, grelle EGO drängt auf schnellstem Wege zur Berühmtheit, zu Publicity. Es analysiert die Marktchancen und wirft sich selbstverleugnend auf jene Zeitgeist-Welle, die maximales Echo verspricht. Diese meist erkaufte, kometenhafte „Seitenblicke"-Bekanntheit führt jedoch nur über ein Marken-Image zur „Pseudo-Marke".
Das ICH hingegen weiß, dass es zunächst sich selbst auf den Grund zu gehen hat. Die wertorientierte Selbstanalyse, das Bekennen zum eigenen Wesen, führt die Person zur Persönlichkeit. Erst nach dieser selbstkritischen Phase, in der man zu individuellen Stärken und Schwächen stehen lernt, darf der Weg nach außen führen. Netzwerke werden geknüpft: aus der Privatheit, Partner, Familie

über Freunde, Bekannte, Berufskollegen bis zu Massenmedien. "Networking" und "Personal Pure Relations" setzen nun zielgerichtet ein. Mit dieser öffentlichen Präsentation und der Bestätigung von außen macht die Persönlichkeit den Sprung zur unverwechselbaren, anerkannten Markenpersönlichkeit.

Gezielte, runde Selbstdarstellung sichert den (Wettbewerbs-)Erfolg und das Überleben im Markt der Marken. Für ein einheitliches Erscheinungsbild (Corporate bzw. Personal Design) bedarf es mehr als eines Logos, das sich von der Visitenkarte über Kleidung bis zum Auto abhebt. Folgende Aspekte der Selbstpräsentation sind zu beachten:

1. Das WAS: die unverwechselbare Identität, Wert-Analyse der Marke, Brand-Audit. Focussing - die Konzentration auf's Wesentliche.

2. Positionierung mit der Kernkompetenz – das kann ich gut, das hab ich gelernt, darin weise ich Erfahrung & Expertise nach

3. Marken-AURA: - „diese Marke steht für..."- Versprechen; Komponenten des Markenimages.

4. Unique sympathy proposition USP, Differenzierung zu anderen, Markenumfeld.

5. konsequente Markenführung; Markenimage, Markenpflege, Kontinuität in Corporate Identity; Marke in ihrem authentischen Umfeld. Nur der Markenkern ist stabil, das System Marke lebt.

6. Kreative, wertorientierte Kommunikationsstrategie. Geschickte Selbstinszenierung - mit Erlebnismarketing als Teil des Erfolgs. Begleitaktivitäten, kontinuierliche Beziehungspflege; Networking, Medienselektion.

Merkmale der Eigen-Marke

Was macht die Marke zu dem, was sie ist? Christoph Ewert listet in seinem Buch „Personality Marketing" sieben Merkmale auf, die über den Erfolg eines Produktes bestimmen:

1. Gleichbleibende Qualität: bei *Coca Cola* oder *McDonalds* weiß man immer, woran man ist; Aussehen, Geschmack sind weltweit ident.

2. Konstanter Preis: Preisschwankungen verunsichern den Konsumenten genauso wie Qualitätsschwankungen.
3. Ubiquität (Überallerhältlichkeit): Allpräsenz steigert das Kundenvertrauen; „Über-Ubiquität“ ist allerdings kontraproduktiv.
4. Hoher Bekanntheitsgrad: man greift immer spontan auf Markenklassiker zurück.
5. Absender: Namen klingen; keiner kauft bei einem Nobody.
6. Gleichbleibende Aufmachung: auch konstante Linie schafft Vertrauen beim Kunden.
7. Eigenständige Persönlichkeit: auch Produkte haben einen Charakter.

Ausgehend von den Charaktereigenschaften, die meine Person einzigartig machen, heißt es, eine Linie zu finden; Profil zu entwickeln:
1. Aus dem Chaos vieler Ideen und Engagements muss eine klare Konstante herausgefiltert werden. Diese wird zur zentralen Kompetenz aufgebaut.
2. Legen Sie Ihren „Preis“ und Ihre Konditionen fest.
3. Was kann ich tun, um mich und meine Leistungen leichter „erhältlich“ bzw. auffindbar zu machen? - Beziehungsnetz knüpfen.
4. Permanent an der Eigen-Promotion, der „Eigen-Popularisierung“ arbeiten; keine falsche Bescheidenheit, man muss auch darauf hinweisen, was man leistet.
5. Gute Namen als Referenzen angeben.
6. Sich selber treu bleiben; keine Rolle spielen; einheitliche Linie, Outfit.
7. Die Eigenständigkeit unserer individuellen Persönlichkeit als Basis aller Strategien einbauen.

Was ICH-Marken von Produkt- und Unternehmens-Marken lernen können:

Der Sachwert von Unternehmen wie *Coca Cola, Google* oder *Microsoft* beträgt gerade mal 5 – 10 (!) Prozent des Unternehmenswertes; alles andere ist Markenwert & Image.
Unsere Sach- und Fachkompetenz ist ebenso als relativ „kleine Größe“ anzusetzen. Gut ausgebildete, brave, treue Mitarbeiter gibt’s wie Sand am Meer. Alles dreht sich letztlich um die Grundüberlegung: was sollen andere von mir spüren? Welches Image soll entstehen? Was soll von mir und über mich gesprochen werden? Das ist die Frage nach Ihrer ICH-Marken-AURA; und diese wird gestärkt, sobald wir gezielt an unserem „Renommee“ zu arbeiten beginnen.

- **Produkte werden verwendet, Marken werden erlebt.**
Sorgen Sie dafür, dass man Sie in Ihrer Kompetenz erleben kann. Mit unverwechselbaren Botschaften und Aktionen sichern Sie sich einen Platz im Gedächtnis Ihrer Bezugspersonen.

- **Als Marken-Werttreiber hat integrierte Kommunikation höchste Bedeutung**. Das heißt: kommunizieren Sie Ihre Marken-Versprechen, wann und wo immer sich eine Chance bietet.

- **Marke ist mehr als Design.**
Selbststilisierung darf nicht über Authentizität hinauswachsen. – Was besonders im politischen Bereich fatal wirkt.

- **Das Vertrauen ist Basis und Rechtfertigung jeder Marke.**
Die Marke gilt als Signal, mit ruhigem Gewissen Qualität zu erwerben. Achten Sie darauf, den Ihnen entgegengebrachten Vertrauens-Vorschuss zu rechtfertigen.

- **Es geht bei Marken darum, eine zentrale Botschaft bildlich umzusetzen.**
Es sollte Ihnen gelingen, Geschichten in den Köpfen der Menschen entstehen zu lassen. Aber keine Science-Fiction, sondern Reality. Sie selbst bestimmen, ob's „Reality soaps" à la Lugner sind oder Erfolgsstories à la Mateschitz.

- **Marken kommunizieren eine Einzigartigkeit** als Vorteil und erfahrbare Leistung. Marken haben ein klares Profil. Bemühen Sie sich, Ihre Kompetenz noch weiter zuzuspitzen und als speziellen Vorteil auszuspielen.

- **USP statt Mainstream.**
Die eigene Art. – Wie hoch ist der Grad an „Eigenem", das Sie weitergeben können/wollen?

- **Marken kennen ihren Code** – u.a. wofür sie bei den Kunden stehen und geschätzt werden. Was halten Ihre Kollegen, Bekannten von Ihnen? Wie sieht Ihr Fremdbild aus?

- **Marken repräsentieren bestimmte Werte und Eigenschaften.**
- Und welche Werte sind das bei Ihnen?

- **Je emotionaler eine Marke besetzt ist, umso besser sind die Chancen.**
Emotionen kochen dort am schnellsten hoch, wo mitunter an Tabus gerüttelt wird.

• **Die Zukunft der Marken** in der Überflussgesellschaft geht dahin, dass sie eine Transformation versprechen, einen Wandel, der die Verwendung dieses Brands beim Konsumenten bewirkt. - Was versprechen Sie jenen, die mit Ihnen verkehren? Wie „verwandeln" Sie Ihr Umfeld?

• **Marken verstehen sich auf den Verkauf von Zusatznutzen** – und der ist immer mehr in der Vermittlung von Lebensgefühl zu finden. Ihre Persönlichkeits-Vorteile gehören in den Vordergrund gerückt und entsprechend inszeniert.

• **Begeisterung ist der zuverlässigste und stärkste Motor des Erfolgs.**

Kern & Aura

Personal Brand building umfasst
A) den inneren Prozess – rund um den Marken-Kern, die Kernkompetenz, das besondere Leistungsangebot des Menschen, den USP
B) den äußeren Prozess der Imagebildung, der Aura – mit der Strategie der Promotion, der Umsetzung Ihres Markenversprechens.

Im Übergang von A nach B steht die eigentliche Markenbildung; die bewusste Eigenpräsentation vor/in der Öffentlichkeit; also der Schritt hinaus zu den Vorgesetzten, Kunden, Nachbarn, Freunden, Klienten, Medien aller Art. Die mediale Verstärkung macht den Menschen zur Markenpersönlichkeit. Dieser Bereich des Personal Marketing, Networking sowie der Personal Public Relations, wird deshalb umfassend behandelt.

Ein Marken-Entwicklungs-Konzept durchläuft folgende Phasen:

• **Ausgangssituation** - Erhebung des Ist-Zustandes: z.B.: „X. ist öffentlich praktisch nicht bekannt. Eine Verbesserung der Marken-Präsenz wird gewünscht. Erhebliche Vorleistungen dazu wurden in den letzten zwei Jahren in einem Leitbildprozess erbracht." Befragungen, Interviews – Führungskräfte; repräsentativer Querschnitt – zum Selbstbild. Journalisten, Opinion leader – zur Fremdsicht.

• **Zielsetzungen – Targets:**
Feststellung des Status Quo – welche Positionen gibt es? Innensicht und Außensicht/Fremdbild. Entwicklung einer langfristigen Markenpositionierung auf Basis der strategischen Ziele; Profilierung gegenüber Mitbewerbern; USP. Stärkung des Markenwertes und effiziente Marken-Kommunikation.

Beispiele für targets (lt. Agenturenvokabular):
- Angestrebt wird Positionierung als...
- Die core values impactstark im business to business Segment kommunizieren
- Stärkung und positive Emotionalisierung der Marke Y sowie Image-Upgrading im Hinblick auf das erweiterte Leistungsspektrum
- Launchkampagne eines neuen Angebotes
- Erhöhung der Imagewerte
- Etablierung der Markenpositionierung; Forcierung des Logos als Key Visual Kommunikation des neuen Claims
- Stärkung der Position als Marktführer unter Berücksichtigung der Kernbotschaft
- Preisführerschaft mit Beweisführung
- Repositionierung der Marke I. Marke soll mit neuen Werten aufgeladen werden: dynamischer, jünger und unverwechselbar. Der neue Claim gibt der Marke einen emotionalen Anker.

• **Herausarbeiten des Marken-Kerns, Marken-Werte**
- Spontane Assoziationen – Markenschema. Eigenschaften der „Ist-Markenpersönlichkeit" (von verlässlich, bodenständig, genau, bis abenteuerlustig, sexy, chaotisch)
- „key strenghts & key weaknesses" = Stärken und Schwächen / Selbstbild versus Fremdbild.
- Wie würden Sie X. in einem Satz beschreiben?z.B. „Herzlicher und authentischer Umgang mit Natur und Mensch."
- Nicht das Produkt, die Person selbst ist für den anderen, für Konsumenten / Klienten / Nutzer interessant, sondern das Erlebnis, das damit verbunden wird. - Es geht um den Erlebnis-Wert der Marke. Die Marke muss emotional aufgeladen werden.

Marke = Produktkern + Versprechen.

• Markenvitalität: was sind die veränderbaren Anteile der Marke? Wo dürfen die Kreativen experimentieren, auf neue Trends eingehen?

• Key Visual: z.B. ein doppeltes U für Ulrich, den Obmann von Union M.

• Logoentwicklung, Design von Papier, Kuverts, Visitenkarten, Mappen, Urkunden, Website u.s.w. = das „Marken-Manual“ der Corporate Identity samt Corporate Design.

• Die Stärken der Marke bilden als Trümpfe die Grundlage der Kommunikationsstrategie, die die Marke erlebbar, erfühlbar machen und den Bekanntheitsgrad steigern soll: durch Events, Produkte, Dienstleistungen.

Wichtige Kriterien der Marken-Führung:

• Der Marken-Erfolgs-Dreiklang besteht aus Bekanntheit, Sympathie und Verwendung.

• Effiziente Markenwerbung beleuchtet spezifische Marken-Vorteile. Sie fördert damit die Beziehung zwischen Marke und Kunden.

• Wenn das Ausgangsprodukt relativ austauschbar ist, muss man gezielt schauen, wo man in der weiteren Wertschöpfungskette Unterscheidungsmerkmale zum Wettbewerb herausarbeiten bzw. schaffen kann.

• Marken wachsen über Jahre und Jahrzehnte: wer meint, eine Marke könnte mit viel Pomp und Trara von heute auf morgen erschaffen werden, irrt. Eben weil es – siehe oben – um Vertrauen geht, muss wie bei jedem Lebewesen schrittweise Entwicklung passieren.

• Evolution statt Revolution lautet das Marken-Motto. Konstantes Auftreten über saisonale Trends hinweg ist das Um und Auf.

• Spannend bleiben durch neue Produktentwicklungen: Die Marke ist das Konstante, aber es müssen Produktentwicklungen passieren, um am Ball zu bleiben; den Konsumenten signalisieren: mit uns bist du up to date; wir versorgen dich mit den aktuellsten Innovationen. Konzerne wie *Beiersdorf* und *Henkel* geben hunderte Millionen Euro für Forschung aus. – Auch die ICH-Marke soll spannend bleiben…

• Marken leben vom Produktdesign, das genau auf die Zielgruppe(n) abgestimmt wird. ICH-Marken bleiben einem „Personal Design“ treu.

• Qualität, Leistung und Innovation signalisieren: Marken-Führende dürfen sich nie auf ihren Lorbeeren ausruhen. Sie müssen am Puls der Zeit sein, Trends erkennen und einen Schritt voraus denken.

• Marken verlieren ihren begehrenswerten, „coolen Status", sobald sie ihre ausgeprägte Identität einbüßen und zum Mainstream werden. Man muss das typische Flair einer Marke (wieder)erkennen!

• starke Marken-Partnerschaften eingehen: gut geführte Marken ziehen sich nicht in ihren Elfenbeinturm zurück, sondern sind offen für Kooperationen, nach der „win-win"-Strategie. *McDonalds & Coca Cola*; zwei Milliarden-Marken haben erkannt, dass sie miteinander in bestimmten Segmenten noch mehr erreichen können, ohne dass die Einzelmarke dadurch geschwächt werden würde. – Vorbild für ICH-Marken…

• Der Brand Audit muss ein attraktives „Marken-Eigenschafts-Profil" ergeben.

• behutsam am Marken-Image arbeiten: *Red Bull* wie auch *Nokia* wissen genau und achten peinlichst darauf, dass die Veranstaltungen, die gesponsert werden, zum coolen Image der Marke passen. – Achten Sie ebenso auf Ihr „Umfeld"…

• Marken leben ihren Mythos: weil Emotion so wichtig ist im Branding, gilt es, einen Gründungsmythos zu pflegen. Denken Sie an die Garagenexperimente der *Apple*-Erfinder, an die Apotheker, die *Cola* verabreichten. Andere Mythen werden von *Ferrari, Harley Davidson* und *Marlboro* gepflegt – und was ist Ihr Mythos?

• Überlegen Sie gut Ihre Kernbotschaft, die Orientierung und Sicherheit geben soll!

• Als Test, in welch' kurzer Zeit Sie das Wesentliche zu Ihrer Marke, Fakten wie Emotionen, „rüberbringen" sollten, gilt eine Liftfahrt. Versuchen Sie, im „Elevator-Talk" binnen einer Minute Ihre Selbstdefinition samt Unterscheidung von anderen auf den Punkt zu bringen.

„Menschen können niemals erfolgreich werden durch
die Beseitigung von Schwächen, sondern ausschließlich dadurch,
dass sie ihre vorhandenen Stärken weiterentwickeln und voll nutzen!"
Fredmund Malik, Managementzentrum St. Gallen

Was macht Persönlichkeiten zu Marken und Marken zu Persönlichkeiten?

1. Leistung als Substanz; sonst nur kurzfristiger Effekt
2. Emotionale Bindungskraft; erobert die Herzen der Fans
3. Soziale Orientierungsfähigkeit; Orientierung schafft Mehrwert
4. Stimmigkeit heißt Glaubwürdigkeit; Bekenntnisse und Handeln passen zusammen.

„Es ist die Verbindung von Leistung und Emotion mit individuellem Profil, was eine Markenpersönlichkeit ausmacht", ist Dr. Antonella Mei-Pochtler von *Boston Consulting* überzeugt.

Den Weg der ICH-Marke gehen:

- Der Weg zur Markenpersönlichkeit ist nicht asphaltiert, erst der weitere Weg ALS Marke.
- MARKieren Sie Ihr persönliches Versprechen...
- Die Markenelemente Ihres ICH setzen sich zusammen aus Beruf, Charakter, Familie, Aussehen und Auftreten, Humor…
- Auf die innere Stimme hören und vertrauen; aus der eigenen Mitte heraus agieren
- Es gilt, Ihre persönliche Leidenschaft in eine MARKante Positionierung am Markt umzusetzen
- Wir leben durch die Sache, die wir zu der Unseren machen
- Originalität kultivieren; dem Markenkern, sich selbst treu bleiben
- Mut zu Ecken, Kanten, Schrägheit
- Markenpersönlichkeiten zeichnen sich durch Harmonie in Fremd-/ Selbstbild aus
- Am Weg zur Marke müssen wir mit dem auskommen, was in uns ist: nur dann ist's stimmig. Das Wissen um den Selbst-Wert ist die Basis
- Das Markenfundament ist das authentische, klare, wahre, echte ICH
- Die Stärken stärken - Weiterbildung, Ent-Wicklung, Ent-Faltung
- Kultivieren Sie Ihre „Unique Sympathy Proposition"; was spricht gerade für Sie?
- Tragen Sie Ihren einzigartigen Wert und Nutzen, Ihre Benefits klar nach außen
- Stellen Sie in Ihrer Öffentlichkeitsarbeit Ihr Licht nicht unter den Scheffel
- Artikulieren von Ansichten, Positionen, Wünschen
- Nutzen Sie die Medien als unterstützende Multiplikatoren

- Offen sein für den Zu-Fall; mit offenen Sinnen der Umwelt gegenübertreten
- Wesentlich ist der Aufbau von Beziehungen. Suchen Sie sich Verbündete. Ein Mentor kann befruchtend wirken...
- Persönliche Netzwerke knüpfen und pflegen; Kontakte suchen - Lobbying
- Ihre Marke ist der Edelmix aus Temperament und Charakter
- Selbstveredelung zur Markenpersönlichkeit ist ein lebenslanger Weg.

Nur das Vorleben schafft Identifikation. ICH-Marken werden gelebt und von Mitmenschen erlebt – nur in diesem Pendelprozess entstehen echte Markenpersönlichkeiten.

Personal Identity

„Die meisten von uns sind wie Litfasssäulen.
Wer zuletzt etwas daraufklebt, hat recht."
Pater Johannes Leppich

Basierend auf den Erkenntnissen des „Valueing", der wertorientierten Selbstanalyse („Wer bin ich?", „Wo stehe ich?", „Wo will ich hin?"...) und im Wissen um die Mechanismen des ersten Eindrucks machen wir unsere „Persönliche Identität" zu einem Ganzen, zur runden, schlüssigen, wahrhaften „Persönlichkeit" - als Basis für ein strategisches Personal-Promotion-Konzept.

Die Corporate Identity setzt sich in der Wirtschaft immer mehr als (rhetorisches) Muss durch. Jede Firma braucht ihre unverwechselbare Identität: wobei sich diese "corporate identity" aus den drei Feldern des
(1) "corporate behaviour",
(2) der "corporate communication" und
(3) des "corporate design" zusammensetzt.
Die Firmen-Identität machen demnach
(1) das Auftreten, das Benehmen (jedes einzelnen Mitarbeiters!),
(2) der Kommunikationsstil und
(3) die einzigartige Durchgestaltung mit Firmenlogo von Briefpapier über Fahrzeuge bis zum Feuerzeug aus.

Die Personal Identity fußt ebenso auf mehreren Säulen:

1. Personal Behaviour: wie tritt der Mensch auf? Weiß er, sich der Situation entsprechend zu benehmen? Knigge und Stil sind gefragt; Dynamik und Vitalisierung der Persönlichkeit.

2. Personal Communication: was sagt er, wie drückt er sich aus? Welche Botschaften vermittelt er? Wie präsentiert er sich? („Meine Lebensgeschichte", „Meine Ideen", „Meine Ziele", „Meine Meinung"...) Kontaktfreudigkeit, Kompetenz, Rhetorik, Atem-, Stimm- und Sprechtechnik ...

3. Personal Design: wie kommt die Persönlichkeit „rüber"? Farben, Kleidung, Outfit, Kosmetik, Haarstyling. „Wer erfolgreich sein will, muss auch so aussehen..."
Setzen Sie Ihr persönliches „Logo" ein...

Marketingstrategie

Egal ob wir Marketing für ein Unternehmen, eine Veranstaltung, ein Produkt oder für uns persönlich planen, so sind vier wesentliche Phasen zu beachten:

1. Analyse der Ausgangssituation:
Eine Bestandsaufnahme bzw. ein Soll-/Ist-Vergleich wie auch die Umfeldsituation führen zu einem Themen-/Problemkatalog. Schwachstellenanalyse ("Gap-Analyse") Die Analyse der (eigenen) Leistungsfähigkeit wird in einem Stärken-/ Schwächenprofil festgehalten.

2. Formulierung der Marketingziele:
Entwicklung eines Marketingleitbildes "Corporate Mission" als (persönliches) Kursbuch - Leitbilderstellung beginnt immer mit der Klärung der eigenen Identität (Wer sind wir, wie werden wir gesehen, wie wollen wir gesehen werden?) – "Corporate Image", "Corporate Culture". Formulierung von Marketingzielen. Vorauswahl aus gesammelten Ideen und Vorschlägen ("Screening") Checklisten und Punktbewertungsmodelle ("Scorings").

3. Maßnahmenplanung:
Bewertung der Einzelmaßnahmen
Beschlossener Marketingplan - Ziele - Detailschritte – Fristen.

4. Erfolgskontrolle:
Wurden die Ziele erreicht? Lernen aus Fehlern.

„Das Leben schrumpft und dehnt sich aus,
proportional zum eigenen Mut!"
Anais Nin

Marketing-Mix

Die Wirtschaftskundigen widmen sich in ihrem Bestreben, erfolgreich im Marktgeschehen mitzuspielen, den sogenannten „4 P's" als wesentlichen Marketinginstrumenten:

1 Produkt
2 Preis
3 Platz
4 Promotion

1. In der Produktpolitik wird Wert darauf gelegt, eine für den Kunden eindeutig erkennbare Linie zu kreieren und sich von Konkurrenzprodukten deutlich abzugrenzen. Der Produktnutzen ergibt sich aus einem Grund- und einem Zusatz-/psychologischen Nutzen. Beispiel: ein Auto erfüllt als Grundnutzen, dass es fährt; als Zusatznutzen bietet es Sicherheit; der psychologische Nutzen liefert Prestige/Image. Im Idealfall wird aus einem Produkt eine Marke, die für ganz spezifische Werte/Attribute steht. „Man sollte immer daran denken", verweisen Johann Günther und Paul Stefan, „dass man nicht Delikatessen, sondern Genuss anbietet; nicht Seife, sondern duftende Frische, nicht einen Sechszylinderwagen, sondern Prestige, nicht Kosmetika, sondern Schönheit, nicht eine Reise, sondern Erholung, nicht Kleider, sondern gutes Aussehen, nicht biologische Nahrungsmittel, sondern Gesundheit, nicht Fachbücher, sondern beruflichen Aufstieg." Erfolgreich ist jener Tischler, der nicht bloß ein neues Bett anpreist, sondern „gesunden Schlaf".

2. Die Preispolitik legt den optimalen Verkaufspreis für das Produkt fest. Wobei die Konditionen eine mindestens so bedeutende Rolle spielen: also Rabatte, Garantie, frei Haus Lieferung, rund um die Uhr Kundenservice...

3. Platz meint den Ort, wo der Kunde das Produkt erhält; Vertriebspolitik: welche Absatzkanäle werden forciert? Manche Produkte findet man überall, andere werden bewusst nur in Luxusboutiquen offeriert.

4. Die Promotion umfasst alle Bereiche der Kommunikationspolitik. Gut ist alles, was Kontakt zu angepeilten Zielgruppen herstellt und den Verkauf unterstützt: Das ist die klassische Werbung, das sind Public Relations, Verkaufsförderung, Point of Sale Aktivitäten, Preisausschreiben, Rabatte, Mitarbeiter-Seminare; Direktmarketing, schriftlicher Kontakt, Direct Mails, Sponsoring, Events, Lobbying, New media (Internet, product placement...) Social media (*Facebook, Twitter…*) und natürlich der persönliche Verkauf (Akquisitionsgespräch).

Die Grenzen sind dabei fließend: so spricht man vom MIX der KOMMUNIKATIONSINSTRUMENTE, der integrierten Kommunikation.

Analogie: persönliches Marketing

Schon in der Alltagssprache lässt sich „angewandtes Personal Marketing“ vernehmen: Man hört: „Ja, der kann sich eben gut verkaufen“, „die hat ein Auftreten“, „ohne seine Beziehungen wäre das nichts geworden...“
Die Personal Relations laufen... und wirken! Vom Einkauf bis zur Arbeit, von der Partner- über die Wohnungs- bis zur Jobsuche, egal, ob Sie einen Bankkredit aufnehmen oder Ihr Auto verkaufen wollen - immer und überall treten wir mit Teilöffentlichkeiten in Kontakt.
Dieses Buch geht davon aus, dass nahezu alle Promotion-Strategien, die einem Unternehmen bzw. einer Institution zu (kaufmännischem) Erfolg verhelfen, mindestens im gleichen Ausmaß für den Menschen Karriere, Glück und Erfolg bedeuten. Das Marketing wird demnach auf Personal Marketing, insbesondere auf die Ebene der Personal Public Relations übertragen:

1. Das Produkt bin ich: meine Persönlichkeit

„Man kann keine Be-Werbung, also keine Werbung für die eigene Person betreiben, wenn man nicht an sich glaubt“, stellt Flavian Kurth klar. Im Waldviertel gab es einst die „Bandlkramer“, die mit ihrem Bauchladen durch die Lande zogen: stellen Sie sich vor, welche Qualitäten, Fähigkeiten und Angebote Sie in Ihrem Bauchladen führen.

1a. Schreiben Sie eine Liste mit (mindestens) 20 Talenten auf:
Was alles können Sie gut? Was geht Ihnen leicht von der Hand?

1b. Das persönliche Mission Statement:
Was macht mir Freude? Was ist mir wichtig? Wofür schlägt mein Herz?

1c. Meine Benefits für SIE, für DICH/ für EUCH / für ... :
Welchen konkreten Nutzen, welche Vorteile, welchen Gewinn kann ich Dir / Euch geben: was hat man davon, sich gerade mit mir einzulassen?

1d. Mein Markenversprechen/USP:
(Unique Selling /Sympathy Proposition - Alleinstellungsmerkmal)
Profilierung gegenüber anderen. Nicht das Produkt selbst ist für den Konsumenten/Klienten/Nutzer interessant, sondern das Erlebnis, das er damit

verbindet! Es geht um den Erlebnis-Wert der Marke. Die Marke muss emotional aufgeladen werden.
Was hebt mich von anderen ab?
Was ist „typisch ICH“ – speziell auch im Bezug auf meine Tätigkeit?
Wie beschreiben mich andere mit einem „impactstarken claim“?
Darin bin ich einzigartig, das kann ich besonders gut!

2. Mein Preis, mein Wert

Was ist mir wichtig? (Meine Werte). Zu welchen Kosten („Schmerzensgeld“?) lasse ich mich auf Engagements ein? Wann sage ich NEIN, wann JA...
Welche Prioritäten setze ich? Wie definiere ich Profit?
Diese „Preisüberlegung“ gilt selbst für Partnerschaften: wie hoch ist der Preis für Harmonie... was will und kann ich geben; was möchte ich von meinem Partner empfangen dürfen... In meiner Preispolitik habe ich mir zu überlegen, wieviel ich bekommen, verdienen möchte, zu welchem Einsatz - zu welchen Bedingungen/ Kosten - bin ich bereit; welches (symbolische) „Entgelt“ will ich für welche Leistung... Überlegen Sie auch, welche „Sonderleistungen“ Sie selbst zu bieten haben...

3. Mein Platz, mein Bühne

Wo ist die optimale Plattform für meine ICH-Marke? Wie sieht mein optimales Umfeld aus? Wie muss die nährende Umgebung beschaffen sein, um mich wie auch meine Talente ideal wirken lassen und mir Glücksgefühle sowie Erfolgsmomente bereiten zu können?
Welche „Bühnen“ sind für mich reizvoll / wertvoll / nützlich?
– Was müsste sich im bisherigen Umfeld ändern?
Erschaffen Sie sich den bestmöglichen kreativen Raum!

4. Meine Promotion:
(Kommunikations- / Verhaltens-Mix)

Was kann ich tun, um mICH und meine Talente optimal zu „bewerben“ bzw. ins „rechte“ Licht zu rücken? Welche PR-/Werbe-Instrumente erscheinen mir als besonders wirkungsvoll?
Die Promotion trägt dazu bei, meine Persönlichkeit vollends zur Geltung kommen zu lassen...

„Alles wirkliche Leben ist Begegnung."
Martin Buber

„Die eine Hälfte der Zeit arbeite ich hart,
die andere Hälfte rede ich darüber, wie hart ich arbeite."
Muhammad Ali

9 Kommunikations-KRAFT: Eigen-Promotion & Pure Relations

„Ob man schön ist oder nicht, ist egal“, sagt Brigitte Neumeister, „wichtig ist, ein Gesicht zu haben.“ Marke ist Positionierung als Verbindung von Leistung und Emotion mit individuellem Profil – und einem öffentlichen Versprechen. Es reicht nicht, sich als die verantwortungsvolle ältere Schwester, Klassen-Clown, der sozialorientierte Motorradfahrer, das Zahlengenie oder die alterlose Diva zu sehen; nunmehr geht's darum, dass Sie mit Ihrer Positionierung durch maßgeschneiderte Promotion als starke „ICH-Marke“ wahrgenommen und erlebt werden!
Haben Sie das Gefühl, genug für Ihre öffentliche Darstellung, für Beziehungspflege, Networking, für „Eigen-Promotion“ zu tun?
„In eigener Sache wird der Meister zum Knecht“, heißt eine Tiroler Weisheit. – Wenn's darum geht, Promotion für die eigene Person zu machen, nach dem „gelegten Ei auch zu gackern“, uns selbst ins rechte Licht zu rücken, dann erstarren wir meist. – Haben wir doch gelernt, andere vorzulassen, nicht als „eitler Gockel“ zu gelten und lieber bescheiden zu sein...

Warum soll ein ICH, das über den „Guru-Faktor“ das Seine, das Wesentliche, den Impuls zur Lebensaufgabe gefunden hat, überhaupt den Weg in die Öffentlichkeit gehen? Warum muss ich mir das Projekt „Selbstmarketing“ wirklich antun?

Muss ICH tatsächlich zur „Marke“ werden?

„*Römerquelle* an sich ist Wasser, das in Flaschen gefüllt in einer Halle liegt“, stellte Gerald Freihofner klar, „erst durch die Betonung gewisser Eigenschaften, den Schritt hinaus und die Bestätigung durch die Öffentlichkeit wird es zur Marke.“ Und erst als Marke lässt sich auch Geld verdienen... Nicht anders verhält es sich mit uns Menschen: stille Wässerchen werden durch öffentliche Äußerung und Anerkennung zu Persönlichkeiten. „Jeder wünscht sich, mit seinem Wesen, seiner Begeisterung Erfolg zu haben und dazu braucht man den Multiplikator Medien“, ist Senta Ziegler überzeugt. Nun soll die

Kommunikationspolitik greifen, indem wir uns selbst der Öffentlichkeit präsentieren, also unsere Marke den Marktbedingungen aussetzen.

Die Kunst, die eigene Leistung/Person ins rechte Licht zu rücken

Aufmerksamkeit ist zum Schlüsselthema unserer Zeit geworden. Denn was nützt das beste Angebot, wenn's keiner bemerkt?! Die Latte der Aufmerksamkeit, die Schwelle, überhaupt noch etwas wahrzunehmen, wird pausenlos höher gelegt. In einer wahren Flut aus Bildern, Worten und Tönen rund um immer neue Sensationen und Bestleistungen kann das Herkömmliche und Normale keinen mehr hinter dem Ofen hervorlocken. Untersuchungen sprechen von mehr als 6.000 Werbebotschaften, die tagtäglich auf jede und jeden von uns einströmen. Egal, ob man im Zentrum Wiens oder in All ent steig lebt. Die Wochenendausgabe einer beliebigen „Qualitätszeitung" umfasst laut Studien mehr Informationen und Wissen als ein Mensch des Mittelalters in seinem ganzen Leben ansammeln konnte... Das gelobte Land der Reizstille gibt es nicht mehr: wir alle sind vernetzt mit der Welt der Informationen: Kabel-TV, Satellitenschüsseln, Internet, und die Neuigkeiten hämmern über´s Mobilephone permanent auf uns ein.
Würden wir all diese Informationen ungefiltert auf uns einwirken lassen, so würden wir noch am selben Tag an „Newsverstopfung" sterben. Gelobt seien deshalb unsere Vorurteile! Wir brauchen unser Schubladendenken, wir brauchen unsere Skepsis und Zweifel als Abwehrmechanismen!

Selbst Vögel zirpen...

Die „Reizüberflutung" ist kein Phänomen der Informations-Gesellschaft. „Reizüberflutung passiert auch, wenn wir durch den Wald gehen, wo wir von so vielen Reizen umgeben sind, dass wir nur selektiv wahrnehmen können", verweist der Medienpsychologe Peter Vitouch. Selbst Vögel zirpen, um Aufmerksamkeitsfilter zu durchbrechen...
Man kann bei bestem Willen nicht verleugnen, dass wir Teil einer Medien-Gesellschaft sind, in der die Öffentlichkeit, die Veröffentlichung des Selbst, „das Zirpen um Aufmerksamkeit" hohe Bedeutung hat. Und wer sich nicht „ver-äußern" kann, der muss sein Leben als Ladenhüter fristen...
Die Vermutung liegt nahe, dass in dieser „Bluff-Gesellschaft" Schaumschlägerei zur Überlebensstrategie wird; aufgeplusterte, balzende Gockel

präsentieren ihr Federkleid; der medienabhängige Egomane seine durchgestylte Fassade. – Der Deal in der kapitalistischen Infotainmentgesellschaft läuft darauf hinaus: du gibst mir News-Value, Nachrichtenwert und ich geb' dir Attention, Aufmerksamkeit.
Es geht um den Eindruck, den wir hinterlassen. Die Motive sind jedoch unterschiedlich, warum Menschen für ihre Bekanntheit sorgen. Egos arbeiten mit „DRUCK" am Eindruck; sie wollen imponieren und vollführen zur Erreichung dieses Ziels jede Verrenkung. Aber es sind nicht immer nur unedle Verkaufs- oder Manipulationsabsichten. Auch das Gute, Wahre und Schöne muss über Informationskanäle weitergetragen werden, ehe andere dieses sehen und nutzen können. Die Betonung beim „Eindruck" kann also auch auf der ersten Silbe liegen: Ich will etwas EINbringen, etwas vermitteln, das mir wichtig ist. EINdruck oder EinDRUCK? Sind Sie auf Ihr WIRKEN bedacht, wollen Sie etwas er-/bewirken im Leben – oder geht's Ihnen um möglichst hohe WIRKUNG, darum, den maximalen medialen Effekt zu provozieren?!

Nacktes power dressing

„Es gibt ein übermächtiges Bedürfnis des Menschen, aus der Masse herauszuragen, in den Medien zu stehen, aus dem Fernseher zu schauen, Spuren zu hinterlassen, berühmt zu werden", meint Senta Ziegler. Sie gesteht, hin und wieder ihre Interviewpartner „gar nicht so nett zu behandeln, und doch suchen sie immer wieder gerne den Kontakt..." Die mediale Präsenz trägt offenbar einen besonderen Reiz in sich. Und Ziegler ortet „eine gehörige Portion Heuchelei in den Ethik-Diskussionen der Medien-Wissenschafter, wenn gleichzeitig feststeht, dass sich Zeitungen mit einer nackten Frau am Cover am besten verkaufen..." Das müsse selbst sie als Feministin zur Kenntnis nehmen. - Ebenso, dass sich unzählige Frauen gerade für solche Aufnahmen bewerben, um damit vielleicht berühmt zu werden... „Zieht euch nackt an; wie der Doktor euch schuf", rät die Essayistin Annette Meyhöfer, „das ist das Power Dressing unserer Zeit." Schauspielerinnen könnten sich gar nicht schnell genug die Kleider vom Leib reißen, auf der Leinwand und, viel wichtiger, in den Illustrierten: Akte zum Ruhm...
„Es reicht heute nicht mehr, einfach nur reich zu sein. Wer etwas sein will, muss schon auch ein wenig prominent sein", sagt Georg Franck, Autor des Buches «Ökonomie der Aufmerksamkeit», „es geht ihnen um den Eindruck, den sie auf ihre Mitmenschen machen; um immaterielles Einkommen." Das Bedürfnis nach Aufmerksamkeit sei so etwas wie eine anthropologische Konstante: Schon in Wolfsrudeln und Affenhorden spielt der Kampf um Beachtung eine Rolle. Franck: „Es ist eben gar zu schön, im Mittelpunkt zu stehen. Nach

den leiblichen Bedürfnissen kommen die Bedürfnisse der Eitelkeit an die Reihe. Eitelkeit ist der besonders unersättliche, gierige Hunger nach Aufmerksamkeit."
Es muss sich schon jeder Einzelne die Frage stellen: was bin/wäre ich zu tun bereit, um in den Massenmedien vorzukommen... - Und in welch' fatale Abhängigkeit manövriere ich mich, wenn ich meinen Selbstwert - besser: Ego - mit medialem Trommelfeuer befriedige?!
André Heller hat die These aufgestellt: „Für jeden rot-weiß-roten Politiker gehört es - bevor er eine Entscheidung fällt - zur täglichen Überlegung, ob das auch auf der Linie der *Kronen-Zeitung* liegt." Und Armin Thurnher merkt an: „Ich kann mir nicht vorstellen, dass ein Politiker zu einem *NEWS*-Reporter sagt - ‚Nein danke'."

Erfolgsfaktor Image

Medien prägen Meinungen, Medien schaffen Identitäten. Die Wirklichkeit wird ebenso medial vermittelt wie das Bild, das wir von ihr haben; sprich: das Image. Das Image, ausschlaggebend für Erfolg bzw. Nichterfolg eines Produktes oder Angebotes, wird vom Fremdbild bestimmt; Träger, Macher bzw. Korrektoren dieses Bildes sind die Profi-Kommunikatoren in Redaktionen und PR-/Werbeagenturen.
Was bedeutet Image? - Franz M. Bogner definiert Image, das im deutschen Sprachgebrauch mit „Ruf, Bild, Vorstellung oder Eindruck" übersetzt wird, als „die Summe von Vorstellungen und die dazugehörige Einstellung, die eine Gruppe von Menschen vom bzw. zum Imageträger hat." - Image entstehe nur zum Teil aus realen Fakten: „Traditionen und Konventionen, der Zeitgeschmack und nicht zuletzt Vorurteile und Gefühle sind für die Ausprägung eines Images verantwortlich." So ist es verständlich, dass das beste Produkt, das bestgeführte Unternehmen, die interessanteste Region und der liebste Mensch ohne entsprechendes Image keine Erfolge zeitigen.

Image & Bekanntheit durch Öffentlichkeitsarbeit

Perfektion, Leistung und Kompetenz sind nur zur 10 % für (öffentlichen) Erfolg ausschlaggebend. 35 % gehen auf das Konto der Bekanntheit, auf einen guten Ruf der Person (etwa durch Hobbies und soziales Engagement); 55 % machen jedoch das Image aus; die wahrgenommene „Performance", die „Exposure".
90 Prozent sind somit den „Personal Public Relations" zuzuschreiben. Image-

Bildung und für Bekanntheit zu sorgen, sind zentrale PR-Kategorien. Image wird als Verdichtung von personenbezogenen Attributen verstanden, die auf einem Meinungsmarkt bestehen. „Das Image ist ein Maßanzug, den man sich nach den Maßen der öffentlichen Meinung anfertigen lässt", merkte Peter Sellers an. PR sorgt für den imagefördernden Auftritt der Marke. Das Ziel besteht in der Etablierung einer starken ICH-Marke; unter Einsatz aller PR-Möglichkeiten, von Networking, Lobbying bis zu klassischer Medienarbeit. Da ist nichts Verwerfliches daran, sondern dies ist ein legitimes Anliegen für karrierewillige Mitglieder der Wettbewerbsgesellschaft.
Image macht erfolgreich; auf den Bonus der medialen Selbstinszenierung kann heute keine/r mehr verzichten. Unter einem „guten Image" ist somit eine „erfolgreich gestaltete Systembeziehung zur Umwelt" zu verstehen. - Umkehrschluss: Das „schlechte Image" einer Region, einer Institution, eines Menschen resultiert aus krisenhaften, vernachlässigten Beziehungen zur Mitwelt. Spezielle Image-Berater bieten bereits ihre professionellen Dienste an. Als Korrektiv sei Marie von Ebner-Eschenbach zitiert: „Zu Größe kann man sich aufringen, aufschwingen oder aufdulden; aber nicht aufblasen!"

Promotion

Promotion ist – wertfrei gesprochen – die letzte, wesentliche Disziplin im Marketing. Fundamentalisten unterscheiden in diesem Bereich zwischen „Werbung" und „Public Relations". Werbung „sells", PR „tells" – so lautet eine auf den Punkt gebrachte Unterscheidung. Werbung will verkaufen, ist absatzorientiert; PR hingegen will informieren, Vertrauen aufbauen, Kontakte pflegen. Eine praxisrelevantere Differenzierung macht's klarer: In der Werbung regiert der Euro; PR lebt – durch fehlende finanzielle Mittel – von verstärkt eingesetzter Kreativität. Wenn ich Geld wie Heu habe, kaufe ich mir jede Plakatwand, buche Radio- und Fernsehspots und schmeiße die größten Parties der Welt: das ist Werbung... Muss ich meine Promotion-Strategie etwas bescheidener anlegen, so sorge ich mit kreativen Einfällen dafür, wie ich ohne bezahlten Präsentationen von mir reden machen kann...
Sehr versöhnlich entwickelt sich die Disziplin der Marktkommunikation: man hat eingesehen, dass letztlich alle Promotion-Maßnahmen ineinander übergreifen und nur miteinander verstrickt Erfolg haben können. Der Fachausdruck dafür: „integrierte Gesamtkommunikation". Man hört sich in der Regel kein Flöten- oder Trommelkonzert an, sondern will das gesamte Orchester erleben... Wesentlicher als die Kommunikationsdisziplinen auseinanderzudividieren ist es meiner Überzeugung, IHRE wahre Motivation für den Gang in die Öffentlichkeit dingfest zu machen.

Kommunikationsziele von Personal Promotion - für ICH oder EGO

„Achtung ist mehr als Beachtung, Ansehen mehr als Ruf, Ehre mehr als Ruhm", unterscheidet Chamfort. - Hand auf's Herz: was wollen Sie mit Ihrer Promotion erreichen?
Im Mittelpunkt stehen? „Groß" rauskommen? Beliebt werden? Ruhm, Reichtum, Macht, Privilegien, Erfolg, Einfluss, Karriere, Interessen durchsetzen, Lobbying, Imagesteigerung? Bekanntheit, ungeteilte Aufmerksamkeit, roten Teppich, Medienpräsenz in den Seitenblicken, Titelseitenberichte, größtmögliche Publicity, Applaus, Verehrung, Huldigung? Vertrauen, Verständnis, Akzeptanz, Anerkennung, Sympathie, Informationsvermittlung? Persönliche Werte, Ziele, Visionen, Leistungen, Stärken, Positionen, Leitbilder vermitteln? Beziehungen und Kontakte pflegen? Sich als Markenpersönlichkeit positionieren und profilieren? Oder gar jenseits aller Marketingbestrebungen als Guru selbstzufrieden leben?
Wollen Sie knallhart berechnete Eigenwerbung, um Ihren Marktwert zu erhöhen? Verbindungen herstellen zu vielversprechenden Zielgruppen?
Fragen, die nur Sie selbst – möglichst ehrlich – beantworten können und müssen: wohin zieht es Sie wirklich?
Welche Stimme in Ihnen führt das Oberkommando? Das Echte oder das Eitle? ICH oder EGO? Wollen Sie das Ihre leben oder berühmt werden, egal womit? „Es gibt Menschen, die ihre Persönlichkeit aufgeben, damit ihre Person zur Geltung kommt", merkt Friedl Beutelrock ironisch an.

Meine persönliche Öffentlichkeitsarbeit: Das Verstärkerpotenzial nutzen

„Ich musste mehr tun als nur zu boxen. Ich musste die Menschen dazu bewegen, dass sie meinen Kampf ansehen wollten. Dann würden sie mit ihren Freunden reden und die wiederum mit ihren Freunden..."
Muhammad Ali

Persönliche Öffentlichkeitsarbeit hat etwas von einem Eisberg an sich: nur ein Viertel der Promotion-Aktivitäten ist erkennbar; drei Viertel jedoch liegen unter der Oberfläche und müssen zuvor sowie begleitend für Selbstanalyse, Leitbilderstellung, Zielfindung, Planung und Strategie aufgewendet werden. Und natürlich für die „Abrundung" der eigenen Person: von Stimme, Rhetorik über Farben, Stil bis zur Selbstorganisation.

„Niemand wird entdeckt“, meinte der Headhunter Jean-Francois Jenewein. „Mein Credo lautet: du musst dich selber verkaufen. Mache dich in der Branche bekannt, halte Vorträge, schreibe Bücher, besuche Bälle, betreibe kommunikative Sportarten wie Golf. - Klappern gehört für jeden zum Handwerk.“

Eigentlich ist jedes Gespräch ein Be-Werbungsgespräch in eigener Sache. Immer und überall machen Sie Öffentlichkeitsarbeit für Ihre Person, Ihre Leistungen, Ihre Ideen. Paul Watzlawick hebt hervor, dass man nicht NICHT kommunizieren könne; jeder Akt, gerade auch jeder unterlassene Kommunikationsakt vermittelt dem anderen eine sehr deutliche Botschaft. In Erweiterung dieser These wird klar, dass Sie schon immer Öffentlichkeitsarbeit betrieben haben, auch wenn Sie's gar nicht zu tun dachten. Und KEINE Öffentlichkeitsarbeit ist überhaupt am effizientesten: das Resultat ist überdeutlich - keiner kennt Sie und Ihr Angebot; man hält Sie sogar für arrogant, mieselsüchtig, eigenbrötlerisch, unsicher... Keinesfalls sieht man Sie so, wie Sie sich gerne bewertet sehen wollten!

Jeder Mensch trägt ein „Verstärkerpotenzial“ für den anderen in sich. Jeder kann PR-Träger und Multiplikator sein. Die besten Medien, betonte Günther Nenning, „sind aus Fleisch und Blut“. Mundpropaganda ist demnach die effizienteste Form von persönlicher Promotion. Vielleicht stellt jener gerade den Kontakt her, auf den Sie seit Jahren hofften. Neue Jobs, neue Projekte können sich jederzeit und überall ergeben... Nahezu jede prominente Markenpersönlichkeit gesteht ein, dass plötzlich ETWAS Unbeeinflussbares passierte, das sie in ihrem Weg bestärkt hat. Man kann diesen Zu-Fall nicht herbeiführen, aber man kann und muss versuchen, die Antennen für solche Momente frei zu halten. Voraussetzung ist, mit OFFENEN Sinnen (= ÖFFENtlichkeitsarbeit) durch den Alltag zu gehen! Und: „Jeder Mensch muss sich artikulieren, also aufstehen und sagen – ‚das gefällt mir, das gefällt mir nicht'“, betont Vera Russwurm; „das typisch österreichische Motschkern bringt keinen weiter. Leben besteht darin, sich in Herausforderungen einzulassen.“

„Personal Communication Management“

Management, die Kunst der Effizienz. - Wie mache ich etwas wirksamer?! Wie kann ich meine persönliche Kommunikation wirksamer gestalten?

Den Begriff „PCM - Personal Communication Management“ hat Prof. Dr. Karl Nessmann von der Alpen-Adria-Universität Klagenfurt geschaffen. Und dieser Begriff ist die Krönung einer sehr fruchtbaren Zusammenarbeit. Charly, ich darf ihn seit Jahren Freund nennen, kam 1998 nach Erst-Erscheinung meines Buches „ICH-Marke“ auf mich zu, meinte würdigend, dass ich „den wertorientierten Ansatz personenorientierter PR entwickelt“ hätte, und lud mich zu einem Lehrauftrag zum Thema ein. In der Folge entwickelten wir gemeinsam ein Modul zur „persönlichkeitsorientierten PR“ im Rahmen seines Hochschullehrganges für Öffentlichkeitsarbeit. Ich erkannte, meine Wortschöpfung der „Personal Relations“ griff zu kurz; Charly erweiterte präzisierend auf „Personal Public Relations“. Für mich gehören, wiewohl ich PR-Berater bin, sehr wohl auch Werbung, Direktmarketing und weitere Disziplinen der Marktkommunikation dazu; deshalb ist mein Favorit „Personal Promotion“. Mit Nessmann's Begriff des „Personal Communication Managements“ lässt es sich aber sehr gut leben; wird dabei doch meines Erachtens der integrierte Gesamtansatz aller kommunikativer Möglichkeiten gewürdigt.

Wertorientierte Personen-PR = Pure Relations

„Echtheit ist die schwierigste Pose, die man einnehmen kann.“
Oscar Wilde

„Das Schöne an der Öffentlichkeitsarbeit ist, FÜR etwas eintreten und positive, nützliche Botschaften vermitteln zu können“, hebt PR-Beraterin Susanne Eiselt die Vorzüge ihrer Kommunikationsdisziplin gegenüber dem Journalismus hervor: „Man kann mit PR eine Flasche als halbvoll statt halbleer sehen...“
Die Ethikdiskussion ist eine Überlebensfrage für das gesamte kapitalistische System. Der „Shareholder Value“, die alleinige Ausrichtung des Unternehmens auf Aktienkursgewinne und hohe Renditen, wird bereits von negativer Begleitmusik umrahmt. So haben die Amerikaner das Unternehmensziel neu ausgerichtet auf „Value Based Management“. - Werte und Wertorientierung, jenseits der materiellen Dominanz, schleichen sich immer mehr in unseren Wortschatz ein. «Skandia»-Vordenker Leif Edvinsson spricht in diesem Zusammenhang von “Intellectual Capital”: „Wenn der Baum wachsen soll, müssen seine Wurzeln kultiviert werden.“ Und Marketing-Guru Philip Kotler hält Vorträge zum Thema „Erfolg durch wertschöpfungsorientiertes Marketing.“

Ich hoffe, ich konnte bereits herausarbeiten, dass es mir um eine spezielle Form von Öffentlichkeitsarbeit geht und die heißt: PR als „Pure Relations“. Nicht der Zweck der Bekanntheit steht dabei im Mittelpunkt, sondern der echte, authentische, pure SELBST-Zweck, den „Guru-Faktor“ bestmöglich und MARKant in Erscheinung treten zu lassen.

Pure Relations gehen zur Quelle, nicht zur Mündung... Ihre ureigensten Talente und Leidenschaften sollen wirken, indem sie sich verwirklichen. Und dafür sollen „wertorientierte Pure Relations“ die idealen Rahmenbedingungen herstellen.
(Näheres im Buch „PUR/Pure Relations“ - *Edition Stoareich*).

Die Bereitschaft, sich authentisch einzubringen...

Die fünf wesentlichsten Eigenschaften für „coole Marken“ sind laut Beratungsagentur *Superbrands*: Originalität, Authentizität, Innovation, Stil und Einzigartigkeit.
Alle fünf Komponenten sind dem „Guru“ zuzuordnen; und ihre erfolgreiche Umsetzung setzt Charisma frei. Die mitreißende Ausstrahlung kann nur Platz greifen, wenn auf das Authentische, Echte, Pure aufgebaut wird. Stil ist Stimmigkeit und Mut zur eigenen Persönlichkeit. Der Erfolg von Markenpersönlichkeiten wie Lauda, Voss, Hader, Pluhar, Udo Jürgens und Moretti beweist die Vereinbarkeit von Karriere und gelebter Authentizität.
„Heutzutage regiert das Phänotypische, der schöne Schein“, sagt Tobias Moretti, „wenn Sylvester Stallone auf einen Berg geht, macht er garantiert schlapp. Weil er nicht die Kraft dafür hat. Weil er sich die Muskeln nur hinauftrainiert hat, um kräftig zu WIRKEN. Dagegen geht es in meinem Leben eher um's Sein als um den Schein.“
Marketing allein reicht nicht, wenn das Produkt selbst hohl ist! Der Meister der Sprache, Michael Heltau, gibt sein - gelebtes - Motto preis: „Ich glaube nicht an Perücken und Schminke. Ich glaub' an Gedanken - und wenn die Gedanken richtig sind, werden sie die richtigen Gefühle auslösen. Denk' nicht an die Wirkung, sei bei dir!“ Besser könnte man das Selbstverständnis von Pure Relations nicht auf den Punkt bringen! Es geht um jene Worte, die aus Ihrem innersten Kern heraus geboren werden, nicht um jene, die gefallen wollen...

Instrumente und Medien zur Erreichung der Kommunikationsziele:

Bei den in der Folge aufgelisteten PR-Möglichkeiten können nur Sie persönlich in Ihrer zugrunde liegenden Motivation erspüren, ob es sich um „Public“ oder „Pure Relations“ handelt. Public Relations wollen strategisch in der Öffentlichkeit etwas bewirken; Pure Relations wollen das wertvolle Individuelle hervorkehren, dem USP, Ihrem Guru-Faktor zum Durchbruch verhelfen – und idealerweise einen Sog hervorrufen...

Was können Sie alles einsetzen zur persönlichen Promotion? Die – kleine kreative - Auswahl ist von der jeweiligen dahinterliegenden Strategie abhängig:

A

Anerkennung geben: wenn Sie andere Menschen schätzen, schätzt man auch Sie.

Aufmerksamkeiten: oft sind es kleine Gefälligkeiten, die man anderen tut, die große Wirkung haben: da wollte wer den Titel jenes Buches, das Sie lesen; ein kleines Mail – und neben der Freude bleiben Sie in angenehmer Erinnerung Artikel publizieren - in der firmeneigenen Zeitung, in Fachmedien, Gastkommentare.

Adressdatei: jeder Firmenchef weiß, dass es sich dabei um das kostbarste Gut handelt. Adressen von konkreten Zielgruppen/-personen sind das Um und Auf eines guten Beziehungsnetzes. - Dieser Schatz muss jedoch permanent gepflegt werden. Investieren Sie - am Besten täglich - Zeit, Ihre Kartei bzw. Excel-Datei aktuell zu halten und neue Informationen aufzunehmen. Wenn Sie Menschen kennenlernen, denen Sie den Zutritt in Ihr Netz gestatten, dann füllen Sie den neuen Datensatz gewissenhaft aus. Versuchen Sie möglichst viel zu rekonstruieren: Spitzname, Hobby, Geburtsdatum; hervorstechendes Merkmal…

Aufzeichnungen: Halten Sie Ihre besonderen Leistungen/Erfolge zunächst für sich selber fest; spätestens vor der nächsten Gehaltsdiskussion sollten Sie jene Notizen hervorholen...

Angehörige einladen: Sie kennen Ihre Partner/Freunde erst wirklich, wenn Sie deren Umfeld kennen; in privaten Esseneinladungen bzw. gemeinsamen Abendtouren bietet sich die Gelegenheit für’s ungezwungene Kennenlernen. Nicht zuletzt sind das wiederum potenzielle Freunde und somit Verstärker.

Anrufe bei Radiosendern / Phone in / Firmen; wichtig wäre, Ihren Namen unter’s Volk zu bringen.

Antwort auf Stelleninserate; Bewerbungsgespräche führen. Nicht nur bei gezielter Jobsuche, sondern auch zur „Standortbestimmung“.

Accessoirs: Ihr Stil sollte wieder erkennbar sein und sich von (keiner?!) Krawatte über Brille, Handy, Schreibgerät, Handschuhe bis zum Lederaktenkoffer ziehen.

Ihr Anrufbeantworter als Visitenkarte. Ist die Ansage repräsentativ?

Ihr Auto: vom Modell über den Zustand, die Pflege bis zu Tuning; Klebern - ein PR-Instrument für Sie; könnte eine (neue) Beschriftung wirksam sein?
Ihr Aussehen, Auftreten – gefallen Sie sich selbst beim Blick in den Spiegel?
Ausbildung, Auslandsaufenthalte und **Alter** als Erfahrungsbonus in Bewerbungen anführen.

B
Beziehungen aufbauen und pflegen: Jeder Mensch hat Multiplikatorpotenzial... (siehe Netzwerke). Deshalb jede Kontaktmöglichkeit nutzen: ein mit einer Straßenkarte Umherirrender freut sich über ein „Kann ich helfen?" Man darf anderen schon mal anbieten, ihn/sie unter'm Regenschirm ein Stück zu begleiten; detto Hilfe bei schweren Einkaufstaschen bzw. Kinderwagen-Hebeaktionen in die Straßenbahn. Oder einem charmanten Autolenker, der mir seinen Parkplatz überlassen hat, ein Kärtchen hinter die Windschutzscheibe zu klemmen - mit einem Danke...

Briefe schreiben / beantworten: Ehrensache. Es gibt nichts Wirksameres als Danke zu sagen - für einen Besuch, einen schönen Abend, eine Gefälligkeit. Und bitte fabrizieren Sie keine „Rundschreiben" im Einheitslook; vielleicht gar am Computer. Echte Briefe werden mit der Hand geschrieben, auf feinem Papier, vielleicht sogar versiegelt, jedenfalls aber mit einer Sondermarke versehen - um dem anderen zu dokumentieren, „du bist etwas Besonderes für mich, dem ich gerne meine Zeit schenke"... (ein kleines Zitatebrevier macht jedem Freude!)

Bewerbungsmappe als persönliche Verkaufsdokumentation: mit Lebenslauf, Qualifikationsprofil, Zeugniskopien und Begleitbrief.
Briefpapier
Büroeinrichtung
Buch schreiben

C
Charity Veranstaltungen organisieren
Club gründen; Clubbings mit exklusivem Publikum
Charme einsetzen und spielen lassen; Charakter & Charisma

D

DANKE sagen… wem kann ich für seine/ihre Unterstützung danken?! Ein ehrliches Danke ist hoch effiziente Öffentlichkeitsarbeit.

Nehmen Sie an **Diskussionen** teil, melden Sie sich zu Wort; knüpfen Sie an andere an... Tauschen Sie Kärtchen aus.

In Dialog treten
Dekolleté einsetzen?! Spielen Sie mit Ihren Reizen…

E

Erfolgs-Präsentationen (Messen): Es gibt auch im privaten Bereich Möglichkeiten bzw. sogar Verpflichtungen, seine Erfolge und damit sich selbst zu präsentieren: Matura, Lehrgangsabschluss, Verlobung, Hochzeit, Gewinn eines Wettbewerbes, Studienabschluss,... Natürlich heißt das zunächst: unter Freunden feiern; doch pflegen Sie auch dezent die Eigendarstellung und unterschätzen Sie nicht den Effekt, wenn die richtigen Menschen (Mentoren) unter den Gästen sind... Lassen Sie Ihre Erfolge verlauten - die Lokalpresse ist gerne bereit, Ihr Licht leuchten zu lassen, wenn ein gezielter Hinweis von Ihnen über ein mitteilungswürdiges Faktum kommt.

Essenseinladungen, die berühmte „Achterlrunde"; bei einem Kaffee lässt sich's ungezwungen philosophieren und networken.
Events aller Art, die die Eitelkeit der Zielgruppe(n) befriedigen.

F

Haben Sie einen persönlichen **Folder**, den Sie unter die Leute bringen können?
Fragebogen ausschicken bzw. persönlich austragen.
An **Firmenanlässen** aktiv teilnehmen; spielen Sie ein Instrument? Können Sie Karaoke singen? Sind Sie ein talentierter Witzeerzähler?
Freunde als Netzwerkpartner, Familie, Firma
Friseur als Opinion Leader
Fitnesstraining
Fremdsprachen einsetzen
Feste

G

Geburtstagsgrüße: Der stets beobachtete Geburtstagskalender gewährleistet, dass man mit vertrauten Menschen zumindest einmal im Jahr Kontakt hält. Leichter kann man nicht Freude bereiten als anderen Menschen zu dokumen-

tieren, dass man gerade an ihrem „Ehrentag" an sie denkt... Die ehrliche Absicht muss erkennbar bleiben. Nehmen Sie sich die Zeit für persönliche Geburtstagsgrüße.
Golf als Networking Strategie – wenn´s Ihnen zusagt…
Geschenke: lassen immer einen Rückschluss auf den Schenkenden und dessen Bewertung des Beschenkten erkennen... Ein individuelles, phantasievolles Präsent macht nicht nur dem Empfänger Spaß, sondern gereicht auch dem Geber zur Ehre.
Gasthaus
Gartenfest

H
Humor einsetzen, Humorinterventionen in den Berufsalltag…
Handshake – ein Händedruck samt Lächeln und Blick in die Augen…
Hobbies öffentlichkeitswirksam zu Events gestalten

I
Internet - Homepage
Information an Entscheidungsträger (Lobbying)
Internationalität hervorkehren
Inserate in eigener Sache
Imagepflege

J
Journale
Jubiläumsfeier
Jagdgesellschaft – Lobbying & Networking
Juxturnier organisieren; selbst Prominente sind dafür aktivierbar

K
Über stilvolle, ehrliche **Komplimente** werden sogar Wildfremde binnen Augenblicken zu lächelnden Sympathisanten.
Kulinarische Veranstaltungen
Klassentreffen /Verwandtschaftstreffen (Fachtagungen/Symposien)
Kalender basteln und aussenden
Konzert organisieren
Kontaktinserate: wie haben Sie die Möglichkeit, „neue" Menschen kennenzulernen, die gewisse Wunscheigenschaften aufweisen? Scheuen Sie sich nicht, selbst Inserate aufzugeben und auch mal auf andere zu antworten.

L

Leserbriefe zu Themen schreiben, an denen man Ihre Werthaltung erkennen kann. Leserbriefe können Stellungnahmen zu im Medium angerissenen Bereichen betreffen, sie können aber auch dem Herausgeber die Zufriedenheit mit seinem Produkt dokumentieren. In jedem Fall bringen veröffentlichte Leserbriefe Publicity. - Sie sind Köder, die man auswirft. Und immer wieder können sich interessante Kontakte bzw. Auffrischungen daraus ergeben. Schön ist's, wenn alte Freunde sich rühren mit dem Hinweis: „Ich hab' deine Zeilen gelesen..."

Lorbeer: Spenden Sie Lob für Kollegen, Mitarbeiter, „Untergebene" wie auch Chefs. Jeder Mensch freut sich über (ehrliche!) Anerkennung. Und die Meinung anderer hat enormen Einfluss auf unser Leben. Es ist eine von Selbstwert getragene, besondere Charaktereigenschaft, das Positive am anderen sehen zu können und es sogar gelten zu lassen. Ein Tropfen Honig ist besser als ein Liter Galle.

Laut sein... aber auch, je nach Umfeld, mal **leise**

Laufrunde

M

Mitgliedschaften in wertvollen Vereinigungen

Medien

Money, Macht & Models

Marke, Maske, Macke, Mythos kreieren

Mimik einsetzen

N

Ihr **Name** ist ein wesentliches Markenzeichen. Was tun Sie, um ihn beim anderen „haften" zu lassen. Laden Sie Ihren Namen mit einer kleinen Geschichte, einem Attribut auf, damit er in die Er-Innerung Ihres Gegenübers eingehen kann.

Networking (über Nordic walking?)

Natürlichkeit

Newswert mit **Nacktheit** – wenn gar nichts anderes mehr fruchtet…

O

Outfit/Kleidung/Styling (Corporate Design/Behaviour) vom Händedruck, Ihrem Lächeln bis zu den geputzten Schuhen. Gelingt es mir, meinen Inhalten Form zu verleihen?

Offenheit

Online-Auftritt

Opernbesuch organisieren

P
Leiten/moderieren Sie **Podiumsdiskussionen**, Tagungen, Workshops, Symposien...
Persönliche Gespräche/Vorstellung (Betriebsführungen/Tag der offenen Tür/ Pressegespräch/Pressekonferenz/Interviews). Jeder Mensch, dem Sie auf der Straße, im Supermarkt, in der Straßenbahn, an der Wartestelle, beim Arzt, im Café, im Park, im Stiegenflur, am Buffet begegnen, kann wesentliche Impulse für Ihre Weiterentwicklung - und Sie für seine! - bedeuten.
Plakat
Parties/Feste: gibt es etwas Schöneres als mit seinen Freunden zusammenzutreffen und mit ihnen - mehr oder weniger ausgelassen - zu feiern. Originalität ist auch hier absolutes Muss, wenn diese zur Markenpersönlichkeit des Einladenden gehört; was wir hoffen wollen... Schon die Einladungen machen Gusto auf's ungezwungene Zusammentreffen mit Gleichgesinnten.
Pferderennen, Poloturnier
Auf **Politik** Einfluss nehmen, **PR Berater**

Q
Quintessenz und Ihre **Qualitäten** herausarbeiten
Quellen anzapfen

R
Rolex, Rhetorik, Rollenspiel
Referenzen einholen
Radio
Ritterfest

S
Spenden für Unglücksfälle von Bekannten (Sozialaktionen/Charity).
Sexappeal, Schönheit,
Schmuck
Sport
Sprache
Schuhe

T
Texte – Erfolgsstories parat haben
Telefonieren
Transparenz
Tennisturnier
Taxi-Werbung
Tanzen

U

Umfeld: Ist meine Wohnung / mein Auto / mein Büro bzw. jeder Gegenstand darin eine äußere Widerspiegelung meiner Identität und meines Geschmacks? - Will ich tatsächlich solche Botschaften aussenden?
Unterstützung für Projekte, die für Sie Sinn machen (Mäzenatentum/ Kunstförderung).
Unternehmenspräsentation
Unkonventionelles Verhalten
Umgangsformen
Umgarnen

V

Ihre **Visitenkarte** – wie Firmenbroschüre/Imageprospekt wichtiges Transportmittel Ihrer Markenpersönlichkeit. Entspricht Ihr Kärtchen Ihrer Selbstsicht? Dieses kleine Papier vertritt Sie oft für Jahre in fremden Adresskästen und trägt das Potenzial in sich, dass man Sie gerne wieder anruft - oder eben nicht...
Video – auf *you tube*?
Vernissage und andere Veranstaltungen
Vitamin B
Vereine
VerehrerInnen mobilisieren

W

Wettbewerbe (Ausschreibungen - Kreativbewerbe)
Weinverkostung, Wildessen
Wohnort
Wandern
Wallfahrten
Werte transportieren

Z

Zirkel pflegen
Zähne zeigen...
Zeitung als Multiplikationsmöglichkeit wahrnehmen…
Zitate

„Alles, was wir brauchen, um glücklich zu sein,
ist etwas, für das wir uns begeistern!“
Charles Kingsley

Wie können Sie die Medien interessieren?

In unserer Medienwelt konkurrieren die Informationen um Aufmerksamkeit. 80 Prozent aller einströmenden Infos kommen über's Auge. Tagtäglich landen auf den Schreibtischen der Redakteure Unmengen von Papier wie auch Hunderte Emails, die jene nicht bestellt haben und die sie mit entsprechend gelassener Aufmerksamkeit - wenn überhaupt - durchschauen. Ein klares, unverwechselbares PROFIL ist Basis zum Erfolg: verbunden mit BOTSCHAFTEN, die unter die Haut gehen.

Öffnen Sie also Ihre Schranken zu Ihrem persönlichen Kreativitätspotenzial; jede Idee ist gut, die Sie aus der Masse der Einheitsaussendungen heraushebt. "Do the unexpected". Nur ungewöhnliche Inszenierungen sichern Wirkung.
In überspitzter Darstellung kritisiert der Ex-Chefredakteur der «Oberösterreichischen Nachrichten», Hermann Polz, die journalistische Jagd nach Auswüchsen, Exzessen und Abnormitäten; speziell das Fernsehen lasse sich „von den Furien der aktuellsten aller aktuellen Aktualitäten" hetzen: „Die hechelnden Tele-Hunde sind stets auf der Suche nach dem Kalb mit den zwei Köpfen, nach den Achtlingen, die den Siebenlingen zu folgen haben; nach dem Säugling, der eine Greisin schändet, nach der Hundertfünfzigjährigen, die eine Tortenschlacht gewinnt, oder dem Haflinger, der beim Heurigen singt. Zum Nachteil der Normalität gilt es, immer krassere Vorfälle in immer grelleren Farben zu schildern."
Werbe-Profi Mariusz Jan Demner sagt: „Journalisten sind heute nicht mehr im Metier der Information tätig, sondern auf dem Gebiet der Sensationsbeschaffung." Zeitungen verkaufen sich über die Schlagzeile(n) der Titelseite. Fühlen Sie nur mit, wenn Walter Osztovits aus dem Redaktionsalltag plaudert: „Wie finde ich eine Schlagzeile, die einen Euro wert ist und nicht aus der untersten Schublade kommt?"

Mit Sachthemen gelingt das nur bedingt. Und das müssen Sie wissen, wenn Sie mediale Aufnahme erreichen wollen. "HUMANIZING" heißt das Schlagwort: menschlich machen... Kehren Sie in jeder - direkten oder indirekten - Begegnung eine Erlebnisqualität hervor. Originalität und Kreativität sind die Basis: Im Sinne des "Networking" sollten Sie Ihre „Mittler", vor allem Journalisten, persönlich kennen. Aber selbst, wenn eine emotionale Bezugsebene vorhanden ist, muss Ihre Botschaft an die Multiplikatoren weitere, wesentliche Faktoren berücksichtigen:

• KOMPETENZ wird aufgebaut, indem man Themen der Zukunft besetzt. Stellen Sie Ihre „GURU-KERN-KOMPETENZEN“ offensiv heraus. Leadership: wo bin ich unschlagbar?! USP-Akzente setzen. Versuchen Sie, das, was Sie können, exzellent zu machen und vermitteln Sie „Gewinnerbotschaften“ an die Öffentlichkeit!

• „Don’t sell yourself, sell costumer benefits!“ - Verkaufen Sie Kundennutzen! PR ist keine Propaganda der eigenen Großartigkeit; keine Eigenlobeshymnen, sondern Hervorkehren des Nutzens für die Zielgruppe(n).

• Wer ist meine Zielgruppe - wen konkret will ich ansprechen?

• PR Botschaften müssen einen AUFHÄNGER - NEWS VALUE haben (Neuigkeit, neuer Aspekt) und ATTRAKTIVITÄT (interessant, den Bedürfnissen entsprechend), eine fesselnde Headline aufweisen, auf Zielgruppen-Bedürfnisse abzielen, starke Argumente beinhalten, ungewöhnlich gestaltet und verständlich sein.

• Die Zielgruppen bei ihren Bedürfnissen packen! - Basic instincts: Erotik, Crime, Zeit/Geld sparen, Dazugehören, etwas Besonderes sein, Selbst verwirklichen, Grundbedürfnisse, Sicherheit. Alle Formen von Sehnsüchten...

• HEADLINES finden, die überraschen, verblüffen, betroffen, neugierig machen, nachdenklich stimmen und zum Schmunzeln anregen.

• KISS - lautet die Erfolgsformel: “Keep it short and simple”; kurz und einfach! Zusatz: und bitte originell!

• PR ist Kunst der VERKNAPPUNG, der VERDICHTUNG. Was ist Ihr Thema? - Das Wesentliche muss rasch, griffig, einfach und verständlich auf den Punkt gebracht werden. weg mit Blähton, Schwafeldeutsch und Fachchinesisch

• Der “Lead” (engl: führen. = Die Einleitung Ihrer Information) als kurzer, guter, lebendiger Erfolgsschlüssel: Journalismus ist nicht Literatur und schon gar kein historischer Abriss. Griffige Texte sind in Zeiten der Informationsüberflutung ein Muss, um (vielleicht) wahrgenommen zu werden. Der Text beginnt mit dem Wichtigsten, das sich in den berühmten 7 Ws zusammenfassen lässt: Wer sagt/will was, wo, wann, wie, warum, wodurch/ womit... Ein guter Lead erzählt in drei Sätzen das Wesentliche der Geschichte.

• Profilierungschancen bieten Jubiläen, Tage der offenen Tür, Diskussionen, Symposien, Prominenz - Testimonial-Strategie (Helden herausstreichen), Statistiken (Besucher...), Service- und Hilfsaktionen, Kuriositäten, Rekorde, außergewöhnliche Leistungen, Sponsoring, (Ideen-)Wettbewerbe, Mitmachaktionen, Fortschritt/ Neuerung u.v.m.

• Die „Ws“ haben eine boulevardisierte Ausgabe: die „Bs“, die umschreiben, was - auf jeden Fall - für Aufmerksamkeit sorgt: Babies, Blut, Bestien, Busen, Bälle...
Auf die Ebene des Persönlichen gehievt, könnte hinter PPR (Personal Public Relations) stehen: „Popscherl und Pupillen rollen“... - Was viele meisterhaft beherrschen... - Deren Einsatz jedoch eher zu einem Markenimage/Pseudo-Image führt denn zu einer ernstzunehmenden Markenpersönlichkeit!

• Eros, Sex, Mord und Totschlag, Konflikte und Verrücktheiten finden naturgemäß am leichtesten Eingang ins News-Geschäft. Aber man kann auch mit (wirklichen) Leistungen, Expertenkommentaren erfolgreich sein.

• Eine gute Strategie, wenn Sie Themen in die Öffentlichkeit tragen wollen, ist auch jene der Polarisierung: man lässt von Haus aus Widersacher auftreten, die - mit breitem Echo - beste Werbung für die neue Sache machen...

• CORPORATE und PERSONAL IMAGERY sind die Zukunft: Lassen Sie Bilder sprechen - im doppelten Sinn: einerseits sprachlich, andererseits auch konkret in der Gestaltung Ihres Textes: lebendige PRESSEFOTOS mit hoher Aussagekraft, eine Grafik sind optimale Eyecatcher, also Aufmerksamkeitserreger.

• Wichtig ist die Leserorientierung: welchen Nutzen kann er aus meiner Info ziehen? - „Der Mensch auf der Suche nach Sinn“, heißt das weltberühmte Buch des großen Viktor Frankl. Der ursprüngliche Titel wäre wohl nicht so „angekommen“; er lautete: „Ein Psychologe überlebt das Konzentrationslager“.

• Das Zitat Ludwig Wittgensteins sei allen ins Stammbuch geschrieben: „Das Ziel ist nicht Wissen, sondern Verstehen.“

Strategische Planung von Promotion:

1. Produkt & Positionierung - Ausgangslage: Was ist das Einmalige, Besondere, wofür steht die Person, was hebt sie aus der Masse heraus, wofür könnte sie berühmt werden, was ist das einzigartige Nutzenangebot, das besondere Erlebnis?

2. Definition der Zielgruppen - Wer könnte/sollte wie partizipieren bzw. angesprochen werden? Reihung: Primär-/Sekundärzielgruppen; Abgrenzung

3. Analyse der Einstellungen /Bedürfnisse der Zielgruppen – Wie denken jene über die Person, ihr Angebot?

4. Zielsetzung - präzise Formulierung, detaillierte Kommunikationsziele für die Zielgruppen

5. Maßnahmen - Auswahl info-/dialogorientiert

6. Umsetzung - Botschaften entwickeln

7. Evaluierung

PR = public & personal & pure RELATIONS = Beziehungsmanagement mit den wichtigsten Bezugsgruppen eines Unternehmens,
einer Initiative, einer Marke, einer Person.

PR will:
- Öffentlichkeit herstellen,
- Pflege und Förderung von Beziehungen zur Öffentlichkeit,
- bewusstes, konzeptives, langfristiges Bemühen, Vertrauen und Verständnis in der Öffentlichkeit aufzubauen,
- das Ansehen eines Unternehmens, einer Initiative, eines Menschen zu heben.

PR sind mehr als...
- reine Presse- und Medienarbeit,
- bloße Schönwetterpolitik,
- oder Krisenfeuerwehr,

sondern bestmögliche, strategische, integrierte Kommunikation.

Networking - der kleine Relations-Ratgeber

Allüberall geht es um Beziehungen: vom Flirt über die Partnerschaft bis zu Sponsoring, Lobbying oder Medien-Kontakten. Ob man von Public Relations, Personal Public Relations oder (Personal) Pure Relations spricht: ein Teil ist immer derselbe. Und jener ist der wichtigste: die Relations = Beziehungen.
„Wenn ich ein einzelnes Merkmal benennen sollte, das allen wirklich erfolgreichen Menschen, die ich in meinem Leben getroffen habe, gemeinsam ist, so ist es die Fähigkeit, ein Netz von Kontakten zu knüpfen und zu pflegen“, betont Harvey Mackay. Er verweist auf den „ältesten und abgedroschensten Rat der Welt“: Die stärksten Beziehungen basieren auf Freundschaft. „Seien Sie nicht nur Menschen Ihres eigenen Beziehungsnetzes ein Freund, sondern auch den Menschen, die Ihren Freunden am wichtigsten sind.“
Gehen Sie auf die Menschen - freundlich, interessiert und charmant - offen zu. Setzen Sie sich mit Ihnen auseinander. Lieber EIN tiefes Gespräch und damit ein tragfähiger neuer Kontakt, als fünf oberflächliche Small-Talks. Vermitteln Sie einem Menschen das Gefühl, dass er wichtig für sie ist: mit zugewandter Aufmerksamkeit.

Die Erfolgsprinzipien für gelingende Relations sind stets ident, egal ob es sich um einen prickelnden Flirt, eine Partnerschaft oder Geschäftsbeziehungen handelt:

- Gemeinsamkeiten herstellen - Beziehungsebene
- die Chance des ersten Eindrucks nutzen
- Menschen mit NAMEN ansprechen
- zeigen Sie dem Gegenüber ehrliches Interesse - Bitte
- achten Sie den Standpunkt des anderen - Danke
- geben Sie Lob und Anerkennung (keine Schmeichelei!)
- bewahren und zeigen Sie Ihre Individualität
- Fragen Sie, aber hören Sie noch intensiver – aktiv – zu
- bieten Sie dem Gegenüber konkrete Benefits
- mögen Sie Ihre(n) Gesprächspartner
- ein Lächeln ist die kürzeste Verbindung ICH – DU.

„Ein Augenblick des Glücks
wiegt Jahrtausende des Nachruhms auf!“
Friedrich der Große

„Das Glück des einzelnen Menschen beruht auf der Verschiedenheit jedes Einzelnen. Nur wer sich auf sich selbst besinnt, kann sich befreien."
Friedensreich Hundertwasser

10 Zusammen-FÜHRUNG: FührungsKRAFT – mit Eros & dem Guru-Faktor zur wertorientierten ICH-Marke

Die großen, MARKanten Lebens-Schritte:

1 Valueing – Wertorientierte Selbstanalyse – Kernkompetenz.
Was ist Ihre WESENtliche Botschaft: was wollen Sie gerne weitertragen? Was ist Ihnen wirklich wichtig? Was ist Ihr Metier? Womit wollen Sie in Verbindung gebracht werden? „Valueing“ setzt ein, wenn der Fokus von der Marktorientierung, von der Außensteuerung auf den Selbstwert verlagert wird.

2 EROS – Begeisterung – Individueller Talentereigen.
Wofür brennen Sie leidenschaftlich? Worin liegen Ihre Begabungen, Ihre besonderen Interessen? – Was geht Ihnen wirklich leicht von der Hand?
Was wollen Sie zeigen, erzählen?

3 Guru-Faktor – Kompetenz – Unkonventionalität / Autorität.
Selbstbewusstsein für own way / Widerstandsbereitschaft
Was macht Ihre „Schwerkraft“ aus? Wohin zieht es Sie? Ihr Guru-Fundament: worin sind Sie besonders taff? Ihr Schwerpunktthema.

4 Wertorientierte ICH-Marken Bildung – Positionierung & Markenpflege
Die eigene Expertise leben: Worin sind Sie Experte? Welches Thema verfolgt Sie? Im Sinn von letzter Gedanke am Abend, erster am Morgen...
Wofür möchten Sie konkret stehen? Ihr „Marken-Claim“; der persönliche Slogan, der Ihr tagtäglich gelebtes Vermächtnis hervorhebt und auf den Punkt bringt.

5 Pure Relations – Mit Authentizität Berührungspunkte schaffen.
Potenzial der Leichtigkeit. Freude über das, was sich ergibt, wenn die Schwingungen passen; nichts muss, vieles kann sein... Statt zu akquirieren, streuen Sie Anknüpfungs-Möglichkeiten. – Lassen Sie andere für sich Werbung machen. Und geben Sie bloß kleine Anhaltspunkte zur Hand: Flugblätter, Folder, Visitenkarten mit Homepage-Verweis.

6 Expertenstatus – Guru Aura, Charisma
Branding & shining
Wo sind Sie selbst Ihr größter Fan? Wofür schätzen Sie sich am meisten?
Was ist Ihr spezielles Revier – wo man Ihren „Guru-Faktor" erkennt?

Die Sehnsucht, der zu sein, der man ist....

„Die wesentliche Voraussetzung für Glück ist die Bereitschaft, der zu sein, der man ist", wusste Erasmus von Rotterdam. Wer also bin ICH, wer könnte ich sein? Wer will ich sein? - Es gilt, das zu tun, das zu leben, was wirklich Ihnen, mir entspricht. „MIR", da fängt's an, schwierig zu werden. Vielleicht hilft die Frage: was würd' ich tun, wenn mir jegliches Echo egal wäre; wenn ich mit dem Applaus von Partner, Eltern, Chefitäten, Firmenangehörigen, Nachbarn, Region, Medien nicht mehr kokettiere...? Und: was würde ich tun, wenn es kein Scheitern gäbe, keine Blamage, keinen möglichen finanziellen Absturz? Dieses Leben hat nur einen Auftrag: machen Sie das Beste aus sich. So können Sie – an der Stelle, wo Sie berufen sind – auch das Bestmögliche für die Gemeinschaft, für Ihre Familie, Ihr Unternehmen und für die Gesellschaft bringen.
Ich sehe meine Mission in der MARKanten Ermutigung: „Mach` das Deine - dann bist du auch das größte Geschenk für andere!"

Lernen von der Marke:

Die Marke ist eine emotionale Botschaft für das, was einen erwartet. Sie bietet Wiedererkennung, Orientierung, Sicherheit, Verlässlichkeit, Zugehörigkeit. Die Marke kann den Marktwert steigern, ein- und ausschließen, Identität geben, Werte vermitteln, Impulse setzen, Sehnsüchte und Träume wecken.
Was man von Produkt- und Unternehmensmarken lernen kann: bloß rund 10 Prozent des Markenkapitals betreffen „Sachwerte". Das heißt, der Rest ist Immaterielles, ist Gefühl, ist Aura, ist Energie.
Was heißt das für die Person? 10 Prozent Leistung, Kompetenz, Fachwissen.

Der Rest ist Promotion, Auffallen, ins Gerede kommen, bekannt werden, Networking – sich „zeigen“. - Die pragmatische Kurzformel für persönliche Markenbildung heißt: was wollen Sie in der Öffentlichkeit erreichen? Erwerben Sie „ein bissl“ Kompetenz dazu und nutzen Sie ab sofort jede sich bietende Möglichkeit, aufzufallen. Egal wie und mit welcher „Entblößung“ Sie in die Medien kommen, es wird Ihren „Marktwert in der öffentlichen Wahrnehmung“ steigern...

Eros und Guru-Faktor als Fundament einer Wert-Marke

Diese eine Stoßrichtung – „Auffallen um jeden Preis“ – kann, so lautet meine felsenfeste Überzeugung, nicht glücklich machen: denn immer wird's wen geben, der gerade noch höhere Wellen im Meer der Medien erzeugt. – Weil er im Fallschirm vom höchsten Gebäude der Welt stürzt, weil sie die schnellste Nackt-Läuferin des Jahres ist, weil er 120 Stunden regungslos auf einem Dornbusch in Dschibuti saß oder einfach der größte Loser aller Zeiten ist.
Was ist die andere Richtung? „Wollt ihr klar und richtig denken? Wollt ihr wahr und überzeugend sprechen? Sprechet und denket mit eurem Herzen“, rät der italienische Schriftsteller Niccolò Tommaseo. EROS führt zum Fundament, auf dem das ICH steht. Eros ist jener Bote, der uns mit unserer innersten Passion, dem unvergänglichen Wesenskern, unserer göttlichen Seele, dem Herzen, in Verbindung bringen kann. Und Eros pulsiert, lebt und belebt; er drängt, will vieles, das in Ansätzen vorhanden ist, umsetzen. An dieser Stelle wird der „innere Guru“ wirksam und als Korrektiv eingeführt: Der „Guru-Faktor“ ist ein hilfreiches Instrument, um Sie auf Ihre wahre „Schwerkraft“, Ihre Neigungen zu fokussieren. Hier ist der Schlüssel für Ihre Persönlichkeit zu finden. Hier ist die Basis, auf dem Ihr Selbst stehen kann.
Was würd' ich liebend gerne tun? Was liegt MIR wirklich am Herzen? Was lässt mich brennen? Was ist meine tiefste Leidenschaft? Was will und MUSS ich gegen alle Widerstände durchziehen? Frei nach William Shakespeare: „Kein steinern′ Bollwerk kann der Liebe wehren. Und Liebe wagt, was irgend Liebe kann.“ Eros & Guru-Faktor folgen der Liebe, der bedingungslosen Liebe, jenseits aller Berechnung.

Valueing: die wertorientierte ICH-Marke

Schöner, präziser und klarer könnte man es wohl nicht umschreiben, das ICH: Peter Staniek zerlegte in (m)einem ICH-Marke-Seminar das ICH in „individual competence & harmony“. Genial! Das ist, auf den Punkt gebracht, die

Botschaft der wertorientierten ICH-Marke.
Und über das „Valueing“ als Gegenstrategie zum Marketing (Wert statt Marktfixierung) werden die Grundfesten des ICH freigelegt:
• was macht das Individuum aus? Was ist Ihr spezieller individueller Ansatz?
• Kompetenz: was können Sie besonders gut? Was geht Ihnen leicht von der Hand?
• Harmonie: das ist der Bereich der „Life-work-balance“ Strategen; was so bedeutungsschwanger auftritt, will vermitteln, dass nur jener glücklich ist, der im Leben Job und Privatheit unter einen Hut bringt; wer also Harmonie, Ausgeglichenheit und Zufriedenheit findet.

ICH... Dieses oft von Größenwahn aufgeblasene, von Existenzängsten und Eitelkeiten vernachlässigte, von Eifersucht und Egoismus zerfressene, scheue ICH. - Das soll sich ausleben dürfen. Es soll darin bestärkt werden, dass das „zu Hause sein“ glückserfüllender sein kann als die „Seitenblicke“-Hetzjagd über die Kontinente.

Krönung: ICH-Markenpersönlichkeit & Guru

Im „Eros“ ist die persönliche Leidenschaft, die Motivation zu finden; der „Guru-Faktor“ erschließt das individuelle Potenzial. Mit Promotion-Strategien von Ego-Marketing bis pure relations bauen Sie an Ihrer ICH-Marke, um sich klar und unterscheidbar in der Öffentlichkeit zu positionieren. Damit können Sie schon sehr erfolgreich unterwegs sein. Doch die Krönung des Lebens liegt im „Guru-Status“. Der Unterschied zwischen ICH-Marke und Guru ist die Gelassenheit. Der Guru rennt nicht (mehr) einer (vermeintlichen) Karriere nach, bewirbt sich nicht und steht außerhalb von Markt und Marketing.
Die Marke betreibt Marktforschung; wandelt sich, um zeitgemäß zu erscheinen und bedient damit Fremdeinflüsse; Erwartungen, Sehnsüchte, Hoffnungen. Der Guru kümmert sich wenig bis gar nicht (mehr!) um Außeneinflüsse. Er hat vor allem EINE Instanz, der er dienen will; nein: dienen muss: seinem Gewissen.

Die Marke bezieht das Fremdurteil ein. Der Guru lebt sein Selbst.
Die ICH-Marke ist Ergebnis eines Analyse-Prozesses. Der Guru ist analytisch nicht zu fassen; er fasziniert durch das Geheimnisvolle, die Aura, das Charisma... Ohne ICH-Marke kann kein Guru entstehen. Wie schade wär's jedoch, würden Sie an der Stelle der ICH-Marke verharren. – Ohne je Ihre wahre Strahlkraft zu entwickeln...

Branding + Shining = Guru
ICH Marke + Strahlkraft = Guru

FührungsKRAFT - Selbstwertstrategie

„Vorne ist immer Platz“, lautet eine jederzeit nachprüfbare Marketing-Weisheit. Die meisten schließen sich viel lieber an – dem Zug der Lemminge. „Unter den Menschen gibt es viel mehr Kopien als Originale“, meinte Pablo Picasso. Das soll jedoch nicht dazu verlocken, seine Eitelkeit ungehemmt auszuleben und den vorderen Platz für sich unter Einsatz der Ellenbogen zu reklamieren.
Es geht immer um die Motivation: Was treibt Sie an?
- Will ich mit meinem Tun nur in die Schlagzeilen, so verpasse ich damit meinem Ich einen existenzbedrohenden Schlag.
- Will ich jedoch eine meinen Talenten, Überzeugungen, Visionen gemäße Tat setzen, eine Selbst-Verwirklichung, so schlage ich garantiert den richtigen Weg ein – und werde selbst dann noch ICH sein, wenn sich gerade diese Aktion in den Schlagzeilen wieder findet....

Diese Ehrlichkeit sich selbst gegenüber, dieses Ausloten der puren Absichten im Familien- wie Berufsleben halte ich für die spannendste Lebens-Lektion. Eine FührungsKRAFT spürt den inneren Drang, IHRE INDIVIDUELLE POSITION zu beziehen. PR als Pure Relations wählen den Weg der Authentizität, der Echtheit. NICHT „Public“ ist das verführerische Ziel, sondern das „Pure“. Und wenn's „da draußen in der Public“ wen gibt, der mein pures, MARKantes ICH für interessant befindet, dann sei er bzw. sie mir herzlich willkommen...

Leben Sie Ihre (Seins-)Marke?!

Hören Sie auf sich! Auf Ihre Sehnsucht! Auf Ihre wirklichen Bedürfnisse! Denn: von welchen MARKierungen lassen wir uns alltäglich leiten?
– In den Karriere-Ressorts der Tageszeitungen können Sie nachlesen, wie man sich für den „Business-Krieg“ wappnet . Die „Marken des Erfolgs“ werden grell vor uns ausgebreitet: aufgepeppt mit einigen nützlichen Hinweisen, wer uns im „Impression Management“ und im „sicheren Umgang mit Macht-Codes“ berät, welche „Coaches“ uns in „Rhetorik“, „Auftreten“, „Fremdsprachen“, „Etikette“, „Fitness“ und „Power-Ernährung“ unterstützen – und zurück bleibt im Einzelfall meist bloß ein verunsichertes „Häuflein Elend“; in der Erkenntnis: „Diese Vorgaben schaffe ich nie!“

Es ist höchste Zeit, zum „außengesteuerten Erfolgs-Absolutismus“ eine andere Kategorie einzuführen; die die wichtigste von allen sein sollte: Ihr ICH.
Die Marken für Erfolg, für Karriere, für Glück und Zufriedenheit sind „da draußen“ nicht zu finden. Nicht bei den Headhuntern, bei den Recruitern, nicht in den Unis, Fachhochschulen und Lehrgängen, nicht bei den renommiertesten Arbeitgebern.
Die Marke ist in Ihnen. Nur Sie selbst können und DÜRFEN die wesentlichen MARKIERUNGEN Ihres Lebens setzen: Was Ihnen wirklich wichtig ist; womit Sie Ihre Tage, Ihre kostbare Lebenszeit füllen wollen.
Wenn Sie „ICH“ sagen, grenzen Sie sich gleichzeitig ab und ziehen eine MARKIERUNGslinie zwischen dem, was zu Ihnen gehört und was nicht. Sie definieren Ihren ureigensten Spielraum. Und weisen externen Druck in die Bahnen, was – siehe Einleitung – überlebensnotwendig sein kann.
Je weniger diese Kraft in Ihnen spürbar und als Marke in Ihnen wirksam wird, umso mehr muss die innere Leere mit äußeren Konsum- , Karriere- und Erfolgs-Marken ausgefüllt werden...

Plädoyer für Authentizität

Lebenskompetenz heißt, die eigene Urteilskraft zu schärfen, sie auszuprägen und anzuwenden. – Und damit das Pendel von der Fremdhörigkeit hin zur Eigensteuerung umzuleiten.
„Ich hab euer Journalistenspiel, das Seitenblickespiel, das Eventspiel immer brav mitgemacht, aber...“ meinte der große Klaus Maria Brandauer einmal gegenüber einem Reporter. Aber - bedeutet: es reicht! Ich hole mir die Lebens-FÜHRERschaft wieder zurück. Ich lasse mich nicht mehr mit der großen „Medienkarotte“ verführen und hopse dem vermeintlichen Glamour nicht mehr nach. Ich nehme MICH, meine Sehnsüchte und Positionen ernst.

Dieses Buch ist ein Plädoyer für Authentizität, gepaart mit Professionalität. Getragen von der Überzeugung – jede und jeder von uns hat die Guru-Weisheit in sich – und jene Faszination, die entsteht, wenn man seiner ureigensten inneren Stimme vertraut und dieser Lebendigkeit schenkt...
Es geht um ICH-Marken-Veredelung, die auf dem Selbst-Wert – statt auf Marktökonomie – aufbaut; auf Ihren besonderen Talenten, Ihrer Begeisterung, dem, was Ihnen wirklich wichtig ist und leicht von der Hand geht.

Alle guten Wünsche für Ihren MARKanten Weg!

„My life is my massage!"
Gandhi

„Es kann die Ehre dieser Welt
dir keine Ehre geben;
was dich in Wahrheit hebt und hält,
muss in dir selber leben."
Theodor Fontane

Dr. Manfred Greisinger
Am 3. 8. 1964 in Allentsteig im niederösterreichischen Waldviertel geborener „All-Ent-Steiger", der die Kunst des „All-Ein-Steigs" lebt. Wort-Sammler, Schreib-Abenteurer. Freier Autor, selbstständiger PR- und Selfness-Coach, Keynote-Speaker, Trainer in Erwachsenenbildung - Persönlichkeitsentwicklung (jährlich rund 100 Seminare und Vorträge im deutschsprachigen Raum), „ICH-Marke"-Pionier, der bereits 1998 den Erfolgstitel „Ihr ICH als unverwechselbare Marke" geschrieben hat, Univ.-Lektor für *Personal Branding* an der *Alpen-Adria-Universität Klagenfurt* sowie *FH Wien*.

II Persönliche NachgeDANKen

Im „Schriftstück Kennzeichen K1-A-108/145-2011“ informiert Dr. A. am 27. 9. 11 „mit freundlichem Gruß“: „Die NÖ Landesregierung hat auf Vorschlag der zuständigen Fachbeiräte die heurigen Kultur- und Wissenschaftspreise des Landes NÖ in den vorgesehenen Sparten zuerkannt. Leider müssen wir Ihnen mitteilen, dass Ihnen keiner der ausgeschriebenen Kultur- und Wissenschaftspreise zuerkannt werden konnte.“

Hochinteressantes Schreiben – denn ich habe mich nicht beworben – und würde das auch nicht tun! Ich hatte mir bloß erlaubt, als ich Bewerbungsunterlagen zum Landespreis in meiner Post vorfand, beim Amte vorzubringen, dass ich die Vorgangsweise, wonach Kulturschaffende sich selbst für eine Auszeichnung berühmen sollen, sehr befremdend empfinde… Das Amt hat diese Eingabe offenbar als Bewerbung betrachtet. Wahrscheinlich brauchte man noch einen Zählkandidaten.

- Oh Trauer, oh Schmerz: So muss ich weiterhin von Bundes- und Landesfürsten „ungepriesen“ durch´s Leben ziehen. Mal ehrlich und ganz unter uns: Was soll daran "offiziell anerkennungswürdig sein": im Herbst 2011 durfte ich das 20-jährige SELBSTständigSEIN meiner *Edition Stoareich* All ent steig feiern; mit bisher 19 veröffentlichten Buchtiteln (dieses in Ihren Händen ist das 20.), an die 40.000 verkauften Büchern, über 1.000 Seminaren & Vorträgen im deutschsprachigen Raum, Zehntausenden – ja, ich wage zu sagen: begeisterten! - Seminar- und VortragsteilnehmerInnen, und das alles ohne einen einzigen Euro Subvention... Und ohne Lobbies. Und ohne Interventionen. Selbst-ständig, unabhängig, freudvoll, frei!
Freund K. erinnert mich an ein Lieblingszitat von Nikos Katzanzakis: „Ich brauche nichts, ich fürchte nichts, ich bin frei." - Meine Ehrerbietung den Fachbeiräten & -innen; und Gratulation allen würdigen Preisträgern!

Und jenseits der Ironie gratuliere ich … MIR! – Zu Ihnen, die Sie mein Buch aus freien Stücken lesen; dafür Ihre Zeit, Ihre Aufmerksamkeit, Ihre Energie und Gewogenheit geben. Und mir somit ein Stück Freiheit und mein Selbstständigsein ermöglichen. Ich gratuliere mir zu Begegnungen mit offenen, interessierten, liebenden Menschen. Ich gratuliere mir zu jedem einzelnen

Auftrag für ein Seminar, eine Klausur, eine Beratung, Coaching; ein Textprojekt. NICHTS ist selbstverständlich. Jeder einzelne Kontakt – wie das Leben insgesamt – ein Geschenk, das ich demütig und dankbar würdige.

Das EIGENE Maß als ICH-Marken-Führungs-KRAFT

Das Leben – Ihr Leben wie meines – ist zu kostbar, um es in Anbetung und Rücksichtnahme fremden – vermeintlichen – Gurus zu widmen!
ICH-Marken-Entwicklung & FührungsKRAFT bedeuten, den Fokus auf seine ureigensten Begabungen wie auch die geheimsten Sehnsüchte und Visionen zu richten – und diese auszuleben, zu verwirklichen...
„Ohmachtsgefühle erzeugen Ohnmacht“, stellt Philosoph Rüdiger Safranski klar; so müsse man „den Spieß umdrehen, dann merkt man, wie viel Spielräume man hat.“

Spielraum statt Verbitterung und Reibung an äußeren, zu hoch bewerteten Widerständen. „Es kommt darauf an“, so Safranski, „den Rhythmus des eigenen Lebens, der eigenen Lebensvollzüge in Übereinstimmung zu bringen. Das liegt viel an einem selbst!“ Der Spielraum, der absolute Freiraum ist wohl in uns. Dort, wo Herzblut wallt, wo sich die Gedanken formen – wo wir entscheiden, wer Macht und Einfluss auf unsere Befindlichkeit haben darf. Wer bestimmt Ihr Glück, Ihren Erfolg, das Wichtige, Wesentliche?

- Glückl**ICH**,
- Erfolgre**ICH**,
- W**ICH**tig,
- Wesentl**ICH**...

Bitte missverstehen Sie diese Betonungen nicht. Sie sollen nur klar machen, WER die Verantwortung trägt für Ihr Leben. Das Maß ist in mir, die Kraft ist in mir, die Freude ist in mir. Und, um mit Seneca zu sprechen: „Kein Unglück trifft dein Herz, machst du es nicht dazu!“ In dem Moment, da ich andere nicht mehr verantwortlich mache – ja, in dem Augenblick, da „verantwortl**ICH**“ so verstanden wird, beginnt ein neues Leben, vielleicht auch erst DAS echte Leben.

Nochmals Rüdiger Safranski, der beim Philosophicum Lech über die Jagd nach dem Glück referiert hat: „Glück ist eine Stimmigkeit, ein Resonanzphänomen, eine Übereinstimmung mit sich selbst und mit seiner Umwelt.“

Es ist vielleicht die lohnendste Unternehmung Ihres, unseres, meines Seins: sich selbst zu ent-falten, zu ent-wickeln. Ich hoffe, Ihnen Impulse und Anregungen geliefert zu haben,

- auf Ihren Eros zu hören,
- Euphorie (wieder!) zu entwickeln,
- das Markante in Ihnen zu heben,
- mit Guru-Faktor zu fokussieren, zu formen,
- voll Führungs-Kraft strahlen, wirken zu lassen –
- zu Ihrer Freude, zu Ihrem Wohl
- wie auch zur Förderung und Weiterentwicklung der Mitwelt.

„Meine Mission ist der pure Eros – Passion und Inspiration zu leben, zu lieben, dankbar, demutsvoll zu genießen; und diese markant in Projekten voll Lebensfreude & Engagement weiterzugeben!“

mg

„Ein Buch lesen - für mich ist das das Erforschen eines Universums. "
Marguerite Duras

FEINKOST 20 Jahre für die Seele

Reich – reicher – STOAreich - seit 1991
Mit Büchern aus der *Edition Stoareich:*

Mit diesem Buch „FührungsKRAFT" darf ich das 20-jährige Bestehen meines Verlages Edition Stoareich feiern. Es ist das 20. Werk, der 20. BestSEELer; denn allen meinen publizistischen Schöpfungen liegt das Bestreben zugrunde, sie mögen die Seelen der LeserInnen berühren, inspirieren, streicheln. – Bitte überzeugen Sie sich – lesen Sie – und beschenken Sie Menschen, deren Entwicklung Ihnen ebenso am Herzen liegt. – Danke, alles Gute und Schöne für Sie und Ihre Lieben! MG

- „all ent steig – Hingabetraining für´s Leben" 16,50 €
- „all ein steig – Mut zur eigenen Lebensspur" 16,50 €
- „all ent steig" + „all ein steig" im Kombi 30 €

• „PUR / pure relations“ – 100 % Authentizität, ohne künstliche Aromen 20 €

• „Glücksmomente“ – ein (Geschenk-)Buch, das das Leben schreibt 7 €

Bestellungen online: www.stoareich.at
oder Tel/Fax: 02824/2343

Wenige Restexemplare von:

- Ihr ICH als unverwechselbare MARKE – der Longseller, 6. A. 22 €

- EROS of work & life – Plädoyer für die Sinnlichkeit des Seins 22 €

- Sehnsucht nach Tiefe – Gedichte, die „dahinter schauen" 7,50 €

- Herz-Splitter – Gedichte über Liebe, Laster, Leidenschaft 7,50 €

- Reizvolles Waldviertel
  - großformatiger Bild-Text Band für Freunde des Echten 18 €

- Management auf woidviatlarisch – Gegenpol zur Effizienzwelt 12 €

Vergriffen – leider nicht mehr lieferbar:
- Flirt mit dem Leben
- Wo die Seele lebt
- Waldviertler Weisheiten
- Edelhof
- Ihr ICH als unverwechselbare Marke, Erstauflage
- Entfesseltes ICH
- Tausend mal DU
- Geschenkte Worte
- Lebensbilder

All-ent-steig- UND All-ein-steig-Übungs-Platz

„Die Erde ist für uns alle ein
All-ent-steig- UND All-ein-steig-
Übungs-Platz.
Das Leben – ein Training von
Aus-Steigen, Allein-Steigen
Um-steigen und wieder Ein-Steigen –
mit aller Energie.
Geborgen in Allverbundenheit,
getragen von der Sehnsucht
und dem Vertrauen in die Freiheit.
Immer von Neuem.
Bis wir heimkehren –
und wieder allem (ins All?) ent-steigen…“
mg

aus: „all ein steig – Mut zur eigenen Lebensspur“

„Denk' nicht an die Wirkung,
sei bei DIR!"
Michael Heltau

Die Marken für Erfolg, Karriere, Glück und Zufriedenheit
sind da draußen nicht zu finden. Die Marke ist in Ihnen!

Ihre ICH-Marke
lebt vom Eros
der inneren FührungsKRAFT!
mg